대한민국, 선진국의 조건

* 이 책은 방일영문화재단의 지원을 받아 저술·출판되었습니다.

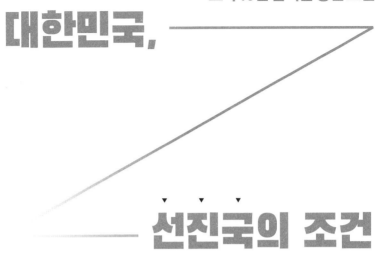

소득 10만 달러를 향한 도전

대한민국,

선진국의 조건

김세형 외 지음

시공사

이 땅에 태어난 우리 모두는 대한민국이 살기 좋은 유토피아이기를 소망한다. 한 나라가 유토피아에 가까운 나라가 되려면 일단 국민의 소득이 높아야 한다. 과연 대한민국은 국민 모두가 희망하는 대로 소득 수준이 세계 최상위인 선진국이 될 수 있을까? 소득 10만 달러 선진국이 되기 위해서는 과연 무엇을 해야 할까?《대한민국, 선진국의 조건》은 이 중요한 질문에 대해 같이 대화하자고 독자를 초대한다. 먼저 독자에게 우리가 처한 현실을 생생하게 보여준다. 이어 선진국 도약을 위한 다양한 방안을 독자에게 제시한다. 번영한 미래 한국에 관심 많은 독자라면, 이 방안들에 대한 동의 여부와 상관없이, 저자의 이 역작을 통해 함께 공동의 해결책을 고민하고 모색하는 귀중한 오디세이(odyssey)를 떠나볼 수 있을 것이다.

김세직(서울대학교 경제학부 교수)

대한민국은 제2차 세계대전 이후 가장 빠른 경제성장을 보인 국가 가운데 하나다. 시장경제 체제의 바탕 위에 이룩한 경이적인 성과는 그 자체로 역사적인 사례가 되었고, 이제는 대한민국의 궤적을 따르기를 희망하는 이들이 선망하는 가능성의 빛으로 자리 잡았다. 하지만 그것은 동시에 우리 자신은 선진국의 궤적을 따라가는 것만으로 앞길을 개척할 수 없는 위치가 되었음을 뜻한다. 바로 그런 상황에서《대한민국, 선진국의 조건》의 저자는 이러한 현실을 냉철하게 인식하고 다시 한번 대한민국이 진정 도약할 수 있는 길을 제시하고자 한다. 우리의 앞길을 조망하고 나아갈 방향을 설정하기 위해 무엇이 필요한지, 대한민국의 미래를 생각하는 독자라면 꼭 한 번 읽어보기를 권한다.

성태윤(연세대학교 경제학부 교수)

대한민국은 짧은 기간에 고도성장을 이루고 선진국이 된 자랑스러운 국가다. 그러나 지금은 탈세계화, 미중 대립, 노동력 감소, 산업 경쟁력 저하 등 여러 어려움에 당면하고 있다. 한국은 진정한 선진국의 조건? 앞으로 지속 성장하여 국제 사회에서 대접받는 선진국이 될 수 있을까? 김세형은 《대한민국, 선진국의 조건》에서 '국가는 일직선으로 발전하지 않는다'고 주장한다. 역사적으로 흥망성쇠를 겪은 국가들을 소개하면서 창의적인 인재와 혁신 기업, 정책과 제도가 선진국이 되기 위해 중요하다고 설명한다. 기술 혁신을 이끈 기업과 인재들의 이야기를 흥미진진하게 서술한다. 대한민국이 선진국으로 굳건히 자리매김할 수 있도록 우리가 모두 함께 고민해야 할 문제와 그에 대한 혜안이 이 책에 담겨 있다.

이종화(고려대학교 경제학과 특훈교수, 한국경제학회장)

언론인 김세형은 오랫동안 합리적 보수를 지향해왔다. 끝없는 호기심, 진지한 지적 탐구, 그리고 활발한 취재가 그의 트레이드마크다. 이번에 그가 도전적인 주제로 책을 썼다. '대한민국이 선진국의 조건?'라는 묵직한 질문을 던진 것이다.

인구가 5천만 명이 넘으면서 1인당 소득이 3만 달러를 넘는 '50-30그룹'에 속했다고, GDP가 세계 10위에 도달했다고, 또 UN의 산하기구인 무역개발위원회가 한국을 종전처럼 A그룹(아시아, 아프리카 국가들)으로 분류하지 않고 B그룹(서구, 북미, 대양주, 일본)으로 분류했다고 해서 과연 한국이 진짜 선진국인가? 할 것이 더 많다. 문화도 더 발전시켜야 하고 기업과 기술, 대학의 경쟁력도 따져봐야 한다. 또한 인구문제도 챙겨야 한다.

애국심으로 똘똘 뭉친 김세형은 이 책에서 우리의 진실된 모습을 살펴보고 진짜 선진국이 될 수 있는 조건들을 제시했다. 빌헬름 뢰프케(Wilhelm Ropke)에 따르면, 한 나라가 잘되려면 법률가, 학자, 그리고 언론인이 제 몫을 다해야 한다. 나는 이 책에서 한 언론인의 참된 모습을 발견하였다.

정운찬(동반성장연구소 이사장)

한국은 1인당 국민총소득(GNI) 3만 5,000달러를 달성하면서 명실공히 선진국 대우를 받고 있다. 2022년 환율 급등으로 달러 기준 소득이 약간 줄어들겠지만 선진국 대우엔 변함이 없을 것이다. 한국 대통령이 북대서양조약기구(NATO) 정상회의에 사상 최초로 초청되고 조 바이든 미국 대통령은 반도체동맹, 인도·태평양경제프레임워크(IPEF)에 한국이 가입해 달라는 러브콜을 먼저 보냈다.

무엇보다도 일본 노구치 유키오 히토쓰바시대 교수는 "1인당 국민소득(GNI)에서 한국이 일본을 2023년에 따라잡을 것"이라고 전망했다. 일본이 선진국 대열에서 탈락하게 생겼다며 한국이 아시아를 대표해

G7 국가로 일본을 대신할 날이 올지 모른다고 예언했다. 필자가 1983년 기자 생활을 시작할 때 한국의 모든 경제지표는 미국의 100분의 1, 일본의 10분의 1이었던 기억이 생생하다. 그런데 국가 경영에서 가장 중요한 부(富)의 지표에서 한국인이 일본인을 처음으로 역전하게 됐다니 통쾌하기 그지없다. 마침 K-방산 수출이 폴란드에 40조 원을 비롯해 호주와 이집트에서 박격포, 고등훈련기 등 대규모로 터지면서 세계 5위 무기 수출국으로 발돋움해 일본을 제쳤다는 소식은 정말이지 반갑다.

한국이 국제사회에 처음 등장한 모습은 100년 전 오스트리아의 신문 카툰(Cartoon)에 일본과 청나라가 서로 잡아당겨 찢기는 한반도를 닮은 토끼의 형상이었다. 그 후 6·25 전쟁, IMF 환난, 2008년 세계 금융위기 등 숱한 곡절이 있었지만 한국은 끊임없이 위로 위로 솟아올랐다. 이제 세계 10위 경제력 국가이고 우리 위로는 미국, 중국, 일본, 독일, 영국, 인도, 프랑스, 이탈리아, 캐나다밖에 없다. 우리의 바로 뒤는 러시아, 브라질, 호주다.

여기서 한국은 더 치고 올라갈 것인가. 소득 5만 달러 고지를 밟고 나아가 10만 달러도 언젠가는 돌파하고 말 것인가? 그 목표가 가능한지, 언제쯤 그런 꿈이 이뤄질 수 있는지, 무엇이 부족해 더 채워야 하는지 알아보자는 게 이 책을 쓴 취지다.

미래는 늘 불확실하며 미래 예측은 틀리라고 한다는 말이 있다. 그러나 인간은 늘 미래를 말해주는 수정구슬을 다루는 예언가를 찾는다. 꿈을 추구하는 자는 비록 예측이 틀리더라도 방법론을 찾으려는 도전자들이며 기회는 그들에게만 주어진다. 내 기억에 이 말은 파스퇴르가 했던 말 같다.

1인당 소득 3만 5,000달러 돌파가 확정 발표된 날 국민소득계정을 산출하는 한국은행, 계산의 능력을 가진 통계청, 그리고 민간연구소에서 자료를 자주 생산하는 전국경제인연합회 산하 한국경제연구원에 한국이 과연 소득 5만 달러, 10만 달러를 언제쯤 달성할 것인지 추산해 달라고 의뢰했다. 그러고는 극구 출처를 밝히지 말아 달라는 요청과 더불어 추정치를 받아 이 책에 반영했다.

주지하다시피 경제위기는 10년이 채 되기도 전에 한 번 이상 들이닥쳐 왔고, 2022년에 40여 년 만의 하이퍼인플레이션이 미국 경제를 강타할 줄은 제롬 파월 연준 의장은 물론 재닛 옐런 재무장관조차 상상도 못 했다. 러시아가 우크라이나를 침공해 원유, 밀, 해바라기 씨앗이 폭등할 줄 누가 알았겠는가. 그로 인해 자이언트스텝(0.75%)의 금리 인상을 몇 번씩이나 하고 미국을 제외한 모든 나라의 환율이 천정부지로 뛰어 경제위기 조짐이 가득할지 누가 알았겠는가. 1년 만에 벌어질 일도 이렇게 모르니 30년, 40년 후 한 나라의 경제 위치를 추정하는 것은 그야말로 광활한 우주에서 바늘을 찾는 것보다 어려울 수 있다. 따라서 5만 달러, 10만 달러 도달 시기를 예측하는 것은 너무나 틀리기 십상이기에 기관의 명예를 걸고 내놓지 못하는 것이다.

1인당 국민소득 5만 달러, 10만 달러는 명목GNI 총액을 인구수로 나눈 숫자이므로 결국 GDP 자체를 키워야 가능한 일이다. 한국의 인구수가 감소 추세로 돌아서긴 했으나 결정적인 변수는 잠재성장률을 높이는 것이다. 성장이 중요하다.

한국은 3만 5,000달러를 돌파하는 순간 과거에 볼 수 없던 2개의 높은 장벽을 만났다. 하나는 일본이 1990년대 인구 감소가 시작된 후 잃어버린 30년을 초래했듯 한국도 인구 감소가 시작됐으며 잠재성장률이 2030~2060년 동안 0.8%로 떨어진다는 OECD의 추계치 발표다.

한국은 과거 30년 이상 9% 성장률을 기록했기 때문에 노벨경제학상을 수상한 로버트 루카스 시카고대 교수는 기적의 성장 모델이라 하여 그 원인을 추적했다. 그 결과 탁월한 인적자본이 공급된 때문이라는 결론을 내렸다. (잠재)경제성장률을 만들어내는 인자는 노동(인적자본), 자본, 그리고 총요소생산성(기술력 등)이다.

한국의 인구구조상 노동력은 더 이상 높이기 어렵고 자본투입량도 별로 변화가 없으니 향후 A급 선진국으로 발돋움하는 것은 기술 개발과 혁신력에 달렸다.

《국가의 추격, 추월, 추락》을 쓴 이근 서울대 교수는 한국이 진정한 선진국 평가를 들으려면 '70%와 2%의 법칙'을 충족해야 한다고 말했다. 무슨 얘기냐 하면 구매력을 감안한 1인당 실질소득이 미국의 70%에 도달하고, 그 나라의 GDP 규모가 전 세계 GDP 총액의 2%에 도달해야 한다는 것이다. 한국은 2021년 기준 전 세계 GDP의 1.9%고 1인당 실질소득은 미국의 68% 수준(2019년)이다. 그래서 이근 교수는 개발도상국의 명칭을 벤치마킹해 '선진도상국'이란 이름을 붙였다.

한국이 국제사회에서 '일류' 선진국 평가를 받으려면 이제 영국, 프랑스를 제치고 나갈 정도의 경제적 파워를 키워야 한다. 〈매일경제신문〉은 2023년에 '세계 5대 경제 강국, 5G'를 캐치프레이즈로 내걸었다. 미국, 중국, 일본, 독일 다음에 한국을 위치시키자는 포부로, 영국과 프랑스, 이탈리아, 캐나다는 여유 있게 따돌리자는 목표다. 윤석열 정부는 임기 말인 2027년 소득 4만 달러 달성을 제시했다. 미중 경제 패권 전쟁으로 과거의 성공방식이 앞으로도 그대로 통하기는 어렵다. 미국이냐 중국이냐 선택을 강요하는 상황이 칩4(Chip4)동맹, IPEF 등에서 보듯 수시로 발생할 것이다.

시진핑 중국 국가주석의 3연임과 종신 권좌 가능성으로 지정학(Geopolitics)보다 지경학(Geoeconomics)의 시대가 도래했다. 당장 삼성전자, 현대자동차 경영진의 말을 들어보면 "글로벌 영업환경이 과거와는 판이하게 달라지고 있다"고 말한다. 미중 간 패권 전쟁은 어느 한쪽이 굴복하거나 중국의 리더십에 근본적인 변화가 있기 전에는 20~30년간 지속될 것으로 전문가들은 전망한다.

이런 어려운 여건에서 경로의 변화를 개척해가며 소득 5만 달러, 10만 달러로 가는 혈로를 뚫어내는 게 오늘을 사는 우리 세대의 책무다. 이 경로에서 성공한다면 한국은 일본을 능가하고 영국, 프랑스를 넘어서는 대역전의 퍼레이드를 지속해나갈 것이다. 반대로 성공의 혈로를 뚫지 못하고 잠재성장률 하락, 저출산·고령화, 혹은 돌연한 남북통일의 부담을 이겨낼 준비가 안 돼 있다면 일본처럼 피크(Peak)를 치고 무너져 내릴 가능성도 얼마든지 있다.

브래드 글로서먼의 저서 《피크 재팬》을 보면 일본이 상투 치고 내려가는 과정이 적나라하게 기록돼 있다. 일본은 1인당 소득 5만 달러 근처까지 갔다가 한 번도 안착해보지 못하고 미끄러져 2022년 엔화

가치 폭락으로 3만 3,000달러도 깨질 형편이다. 엔화 환율은 32년 만에 달러당 150엔을 일시 돌파하기도 했다. 한국이 그런 길을 간다면 이번에는 필리핀 등 동남아 국가들에 대역전을 당하는 수모의 세월이 기다리고 있을 것이다. 일본인이 한국인보다 가난해지게 된 것처럼, 한국인이 베트남, 인도네시아, 태국인보다 후순위가 된다면 한국의 후손들은 참으로 쓰라린 심정이 되지 않겠는가. 동남아 국가들에 대역전을 당하느냐 마느냐는 향후 5년에 달렸다고 김세직 서울대 교수는 지적한다.

한국 경제가 안고 있는 숙제는 수출 대기업, 제조업이라는 엔진에만 의존한다는 것이다. 이에 반해 미국 등 선진국은 서비스업에 부가가치와 일자리를 더 많이 의존하는 구조다.

GDP 대비 서비스업 의존도는 한국이 62.4%, 독일 70%, 미국 80% 수준이고 일자리는 각국이 70% 이상을 서비스업에 의존한다. 따라서 한국도 서비스업을 획기적으로 발전시켜 제조업-서비스라는 쌍발 성장엔진을 장착할 때 소득 5만 달러, 10만 달러의 꿈이 비로소 실현될 것이다.

이 책은 한국이 안고 있는 이상의 대여섯 가지 과제에 대해 국내에서 가장 권위 있는 전문가들을 집중적으로 취재해 쓰였다. 취재 과정에서 협조해준 여러 분에게 감사의 말씀을 드린다. 도움을 준 이창용 한국은행 총재, 이승헌 부총재, 장정수 총재특보, 그리고 이근 서울대 교수, 성태윤 연세대 교수, 이종화 고려대 교수 등에게도 감사의 말씀을 드린다.

연구소, 정부 관계자들, 특히 누리호·다누리호 발사와 관련 여러 차례 취재에 친절한 답변을 주신 박정주 한국항공우주연구원 책임연구원, 이규수 실장에게 특별한 감사의 말씀을 드린다. 반도체 전쟁 분야에서는 진대제 스카이레이크인베스트먼트 회장, 신창목, 권혁재, 김미옥 삼성글로벌리서치 박사들이 그림과 전망을 제시해줬다. 핵융합발전과 양자역학에 대한 원고의 초안을 잡아준 윤정식 한국핵융합에너지연구원 단장, 양자컴퓨터 전문 노경태 연세대 교수 등에게도 심심한 감사를 드린다.

책 출간에 흔쾌히 응해주신 시공사 박혜린 회장과 친절하게 저술 작업을 안내한 이영인 본부장에게 특별한 고마움을 표하고자 한다. 전문 지식이 부족해 이 책이 안고 있는 결함이 있다면 전적으로 필자의 책임이며 전문가들의 더 훌륭한 후속 연구와 발표를 기다린다.

대한민국, 선진국의 조건

차례

1장 | 소득 3만 5,000달러, 선진국인가

2장 | 게임규칙이 변한다

3장 | 소득 5만 달러, 10만 달러 가능한가

4장 | 기술, 기업이 결정한다

5장 | 인구가 결정한다

6장 | 정책, 정치가 결정한다

7장 | 소득 10만 달러 퀀텀점프의 길

소득 3만 5,000달러, 선진국인가

총론

유엔무역개발회의(UNCTAD, 운크타드)가 2021년 7월 한국을 선진국으로 분류한다고 발표하자 우리 정부는 "운크타드 57년 역사에 처음 있는 일"이라고 자랑삼아 소개했다.

정부는 20대 대통령선거에 앞서 한국의 1인당 GNI가 3만 5,000달러를 돌파했으며 경제 규모(총 GDP)는 세계 10위권이라고 자랑했다. 당시 발표는 추계치였고 나중에 최종 확정치를 보니 1인당 GNI는 3만 5,373달러였다(1인당 GDP 기준 3만 4,619달러). 한국전쟁을 막 끝낸 1953년 1인당 GNI(이하 '1인당 소득'으로 표시하기로 한다)는 67달러로 아프리카 국가들보다 가난한 최빈국에서 70년 만에 한일 간 국민소득 역전이 거론되고 있으니 자부심을 가질 만하다.

한국전쟁을 지휘했던 맥아더 장군은 "기적이 일어나지 않는 한 이 나라가 다시 일어서기까지는 100년이 걸릴 것"이라고 말했었다. 영국의 〈더 타임스(The Times)〉는 비슷한 시기에 "한국에서 민주주의를 기대하는 것은 쓰레기통에서 장미가 피기를 기대하는 것과 같다"고 썼다. 100년이 되기 전에 한국은 기적을 일으켰고 쓰레기통에서 장미보다 더 멋진 꽃을 마술처럼 피워냈다. 미국의 〈US뉴스앤드월드리포트〉는 '2022년 세계에서 가장 강력한 국가' 순위를 발표했는데 한국의 순위를 미국, 중국, 러시아, 독일, 영국에 이어 세계 6위에 올려놨다. 프랑스, 이탈리아를 앞지른 것이다.

2022년도는 최대 금리 인상의 해로 사람들은 기억할 것이다. 미국발 금리 인상은 달러 초강세 현상을 불러오면서 한일 간에 묘한 파장을 일으켰다. 일본 엔화가치 하락이 한국의 원화보다 훨씬 심해 달러 가치로 계산하는 1인당 소득이 역전될 가능성이 역사상 처음으로 제기된 것이다. 일본인이 한국인보다 가난해지는 대역전극이 펼쳐진다는 얘기다.

그것도 저명한 일본의 대학교수가 먼저 이 문제를 들고나왔다. 노구치 유키오 히토쓰바시대 명예교수는 경제잡지에 "연초만 해도 1달러=115엔이었지만 엔·달러 환율이 더 치솟으면 한국의 1인당 GDP가 일본의 1인당 GDP를 앞선다. 한국인보다 일본인이 가난해진다"며 일본 열도에 충격적인 이야기를 전했다. 일본의 경제 규모는 아직은 세계 3위다. 한국의 1인당 소득은 G7인 이탈리아를 이미 넘어선 수준이고 일본을 따라잡게 생겼으니 당당한 선진국임을 의심할 필요가 없다.

전체 경제력은 세계 10위권으로, 삼성전자의 시가총액은 대만 TSMC 에 이어 아시아 2위권이다.

러시아의 우크라이나 침공으로 공급체인이 막혀 물가가 천정부지로 뛰었다. 미국의 바이든 대통령은 중국-러시아를 포위하는 전략으로 반도체 등 글로벌 공급망을 재편성하는 과정에서 한국의 삼성, 현대차, SK, LG 등 4대 그룹의 위상을 국제적으로 크게 올려줬다.

환율이 급등해 아쉬운 점도 있지만 한국이 선진국으로 상승세를 탄 시점은 참 아이러니가 아닐 수 없다.

선진국을 가르는 기준은 무엇일까. 국제적으로는 경제협력개발기구(OECD) 가입국을 기준으로 하는 경우가 많은데 총 회원국은 현재 38개국이다. 그런데 국제사회가 더욱 선진국으로 알아주는 기준은 OECD 내 개발원조위원회(DAC, Development Assistance Committee) 멤버 15개국이다. 이 나라들은 개도국 때 원조를 받다가 잘사는 부자나라가 돼서 이제 다른 나라에 원조의 손길을 주는 능력 있는 국가들이다.

한국은 2010년에 DAC 회원국으로 승격했다. 2차 대전 이후 개도국에서 이 지위까지 오른 나라는 한국이 유일하다고 한다. 미국, 영국, 일본, 스웨덴, 노르웨이, 스위스, 스페인, 오스트리아, 아일랜드, 뉴질랜드 같은 우등생 국가의 틈에 한국이 올라가 있다.

한국의 경제 규모는 10~12위, 1인당 소득은 23위권이다. 그런데 수출입을 합친 무역 규모는 세계 6위, 우주 발사체 누리호와 달 탐사선 다누리호 발사는 각각 세계 7위의 기록을 세웠다. 방산 무기 수출도 평상시에 미국, 러시아, 프랑스, 중국, 독일, 이탈리아, 영국에 이어 세계 8위에 머물다가 2022년 폴란드와 K2 전차, K9 자주포, FA-50 경공격기 등 총 40조 원어치를 계약하면서 세계 4~5위권으로 부상했다. 이집트와 호주에서도 박격포, 고등훈련기 판매 실적을 세웠다.

한국이 상대적으로 열위였던 문화 부문도 꽉 채워가고 있다. 밴 클라이번 피아노 콩쿠르에서 임윤찬이 최연소 우승을 했고 BTS는 미국 대중음악의 기록을 깼다. 2022년 에미상 시상식에서 넷플릭스 드라마 〈오징어 게임〉으로 황동혁 감독과 배우 이정재가 각각 감독상과 남우주연상을 수상했고, 제75회 칸영화제에서 영화 〈헤어질 결심〉의 박찬욱 감독과 〈브로커〉의 배우 송강호가 각각 감독상과 남우주연상을 수상했다. 그리고 정보라 작가가 《저주토끼》로 최고의 권위를 자랑하는 부커상 최종 후보에 올랐다. 허준이 프린스턴대 교수도 2022년 수학의 노벨상이라는 필즈상을 받았다.

장관이나 외교관들이 해외 활동을 할 때 "한국이 선진국 대우를 받는가"라는 질문을 다양하게 던져보면 가장 쉽게 확인할 수 있는 답변은 이것이다.

"한국에서 왔다고 하면 한 번 더 쳐다본다."

그런데 노구치 교수는 적어도 1인당 소득이 OECD 평균 소득 정도는 돼야 '진짜 선진국'이라는 주장을 편다. 2021년 OECD 평균치는 4만 2,363달러로 일본(3만 9,341달러)보다 높고 우리나라보다는 7,000달러 이상 높은 수준이다.

솔직히 서구 선진국들은 한국을 A급 선진국이 아닌 B급 선진국으로 생각할 가능성이 높다. 한국이 일본을 제치고 G7 아시아 대표 자리를 꿰찰 것이란 찬사도 나오지만, 세계 증시에서 선진국임을 판정하는 모건스탠리(MSCI)지수는 한국을 아직도 '신흥국' 수준에 묶어두고 있다. 《권력의 미래》의 저자 조지프 나이는 강대국의 기준으로 경제력, 군사력, 기업, 대학, 문화 등을 열거한다.

한국을 아시아의 첫 방문국으로 들른 바이든 미국 대통령은 한미정상회담 발표문에서 "군사동맹에서 나아가 경제동맹, 기술동맹을 망라한 포괄적 동맹으로 양국이 나아가야 한다"는 의미심장한 말을 했다. 선진국의 진정한 기준이 거기에 들어 있는 셈이다.

경제력은 결국 기업에서 나오고 기업의 파워는 기술에서 비롯되며 기술은 대학의 힘이 뒷받침돼야 가능하다. 이 책 4장에서 한국의 기업과 기술, 7장에서는 대학의 경쟁력을 더 자세히 살펴볼 것이다.

한국,
1등 선진국 vs 2등 선진국

한국의 1인당 소득은 3만 5,000달러로 전 세계 23위에 해당한다 (2022년 환율 상승으로 3만 3,000달러대로 후퇴). 모나코, 리히텐슈타인 같은 소규모 도시국가들, 카타르 같은 원유 생산국 등을 제외하면 한국 순위는 얼추 10위권 내에 든다. 유엔 회원국 193개국 가운데 상위 5%면 대단한 성적이다.

그런데 1인당 가계총처분가능소득(PGDI)이라는 개념이 있다. 국민 1인당 소득에서 정부, 기업에 속한 부분을 빼버리고 순수하게 가계로 분배되는 가처분소득을 말한다. 개인 입장에서 보면 '진짜 1인당 소득' 이다. 이 비율은 1975년 처음 작성됐는데 당시는 78%였다. 그러던 것이 2000년에는 62.4%로 낮아지더니 2010년 54.6%까지 급락했다가

2020년 55.7% 수준에 머물러 있다. 미국이나 유럽 국가들의 경우 이 비율은 80% 선으로 알려져 있다.

한국인의 1인당 소득은 3만 5,373달러인데 이 가운데 56%가 개인 몫으로 돌아간다면 1만 9,808달러로 2만 달러에 약간 못 미친다. 소득 2만 달러가 선진국 기준에 드는가? 어디를 봐도 대략 3만 달러, 혹은 4만 달러는 돼야 그래도 선진국민으로 분류하는 것 같다. 이 기준에 비추면 한국인은 아직 선진국에 미달한다고 봐야 한다.

살기 팍팍한 대한민국

국민행복지수(GNH, Gross National Happiness)가 매년 발표되는데 한국은 146개국 가운데 62위다. GNH지수는 GDP, 기대수명, 사회적지지, 자유, 부정부패, 관용 등 6개 항목의 3년 치 자료를 토대로 산출한다. 한국은 2013년 41위, 2015년 47위, 2017년 56위, 2019년 61위, 2021년 62위로 갈수록 떨어지는 상황이다. 한국의 경우 GDP, 기대수명, 부정부패 등의 분야는 더 좋아질 텐데 사회적지지, 관용 등에서 떨어지는 게 틀림없다. 이 가운데 사회적지지는 본인이 곤란을 겪을 때 도와줄 사람이 있느냐는 문항에서 북유럽 국가들과 큰 차이가 나는 것 같다. 가족 구성원, 친구, 교사, 지인 등을 말한다. 이 지수가 안 좋으면 세상살이에서 기댈 곳이 없고 팍팍한 삶이 된다. OECD 국가 중 한국이 자살률 1위인 것과 무관치 않은 듯하다.

행복지수가 맨날 1위인 것으로 잘못 소문난 부탄의 행복지수는 95위다. 국민소득이 3,122달러밖에 안 되니 그렇다. 핀란드, 덴마크, 스위스, 네덜란드, 스웨덴 등이 상위국이다. 이들 국가의 공통점을 딱 한 가지만 꼽는다면 소득이 5만 달러를 넘는다는 사실이다.

한국개발연구원(KDI)이 개원 50주년을 맞아 《한국경제의 미래》라는 책을 발간했는데 내용을 보면 우리나라는 선진국들이 소득 3만 달러를 달성한 시점에 비해 기술 수준이 낮고 노동 투입 시간은 월등히 높다고 지적했다. 한국의 연간 노동 시간은 1,928시간으로 OECD 평균 1,582시간에 비해 22%가량 많다. 다시 말해 노동생산성이 낮은데도 3만 달러를 돌파했다는 것은 많은 노동 시간을 들여 죽자 사자 매달려서 그렇다는 분석이다. 2017년 시간당 노동생산성은 37달러로 미국 72달러, 독일 70달러, 프랑스 67달러 등에 비해 절반 수준에 그치고, 영국 54달러에 비해서도 매우 낮다.

생산성 증가율은 2001~2010년 1.8%, 2011~2020년 0.7% 증가에 그친다. 이런 추세라면 GDP성장률은 2030년대에 0.5%, 2040년대에는 0% 수준일 것으로 예측된다. 윤석열 정부는 '성장'을 중시하겠다고 했는데 방향 설정은 옳으나 실천력이 문제다. 윤 정부는 교육, 노동, 연금 등을 3대 개혁 과제로 삼아 금융, 서비스를 추가하여 5대 개혁 과제를 제시했다. 5대 개혁에 성공하면 성장률은 올라갈 것이다. 성장이 안 되면 국민행복지수는 올라갈 수 없고 불행도가 높아지면 출산율은 더 떨어질 것이다.

산업의 내용은 서비스업 62.4%, 제조업 30%로 구성돼 있는데 서비스업의 국제경쟁력이 선진국의 50% 수준에 불과하다. 다른 말로 하면 세계 수준의 제품으로 수출 실적이 뛰어난 반도체, 통신, IT, 조선 등 몇몇 분야를 제외하고는 고소득을 주는 좋은 일자리 숫자가 적다는 의

미다. 이 일자리를 차지하기는 하늘의 별 따기다. 그나마도 서울 수도권에 몰려 있다.

서울 수도권 아파트 한 채 값은 일본 도쿄보다 비싸 아시아 최고 수준이며 음식료 값도 천정부지다. OECD 38개 회원국의 삶의질지수(How's Life 2020)를 보면 한국은 주택 부문 26위, 가처분소득 부문 23위, 일자리 부문 27위에 올랐는데, 이것이 바로 세계 최저 출산율을 기록하는 원인이다. 출산율은 0.8명을 지키지 못하고 0.7명대로 또 떨어졌다.

이런 템포로 150년 후면 한국은 소멸할 운명이다. 동남아에서 이민을 들이는 대안을 말하기도 하는데 동남아 국가들 역시 빠른 속도로 인구 감소를 겪고 있어 이민에 기댈 처지는 못 된다(서형수 전 저출산고령사회위원회 부위원장). 지방도시 육성에 승부를 걸어야 한다. 모든 계기판들이 내리막이라면 소득 5만 달러, 10만 달러를 어떻게 만들어낼까.

지금은 피크의 순간

한국은 한국전쟁 이후 1인당 소득 67달러에서 현재까지 IMF 사태, 2008년 금융위기, 1·2차 오일쇼크 때를 제외하고는 자체적으로 좌절하지 않고 타국과의 경쟁에서 승리의 역사를 써왔다. 이제 1인당 소득 면에서 30년간 제자리 뜀을 해온 숙적 일본을 향해 역전을 눈앞에 둔 순간이다. 바로 그 순간 대만이 한국을 역전하려 하고 있다.

올라가느냐 내려가느냐의 피크의 순간이기도 하다. 그것을 해결하려면 경쟁에서 승리의 역사를 써가야 한다. 특히 기술력에서 그렇다. 한국의 성공 방정식은 선진국 기술을 따라잡아 좋은 물건을 잘 만들어서 수출하는 것으로 풀어냈다. 1990년 이후 30년간 지속해온 세계화 3.0 파도를 가장 성공리에 타고 온 셈이다.

현재 소득 3만 5,000달러는 1등급 선진국이 아니라 2등급 선진국에 불과하다. 중국은 향후 10년 내 미국을 제치는 발판을 마련할 수 있느냐에 사활을 걸며 패권 전쟁에 돌입하고 있어 한국의 국운도 이에 크게 좌우될 것이다. 성장의 기초는 5년 내에 닦아야 한다. 세계화는 후퇴하고, 서방-중러 간 충돌, 인구 감소, 인플레와 고금리, 환율 급등에 이어 경기 침체의 파고를 헤치고 나아가야 한다.

세계도
한국을
선진국 인정하나

미국, EU, 아시아 주요국은 한국을 선진국으로 생각할까? 한국은 충분히 선진국으로서의 자격 요건을 갖췄는지, 아직은 부족한 점이 있는지 자신의 모습을 객관화해볼 필요가 있다.

2022년 9월 중순 〈매일경제신문〉 주최로 서울에서 열리는 세계지식포럼 연사로 참가한 샹빙 장강경영대학원 총장은 "한국은 선진국이며 중국은 한국을 본받아 중진국 함정에서 벗어났다"고 말했다.

유엔 사무총장을 10년 역임한 반기문 전 총장, 파리에서 OECD 대사를 지낸 고형권 전 대사, 싱가포르에서 금융업을 하는 진재욱(마이클 진) 인터오페라 회장, 그리고 제임스 김 주한미국상공회의소(AMCHAM, 암참) 회장 등의 눈을 통해 과연 세계가 한국을 보는 눈높이가 어떤지에 대해 솔직한 의견을 들어봤다. 무엇이 충분한 선진국으로서 합격점인지, 무엇이 부족한지 살펴봤다.

기적이라 불리는 한국인

미중 대결이 첨예해지는 가운데 바이든 미국 대통령이 새로운 공급망 체인을 구축하면서 한국의 삼성, 현대차, LG, SK 등이 글로벌 최고 플레이어임을 전 세계가 보는 앞에서 공인했다.

한국 순방길에 삼성 반도체 공장에서 이재용 당시 삼성 부회장을 만나고 출국 전 정의선 현대차 회장과 만났다. 전기차 배터리 공장을 지은 최태원 SK 회장과는 백악관에서 코로나가 걸린 가운데 화상으로 조우하는 장면을 내보냈다. 옐런 미국 재무장관은 한국을 방문하는 길에 LG화학 공장 한 곳을 콕 찍어 방문했다.

미국이 IPEF(인도태평양경제프레임워크)를 결성해 중국을 배제하는 세계 공급망을 새로 짜면서 한국의 4대 그룹을 얼마나 철저하게 관리하는지 실증적으로 보여줬다. 특히 금융통인 옐런 장관이 LG화학을 방문하는 광경에서, 바이든 대통령은 삼성, 현대차, SK 총수와 만나고 백악관은 LG를 빼놓지 않고 챙긴다는 걸 보여주는 치밀함에 한국 정치계, 경제계가 혀를 내둘렀다.

파리와 싱가포르에서 3년 이상 시장 흐름을 관찰해온 고형권 전 대사, 마이클 진 회장은 "일본의 전자, 반도체를 이겨낸 한국 기업들은 일본 간판 기업과 동급이거나 능가하는 것으로 쳐준다"고 말한다. 특히 삼성전자, LG전자의 존재감이 놀랍다고 한다.

영국, 노르웨이 등에서 10년 동안 대사관 근무를 하다 탈북한 태영호 의원은 "한국 기업체 파워는 영국, 덴마크, 노르웨이보다 한 수 위다. 국민 열정도 한 수 위이므로 소득 10만 달러 국가가 돼도 만족을 모를 것"이라고 한국을 높게 평가했다.

한국 제조업이 놀라운 힘을 발휘하는 가운데 근래에는 영화(《오징어 게임》 등), 음악(BTS), 문학(부커상 수상 등)뿐 아니라 축구와 골프 등 스포츠 선수들도 아시아에서 탁월한 실력을 뽐내 "한국에서 왔다"고 하면 한 번 더 쳐다보는 상황이 돼간다고 한다. 공부하는 실력으로는 수학의 노벨상이라는 필즈상을 허준이 프린스턴대 교수가 수상해 한국인의 천재성을 또 한 번 증명했다. 반기문 전 총장은 "한국인은 정말로 똑똑하고 개인기가 넘쳐나 인정을 받는다"고 말한다. 도대체 못하는 게 없는 한국, 한국인들이라는 것이다.

고형권 전 대사는 수재나 무어헤드 DAC 의장을 만난 순간 그녀가 한 말이 워낙 인상적이었던 탓에 아직도 생생하게 기억하고 있다. 수재나 무어헤드는 "우리는 회원국들끼리 경제 발전 방법에 대해 수도 없이 토론하고 연구했지만 한국은 바로 성공의 실천을 사례로 보여주었다. 한국의 성공방식을 배워야 한다"라고 말하더라는 것이다.

마이클 진 회장은 "싱가포르나 동남아에선 한국을 일본과 동급 선진국으로 인정하는 분위기다. 특히 최근 한류 열풍으로 한국의 대중문화 및 양질의 상품 등 대한민국의 소프트 파워, 브랜드 파워가 최고의 영역에 도달했다"고 현지의 평가를 전했다. 한국 기업이 초일류 반열에 올라서고 한국인들은 똑똑한 데다 상품 제조 능력, 학문, 문학, 스포츠에 이르기까지 이제 못하는 게 없어 '기적'이란 찬사를 들으면서, 일본을 능가한다는 평가를 받는다는 게 결코 과장이 아니다. 한국에서 왔다면 한 번 더 쳐다본다는 것보다 더한 칭찬이 어디 있겠는가.

인색하고 각박한 코리안

이제 그 반대편의 모습에 대해서도 볼 차례다.

미국, 유럽 국가들은 "한국이 앞줄로 나왔으면 이젠 뭔가를 책임지며 이끌어 달라, 즉 리딩(Leading)의 위치에 서 달라"는 주문을 한다. 제임스 김 회장은 2022년 7월 중순 워싱턴에 가서 미국 의회 상하원 의원들을 많이 만나고 돌아왔다. 한국에 대해 "이제 폴로어(Follower)에서 리더가 되어 달라"는 주문이 가장 많더라고 한다. '미국-EU'와 '중국-러시아'가 대립하며 신냉전 체제로 대치할 때 한국이 중요한 역할을 알아서 맡아 국제사회를 이끌어주는 주도자가 돼달라는 주문이다. 본격 가동될 IPEF에서 미국은 한국이 앞장서라고 등을 떠밀 것이다.

코로나19 극복을 위해 기부금을 낼 때 한국이 겨우 1,000만 달러를 내겠다고 하자 국제사회는 혀를 끌끌 찼다고 한다. 당시 문재인 대통령이 G7 특별초청을 받았을 때 기부금을 2억 달러로 높여서 간신히 체면을 차리고 기념촬영 때 앞줄 잘 보이는 곳에 배치를 받기도 했다. 반기문 전 총장은 유엔공적개발원조(ODA) 기여금의 경우 한국은 GDP의 0.15%를 하는데 미국, 일본 등 1급 선진국들의 0.35%에 비해 너무 부족한 수준이라고 지적했다. 유명환 전 외교통상부 장관은 "이명박 정부 때부터 기여금을 늘리고 DAC에도 가입해 체면치레를 했지만 아직도 많이 부족하다"고 말한다.

2022년 9월 뉴욕에서 바이든 대통령이 주선한 글로벌펀드재정공약회의 행사가 열렸다. 여기 참석한 윤석열 대통령이 1억 달러를 내기로 한 후 혼잣말한 게 비속어 논란으로 엉뚱한 홍역을 치렀지만 이때 기시다 후미오 일본 총리는 10억 달러를 쾌척했다. 일본의 GDP는 한국의 2배를 약간 넘는 정도인데 기부금은 10배를 냈다.

한국, 한국인에 대해 뒤에서 흉을 보는 특수한 측면은 우리가 알고 넘어가야 할 부분이며 국제사회에서 진정 선진국 대우를 받으려면 잘못을 시정해야 한다. 무엇이냐 하면 한국인은 세계시민의식이 결여돼있다는 것이다. 저 혼자 잘나고 똑똑하고 경쟁에선 이기지만 다른 나라, 좀 더 못한 국가 등에 대한 배려가 없다.

한국전쟁이 끝난 1953년 국민소득 67달러에서 70년 만에 전 세계에서 유일하게 선진국 반열에 오르다 보니 어려운 시절에 대한 DNA가 몸에 배어 "코리안은 인색하고 각박하다"는 평가를 받는다. 한국전쟁 참전 16개국에 충분히 은혜를 갚고 있는지도 돌아봐야 한다. 특히 국내 정치 갈등, 투쟁적인 민노총 행태 같은 것은 세계 10위권 선진국이라 말하기 부끄러운 수준이다.

"전 세계를 한번 둘러보면 한국 정치처럼 우물 안 개구리로 허구한 날 뒷다리 잡기 하는 나라가 또 있나. 파업하면서 자기 몸을 좁은 틀 속에 용접기로 박고 인화물질을 갖다 놓는 극악스러운 장면이 CNN에 비추는 나라가 한국 말고 있는가?" 인터뷰에 응한 사람들의 공통적인 지적이다. 이러면 누가 한국을 좋아하며 외국 기업이 한국에 진출하려 하겠느냐는 것이다.

국제 행사에 참석한 한국 대표들이 '한국의 사례'를 발표할 때 지나치게 한국의 입장만을 강조하는 것도 다른 나라들을 질리게 만든다고 한다. 국제사회가 연대(Solidarity)해 함께 잘살자는 게 아니라 나만 잘살겠다는 좁은 시각이 자주 드러난다. 싱가포르의 마이클 진 회장은 "한국인들은 다재다능하며 공부 잘하고 똑똑하다고 생각하지만 또한 끼리끼리, 그리고 외국인을 배척(Xenophobic)한다고 여긴다"고 말한다.

이런 인식이라면 아무리 이민청을 만들어 부족한 인적자원을 충원하려 해도 공염불이 되고 말 것이다. 실제로 한국에서 박사학위를 취득한 외국인 가운데 국내 취업을 마다하고 떠나는 비율은 2018년 45.6%, 2019년 50.4%, 2020년 54%, 2021년엔 무려 62%로 치솟았다 (2022년 8월 4일자 국내 언론 보도). 그는 이어 "전직 대통령을 구속하는 대립적인 정치 문화에 더해 한국 정부는 규제를 심하게 하며 선진국이라고 하기엔 개방성이 부족하다는 시각이 강하다. 한국 하면 과격한 노조 시위를 CNN에서 자주 봐 계층 간 갈등이 심한 나라라고 생각한다"는 부정적인 인식을 지적했다.

국제사회에서 한국과 일본을 비교하면 어떠하냐는 질문에 반기문 전 총장은 "일본의 경우 국제사회에서 (한국보다는) 제 역할을 충실하게 한다"고 말한다. 한 전직 외교관은 "일본은 제국주의를 경험한 국가다. 제국주의를 해본 국가는 세계 속에서 처신하는 방식에 차이가 나는데, 현재 선진국 가운데 한국이 제국주의를 해보지 않은 거의 유일한 국가일 것"이라는 의미심장한 말을 했다.

미국, 유럽인들과 국제회의를 할 때 가장 많이 듣는 단어가 공유가 치(Shared Value)라고 한다. 국제적으로 새로운 흐름인 ESG 경영이나 택 소노미(Taxonomy)에서도 공유가치가 가장 먼저 등장한다. 이 지점에서 한국은 아직 미흡한 편이다. 제임스 김 회장은 한국이 보편적 선진국 으로 인정받기에는 제도적으로도 글로벌 스탠더드에 많이 못 미친다 고 강조한다. 그는 비즈니스를 하는 입장에서 한국의 소득세율이 너무 높고 미국 기업이 한국에 진출해 사업을 벌이려고 할 때 경영자가 구 속될 위험성 때문에 엄두를 못 낸다고 한다.

특히 상속세는 미국에선 부부 합산 300억 원 정도는 면세인데 한국 은 면세 한도가 5억 원밖에 안 되므로 너무 불리하다. 이런 제도를 가 진 나라는 선진국에선 없다는 것이다.

제2의 일본화

이상에서 보듯 국제사회는 한국을 선진국으로 분명하게 간주하고 삼성, 현대차 등 간판 기업들의 놀라운 기술력에 찬사를 보내고 있다. 그렇지만 세계시민으로서의 국민의식, 정치, 전투적 노조 행태, 외국 인 혐오 등에서 한국은 2류 선진국에 불과하다. 세계인들은 한국의 외 피만 보지만 당사자인 한국으로서 더욱 두려운 사실은 잠재성장률이 곧 0%대에 진입할 정도로 꺼져가는 경제 상황이다. 일본이 선진국에 서 곧 탈락할 것을 걱정하듯, 한국도 잠재성장률이 2~3%는 유지되도 록 경제 프레임을 바꿔놓지 않으면 피크를 치고 내려갈 가능성이 높 다. 제2의 일본화 우려가 그것이다.

IMF의
선진국
판별 기준

《일본이 선진국에서 탈락하는 날》이라는 책을 쓴 노구치 유키오 교수는 선진국의 범위를 OECD 평균 국민소득 이상으로 정의했다.

그는 선진국에 대한 정의가 다양하지만, IMF는 ①1인당 GDP, ②수출 품목의 다양성, ③글로벌 금융 시스템으로서의 통합 정도를 고려해 약 40개 국가를 선진국이라 정의한다고 쓰고 있다. 그러면서 일본은 1인당 소득이 세계 24위이므로 당분간 선진국에 머무를 수는 있겠으나, 향후 1인당 소득이 OECD 평균에 미달하고 2030년 무렵에는 OECD 절반에도 못 미쳐 선진국에서 탈락은 물론 회원국에서 쫓겨날 것 같다고 걱정한다.

일반적으로 OECD 회원국은 '부자클럽'으로 불리므로 38개 회원국은 모두 선진국이라 할 수 있다. 그렇지만 평균 이상을 1급 선진국으로 부른다면 평균 이하는 2급 선진국이라고 은근히 부를 수밖에 없다는 뜻이 담겨 있다. 참고로 OECD 평균치를 보면 2019년 3만 5,964달러, 2020년 3만 8,333달러, 2021년 4만 2,363달러다.

한국의 1인당 국민소득(GNI)은 환율 급등으로 이제 3만 5,000달러에도 못 미치므로 노구치 교수의 분류에 따르면 엄밀히 말해 선진국에 미달한 셈이다.

반기문 전 유엔 사무총장도 재임 시 세계 속 한국의 위치를 보면 영연방 국가인 미국, 영국, 호주, 캐나다와 유럽의 독일, 프랑스, 이탈리아, 그리고 아시아에서 일본 등에 이어 인구 면에서 압도적인 중국과 인도, 군사력과 자원이 막강한 러시아, 남미의 브라질 등 12개국은 한국보다 우선순위로 본다고 한다.

신흥국 취급받는 한국

한국이 진짜 선진국으로 국제사회에서 자부심을 가지려면 소득 수준이 OECD 평균치인 4만 2,000달러를 넘어 5만 달러까지 올라가야 큰소리칠 수 있을 것이다.

특히 금융 분야의 취약성은 큰 약점이다. 우크라이나 전쟁 여파로 하이퍼인플레이션이 나타나 미국이 금리를 큰 폭으로 올리자 달러 환율이 순식간에 1,400원을 뚫고 올라간 게 대표적이다. 미국과의 상시 통화스와프을 해보려고 바이든 대통령, 옐런 재무장관이 방한했을 때 무척 노력했지만 받아주지 않았다.

IMF는 국제 금융 통합 정도를 요건으로 제시하는데 MSCI의 한국 증시는 선진국이 아닌 '신흥국'으로 분류돼 있다. 선진국으로 분류한다면 국제 금융기관들의 의무편입비율이 훨씬 높아 주가가 크게 오르고 주식을 사놓은 동학개미들도 부자가 될 수 있을 것이다. 하지만 MSCI 지수에 편입이 안 돼 있으니 국제 금융 시장이 조금만 동요해도 외국 기관투자가들이 우선으로 팔아 치워 2022년 상반기에만 15조 원 이상이 이탈하고 코스피 하락률은 세계 2위를 기록했다. 이런 약점을 커버하기 위해 매년 MSCI지수에 편입해 달라고 가입원서를 내지만 번번이 퇴짜당하는 실정이다. 역외 원화 거래 시장 부재, 외환 시장 운영 시간 제약 등을 이유로 들고 있다.

70%와 2%의 법칙

유럽과 아시아 주요국의 흥망성쇠를 다룬 《국가의 추격, 추월, 추락》이란 이근 교수의 책은 매우 독특한 선진국 요건을 제시한다. 적어도 선진국 반열에 오르려는 A국이 있다면 그 나라의 실질국민소득이 미국의 70%를 추월하고 A국의 GDP는 전 세계의 2%를 넘어서야 한다는 '70%와 2%의 법칙'이다. 70%는 국민 후생 수준이며 2%는 경제 파워를 가늠하는 2개의 벽으로 바라본다. 한국의 미국 대비 실질소득 비율은 현재 68% 수준이며 전 세계 GDP 점유율은 2% 경계선에서 왔다 갔다 하는 실정이다. 반도체에서 한국과 겨루는 대만은 실질소득에서 85%가 넘고 2022년 기준 1인당 명목GDP도 한국을 추월할 게 확실해 낭패스러운 느낌이다.

선진국 탈락
걱정하는
일본의 추락

21세기가 막 시작된 2000년도 일본의 1인당 GDP는 3만 9,172달러로 같은 해 미국의 1인당 GDP 3만 6,137달러보다 8.4%가 더 높았다. 2021년도 1인당 소득은 일본 3만 9,341달러, 미국 6만 9,558달러로 3만 달러가 넘는 큰 차이로 일본은 미국에 대역전패했다. 불과 21년 만에 양국 국민의 부는 80% 이상 벌어져 버렸다.

일본으로서 창피한 일은 OECD 38개 회원국의 평균치(4만 2,363달러)보다 일본 국민의 1인당 소득이 더 낮아졌다는 사실이다. 설상가상 일본경제연구센터는 '2035년까지의 아시아 경제 예측'에서 엔화 가치 폭락으로 1인당 소득은 2022년 3만 3,636달러, 2023년 3만 3,334달러로 급락해 한국의 3만 4,505달러에도 역전된다고 예측했다. 연구소는 한

국과 대만에 비해 필요한 투자를 게을리한 게 노동생산성 하락을 가져
와 일본의 추락으로 연결됐다고 분석했다.

또 하나 흥미로운 것은 이 연구소가 당초 중국이 2033년 미국의 경
제규모(GDP)를 추월할 것으로 전망했으나 2035년에도 미국의 87%에
그쳐 미중 간 역전은 늦춰질 것으로 내다봤다. 중국의 실질성장률은
2030년 초 3% 밑으로 떨어지고 2035년에는 2.2%까지 둔화할 것으로
전망했다.

한때 국제적으로 안전자산이라 일컫던 엔화의 추락은 곧 일본 경제
추락의 다른 말이기도 하다. 일본의 현재 위치는 50년 전인 1970년대
말과 비슷하며 쉽게 말해 50년간 선진국 노릇하던 시절은 일장춘몽이
돼버리고 자칫 G7의 자격도 한국에 넘기고 쫓겨나게 생겼다. 일본이 추
락해가던 시기 중국은 G2 반열로 올라서 미국과 자웅을 겨루는 중이다.

다시 1973년으로 시계를 돌려보자. 미국의 1인당 소득은 일본의
1.73배였고 한국은 일본의 10.3%에 불과했다. 이때만 해도 일본인의
소득이 한국인보다 10배나 더 높았는데 이제 역전을 걱정하는 신세
다. 일본인은 한국인, 대만인보다 1인당 소득이 뒤지는 것은 물론 해
가 갈수록 더욱 격차가 벌어질 것 같다는 우려가 크다.

필자는 평소 알고 지내는 〈일본경제신문(日本經濟新聞)〉 출신 언론인
(이름을 밝히기 싫어할 것 같다)과 식사하면서 "일본인의 소득이 한국인, 대
만인에 뒤떨어진다는데 일본의 분위기는 어떤가?"라고 물어보았다.
그러자 그는 정색을 하며 왜 그런 걸 물어보느냐는 듯한 표정으로 답
했는데, 뜻밖의 반응이었다.

"우리는 경제도 돌아가고 대학 졸업하면 모두 취직도 되고 자살률은 사상 최저로 떨어져 있다. 일본인들이 사는 데 아무 문제없고 행복감을 느끼는데 한국이나 대만과 비교할 필요가 있나?"

그는 "한국에서 대우조선 노동자들이 처우가 열악해 파업을 벌이고 다른 쪽에선 삼성 출신 경영인이 퇴직하고 나오면서 200억 원이나 받아놓고 책을 발간하며 부끄러워할 줄 모른다"며 점차 더 이상한 방향으로 화제를 옮겨갔다. 일본이 잘 안 풀리니 짐짓 그렇게밖에 할 말이 없었을 수도 있다. 아무튼 나와 그 일본 지식인 간의 인식이 하늘과 땅 차이 같아 더 이상 토론이 어려워짐을 느꼈다.

IT란 날개를 놓쳐버린 일본

노구치 유키오 교수는 "일본은 기울어져 가는데도 위기감이 전혀 없다"고 지적한다.

일본 내에서는 한국, 대만에도 뒤처진다는 류의 보도 자체가 금기시되고 있다고 한다. 확실히 아베노믹스 실패 이후 일본은 앞으로도 후퇴할 것 같다. 아베 신조 전 일본 총리의 장례식에서도 "아베노믹스가 일본을 망쳐놨다"는 항의 시위가 있었다. 어쨌든 엔화 환율이 달러당 150엔을 깨는데도 일본인들이 위기감도 없다면 소득 3만 달러도 깨질지 모르며 선진국에서 개도국으로 전락할 수 있다. 대동아공영권을 외치며 중국으로 동남아, 태평양을 건너 미국까지 넘보던 일본인들의 야망과는 전혀 다른 종족이 돼버린 듯하다. 지금 일본은 성공에서 실패의 길로 가고 있다. 왜 그렇게 됐을까.

미국의 전략국제문제연구소(CSIS) 출신인 브래드 글로서먼이 일본에서 30년을 관찰하며 쓴《피크 재팬》과 노구치 교수의《일본이 선진국에서 탈락하는 날》을 읽어보면 실패 경로가 잘 드러난다. 1970년대와 플라자합의가 이뤄진 1985년까지 일본은 승승장구하며 세계 2위로 치고 올라가 미국을 위협했다. 자동차, 반도체 등의 기세가 하늘을 찔렀다.

에즈라 보겔 하버드대 교수가《최고의 일본(Japan as No.1)》으로 극찬한 책이 나오자 영국의 대처, 중국의 덩샤오핑은 일본을 방문해 "우리나라 발전 모델로 삼겠다"고 했다.《팔려나가는 미국》,《달러가 휴지되는 날》같은 책들이 베스트셀러가 되고 록펠러 센터, 컬럼비아 영화사를 일본 기업들이 사들이자 제2의 진주만 기습 사이렌이 울렸다. 미국은 플라자합의(1985년 9월 22일)를 통해 일본 엔화 환율을 달러당 240엔에서 3년 만에 130엔까지 반 동강이 나도록 팔을 비틀었다. 엔고에 당황한 일본은 재정 정책으로 6조 엔 이상을 풀고 금리를 5%에서 2.5%로 하락시켜 경기 부양책으로 대응했다. 엄청난 돈이 풀리자 부동산, 주가가 천정부지로 뛰고, 기업들도 주가 상승으로 돈을 마련해 부동산 투기에 동참했다. 일본 도쿄만 팔아도 미국 땅 4분의 3을 살 수 있다는 뉴스가 대서특필됐다. 일본 당국은 거품을 잡기 위해 기준금리를 다시 1989년 2.5%에서 1990년도 6%까지 급등시키고 대출 총량 규제라 하여 돈줄을 틀어막았다. 주가, 부동산이 폭락하면서 '잃어버린 30년'을 초래했다는 게 일반론이다.

그러나 노구치 교수의 분석은 산업(정책) 측면을 더 날카롭게 파고든다. 1990년대부터 미국에서 시작된 IT혁명에 일본은 전혀 대응하지 못한 채 놓치고 말았다는 것이다. 한국도 1998년 IMF 이후 정보화혁명, 초고속 인터넷 등으로 세계적으로 빨리 대응해 산업을 고도화했는데 일본만 뒤졌다는 분석이다. D램 반도체 산업도 한국 삼성과의 치킨게임에서 일본이 완패해 주도권을 빼앗기고 말았다. 일본은 버블 붕괴 이후 경제가 침체되자 오로지 외환 시장에 개입해 엔저를 유도함으로써 수출을 확대하고 기업 이익을 늘리면 투자, 일자리, 경제 성장 등 모든 문제가 해결될 것이라 잘못 판단했다.

노구치 교수는 환율 조작이 아닌 기업이 IT기술을 개발해 생산성을 향상시켜 기업 이익 증가와 임금 인상이 뒤따르는 게 정답이었다고 자신의 책에서 여러 차례 지적했다. 그러나 엔저에 의존한 정책은 산업 경쟁력과 실질적인 기업 이익을 만들어내지 못해 일본 대기업들은 임금을 올려주지 못했다. 거의 20년간 임금이 제자리고 물가도 제자리니 금리는 0% 내지 마이너스였다. 이는 죽은 경제 사이클이다.

아베노믹스 대실패

잃어버린 20년을 돌파하기 위해 등장한 게 아베 총리가 2012년 12월 26일 취임하면서 들고나온 아베노믹스다. 후쿠시마 원전 폭발로 만신창이가 된 순간 권력을 잡은 아베는 "내가 돌아왔다. 일본도 돌아올 것이다. 일본은 2류 국가가 아니고 1류 선진국으로 남을 것이다"라고 외쳤다. 아베가 준비한 3개의 화살 중 첫 번째는 무한정 통화 살포로 15년간 끌어온 디플레를 마감하고 인플레 2% 달성, 두 번째는 재정 정책으로 일자리 60만 개 창출, 세 번째는 노동 개혁을 위시한 경제구조 개혁이었다. 첫째, 둘째는 돈을 푸는 것이므로 누구나 할 수 있고 핵심은 세 번째 화살, 즉 미국식 노동제도, 특별경제구역 설치, 인터넷 의약 판매, 원자력발전 인프라 수출 3배, 해외직접투자 증가, 농업 수출 2배, 영어교육 개선 같은 실질적인 국가경쟁력 강화 정책이었다. 한 국가의 리더는 전체 국민의 수준을 넘지 못한다는 공리를 아는가. 일본인들의 성향을 조사하면 사회주의 성격이 너무 강하다. 세 번째 화살은 과녁을 맞히지 못하고 부서졌다.

코로나19가 들이닥쳤을 때 일본의 맨 얼굴은 여지없이 드러났다. 사무 처리는 디지털이 아닌 팩스로 하고 결재는 도장을 찍어야 하는 데다 속도는 느려 터졌다. 중국, 러시아도 하는 백신 개발을 못 하는 형편없는 실력이 드러났다.

해외 유학생 숫자는 한 나라의 진취성을 알아보는 좋은 척도가 될 것이다. 미국 대학 유학생 숫자를 보면 중국은 2000년 약 6만 명, 2010년 15만 7,000명, 2020년 37만 2,000명이다. 한국은 같은 기간 4만 5,000명 → 7만 3,000명 → 5만 명이고, 일본은 4만 6,000명 → 2만 1,000명 → 1만 7,000명이다. 인도는 5만 4,000명 → 10만 3,000명 → 19만 3,000명이다. 일본 인구가 한국의 2.5배인데 미국 유학생은 3분의 1밖에 안 되니 얼마나 소극적인지 알 수 있다. 유학생 추이를 보면 한국도 2010년 7만 3,000명을 정점으로 11년 동안 33%나 줄어든 것은 상당히 퇴보적인 징조다.

일본이 주는 교훈

지난 20년간 일본 경제가 선진국에서 중진국으로 추락해간 가장 큰 원인은 전 인류의 삶을 바꾼 거대한 IT혁명의 물결을 놓쳤다는 게 가장 컸다. 미국 최대 기업들인 애플, 구글, 아마존, 마이크로소프트, 메타(페이스북), 테슬라 등이 모두 IT혁명의 산물이며, 한국도 네이버, 카카오 등 상당수 플랫폼 기업이 자라났다. 일본의 검색 기업 1, 2위는 구글, 야후재팬이다. 그다음 중요한 실책은 기술 개발과 생산성 향상을 추구하기보단 엔저, 대기업 임금 인상 독촉에만 매달렸다는 점이다. 기술 개발을 먼저 하면 생산성이 올라 자동적으로 임금이 오르고 물가, 금리도 올랐을 텐데 거꾸로 한 것이다. 일본은 문재인 정부의 소득 주도 성장을 20년간 헛바퀴로 돌린 셈이다.

잃어버린 30년 동안 일본 정치권이 저지른 일 가운데 가장 나쁜 일은 재정 적자를 통해 경기를 살리려 다른 선진국과는 반대로 갔다는 점이다. 아베노믹스도 그런 나쁜 방식에 의존했다. 그 결과 재정 정책으로 충당할 국채 발행액이 1,000조 엔이 넘고 국가부채비율이 세계 최고인 256%까지 치솟았다. 2022년 미국 연준이 금리 인상을 시작하자 스위스도 금리를 올렸는데 전 세계에서 일본만 금리 인상을 제대로 못하고 장기금리 변동 폭만 0.25%에서 0.5%로 미세 조정하는 데 그쳤다. 이로 인한 엔화 폭락으로 1인당 국민소득이 순식간에 한국, 대만에 역전당하게 된 것이다.

왜 일본은 금리를 올릴 수 없나. 국채 발행(국가부채)이 워낙 많아 금리 1%만 올려도 국가 예산에서 갚아야 할 이자가 GDP의 2.5%에 달하기 때문이다. 한국 돈으로 국채가 1경 원이면 금리 1%만 올려도 100조 원이 국가부채 이자 갚는 데 나간다는 뜻이다. 이렇게 나라 살림을 하면 안 된다. 국가부채를 매년 60조 원씩 늘려 기본소득을 도입하자는 정신 나간 정치인들을 그래서 경계해야 한다.

산업의 새로운 물결(IT혁명)을 놓치고 창조적 혁신을 잃고도, 정신 못 차린 채 국가부채를 늘려 만회하려 한 일본은 불과 20년 만에 세계 2등 국가에서 상투 치고 선진국에서 탈락 중이다. 이것이 일본의 실패에서 한국이 배울 교훈이다.

스웨덴, 네덜란드,
스위스, 이스라엘
왜 잘사나

인구 규모가 싱가포르처럼 도시국가 범위를 넘어서면서 1,000만 명이 넘거나 근접한 스웨덴, 네덜란드, 스위스, 이스라엘은 왜 소득이 높은지 한번 연구해볼 만하다. 정부기관의 현지 주재원을 통해 그 비결을 조사해봤다. 총체적인 경쟁력 분석을 완벽하게 하진 못했으나 해당 4개국의 1인당 국민소득이 5만 달러를 웃도는데 한국이 본받을 점이 분명히 있는 것으로 나타나 소개한다. 여러 나라 가운데 이들 4개국을 고른 이유는 그 나름대로 한국이 배울 만한 특기를 가진 나라이기 때문이다. 가령 네덜란드의 경우 1602년 세계 최초로 주식 시장을 개설하고, 암스테르담은행을 처음 설립해 세계 최초 기축통화인 길더화를 발행한 역사에도 불구하고 영국에 산업혁명의 기선을 빼앗기며 침몰

해갔다. 그럼에도 어떻게 다시 선진국으로 부상하며 성공했는가.

스웨덴은 23년 총리로 재임한 인물이 은퇴하자 거주할 집이 없을 정도로 청렴했다. 더 멋진 일은 정부가 한번 정한 정책은 보수나 진보로 정권이 바뀌어도 정책 자체가 바뀌지 않고 유지된다는 점이다. 그러니까 스웨덴 기업들은 마음 놓고 장기 플랜을 세워 투자나 사업 설계를 할 수 있는 것이다.

네덜란드는 조세제도가 외국 사업가에게 우호적이라 외국인 투자 유치가 용이하며, 교육제도가 평생교육으로 이어져 사회 변화에 전 국민이 잘 적응한다.

1인당 소득 세계 2위로 곧 10만 달러 돌파가 예상되는 스위스는 '서비스업 세계 최강'으로 특히 은행업이 막강해 한국이 부족한 특장은 다 지니고 있다. 그 비결을 배워야 할 것이다. 스위스는 또한 국민의 주요 관심사를 바로 국민투표에 매년 회부할 정도로 직접민주주의에 있어 세계 으뜸이다. 기본소득을 선거 캠페인으로 떠드는 게 아니라 바로 국민투표로 결판 내버렸다(2016년 6월 5일에 76.9% 반대로 부결).

이스라엘은 출산율이 세계 최고로 높고(3.01명), '창업국가'란 닉네임이 왜 붙었는지 체감할 수 있다. 청년실업률이 25%에 달하는 한국엔 연구 대상이다. 총인구는 금세기가 가기 전에 한국과 이스라엘이 역전될 것이다.

스웨덴, 인구당 유니콘 세계 2위

스웨덴은 덴마크와 더불어 EU 국가 가운데 최저임금제를 도입하지 않은 국가다. 국가와 노사 간 절충을 통해 합리적으로 고용한다. 1인당 국민소득은 2021년 6만 322달러로 세계 9위권이다. 노동 시장이 안정되고 유연하며 고용주는 피고용자에 대한 책임감이 높다. 기업의 수익 확대보다 고용인 보호와 처우 개선에 더 신경을 쓴다. 노사가 안정돼 있으니 회사가 해외 진출을 기웃거리지 않으며 장기 플랜을 짜는 데 유리하다. 세계 최고의 세율을 못 이겨 이케아 창업주 잉바르 캄프라드가 본사를 1980년대 해외로 이전해버리자 법률을 개정해 반성한 때문이다. 사회 안전망이 든든해 개인의 창의성 개발에 유리하다. 창업을 기회로 인식하는 풍토가 널리 조성돼 있으며, 스타트업으로의 접근성이 좋다. 스웨덴의 유니콘(Unicorn) 기업은 6개로 미국 실리콘밸리에 이어 국민 1인당 유니콘 개수는 세계 2위다. 스포티파이, 스카이프, 모장, 클라르나, 노스볼트, 아이제틀이 스웨덴 유니콘들이다.

스웨덴에서 한국이 배울 점은 정권이 바뀌어도 정책과 전략을 지속한다는 점이다. 정권 변동에 의한 정책 변화가 거의 없는 편이라 장기 전략에 따른 목표 달성이 가능하다.

또한 청렴도가 높다. 투명한 정보 공개를 통해 국민 세금 사용 내역을 오픈하고, 관료의 부정부패에 대한 처벌이 가혹하다. 공무원뿐 아니라 민간기업 관리자들도 청렴하다.

1995년 당시 부총리였던 모나 살린은 유력한 총리 후보였으나 기저

귀, 초콜릿을 구입하며 2,000크로나(약 34만 원)를 이른바 '법카'로 사용한 게 들통나 사퇴했다. 1982년 25세에 최연소 의원으로 뽑혀 38세에 여성 총리 후보가 될 정도로 촉망받았지만 카드 사용 잘못으로 사임해야 했는데 2005년 여성으로선 최초 민주당 당수로 부활하기도 한 출중한 인물이었다.

스웨덴 총리를 지낸 타게 엘란데르는 23년간이나 총리(1946~1969년)에 역임하는 동안 임대주택에서 월세를 살았고 은퇴하려고 보니 거주할 집이 없어 당원들이 급히 돈을 모아 스톡홀름에서 2시간 걸리는 봄메쉬빅 마을 호숫가에 작은 집을 마련해줬다. 거기서 세상을 떠날 때까지 거처했다. 그는 오늘날 선진국 스웨덴의 토대를 세운 큰 정치인이었다.

국민은 국회의원들의 씀씀이를 공개 요청해 언제든지 들여다볼 수 있다. 출장 중 주최 측이 식사를 제공하면 여비에서 제외해 반납한다. 1766년 정보 공개를 법제화했다.

한국도 정보 공개 요청이 가능하지만 신청해도 10일 이상 소요되는데다 이런저런 핑계를 대며 비공개 예외가 많다. 반면 스웨덴은 '즉시'다. 적당하게의 삶을 추구하는 여유도 있는데 뿔로 된 공용 잔을 돌아가면서 한 모금씩 마시며 '라곰(Lagom, 딱 좋아)!' 할 줄 안다.

네덜란드, 외국인 투자에 우호적인 신뢰 사회

1인당 국민소득은 5만 7,768달러(2021년)로 EU 회원국 가운데 4위다. 룩셈부르크, 아일랜드, 덴마크 다음 순위다. 고부가가치 산업 종사자들이 많은데 금융기관, IT 산업의 경우 상대적으로 소득이 높다. 1,400여 개의 금융기관 및 핀테크 기업들이 있고 IT 기업은 11만여 개에 이른다. 농업, 화훼 인구가 많은데 규모의 경제를 이루는 고부가가치 산업으로 자리 잡았다. 네덜란드는 어떻게 세계 2위의 농식품국이 됐을까.

한국이 네덜란드에서 배울 점 첫 번째는 외국인 투자에 우호적인 환경이다. 영국, 아일랜드와 더불어 외국인 투자 제한이 가장 낮은 나라다. 법령을 통해 투자를 금지하거나 제한하지 않으며 특정 요건만 갖추면 외국인의 현지 지점 및 법인 설립이 허용된다.

둘째, 네덜란드를 거점으로 한 유럽 진출, 판매, 유통이 쉽고 물류 인프라가 대단히 훌륭하다. 영어 구사력이 뛰어난 우수한 인력과 합리적인 조세제도가 자랑이다.

셋째, 네덜란드의 조세제도가 워낙 우호적이라 다국적기업이 많이 들어오는데 조세 회피처라는 악평을 받을 정도다.

넷째, 민관 파트너십이 뛰어나다. 흔히 더치 다이아몬드 접근법으로 불리는 네덜란드의 민관 파트너십 행태는 정부, 민간, 시민사회, 연구기관이 함께 협력 우선 분야에서 같은 목표를 향해 자금 위험 책임을 분담하는 개념이다.

다섯째, 높은 청렴도가 자랑이다. 2021년 국가청렴도(CPI, Corruption Perceptions Index)에서 82점, 180개 국가 중 8위를 기록했다. 덴마크, 핀란드, 뉴질랜드, 노르웨이, 싱가포르, 스웨덴, 스위스가 바로 앞에 있다. 역시 부패도가 최저인 국가들은 부국이다.

여섯째, 대학 진학에 초점을 둔 교육제도가 아닌 미래 관심 분야를 일찍부터 가르쳐 노동 효율성을 높이는 데 주안점을 두는 교육을 실시한다. 사회 진출 이후에도 직업교육 등 지속적인 성인 재교육에 집중해 사회 변화에 도움이 되게끔 한다.

일곱째, 노사 안정의 토대인 바세나르협약(Wassenaar Agreement)의 정신이다. 1982년 11월 24일 노동조합연맹과 경영자단체연합을 대표하는 빔 코크와 크리스 판 페인이 체결했다. 법적인 구속력이 없는 권고 방식으로 중요 사항을 가이드라인으로 제공하는 형식이다. 이런 느슨한 협약이 성공하리라고는 아무도 예측하지 못했으나 '신뢰'가 형성된 사회라 가능했다. 노조는 임금을 억제하고, 이에 대한 보상으로 기업들은 노동 시간 축소에 동의했다. 1984년 공무원 임금과 최저임금, 사회보장수당 3.5% 삭감에 동의했다.

네덜란드는 전 세계에서 노사협의가 가장 잘되는 제도로 네덜란드병(病)을 극복했는데 "신이 세상을 만들었지만 네덜란드는 네덜란드인이 만들었다"는 이 나라의 속담을 이해하게 만든다. 바로 양보의 정신이다.

스위스, 직접민주주의의 부자 나라

스위스 1인당 국민소득은 9만 4,969달러로 세계 2위며 룩셈부르크에 이어 곧 10만 달러를 돌파할 국가다. 크레디트스위스 발표에 따르면 스위스 전체 인구는 840만 명인데 백만장자클럽 인원이 38만~50만 명 사이에 이르러 국민 5% 이상이 백만장자라는 계산이다. 상위 20%의 부자가 하위 20% 대비 5배 정도 많은 자산을 보유하고 있는데 선진국치고는 빈부격차가 덜 심한 편이다. 월급여 5,000프랑(약 650만 원) 미만은 생활이 감당 안 될 정도로 세계에서 가장 물가가 높은 국가다. 스위스 일자리의 12%가 월 5,000프랑 이하의 저소득층이다.

스위스의 강점을 말하자면 다음과 같다.

첫째, 초기 산업 발달과 혁신성이다.

18세기만 해도 자원 없는 빈국이었으나 19세기 중반부터 자유방임 산업, 무역 정책을 펼치며 초기 산업화에 성공해 19, 20세기에 엄청난 호황을 구가했다. 급격한 성장은 유럽 국가 중 가장 인상적이어서 스위스의 기적이라 일컫는다. 우엘리 마더 바젤대 사회학 교수는 "스위스는 식민지 없이도 유럽 제국주의 주변 국가들로부터 필요한 원자재를 공급받아 초기 산업화에 성공했다"고 말한다. 대영제국 시절 영국산 값싼 섬유 수입을 틀어막고 자국의 베틀을 기계화해 보호주의무역으로 부를 축적하는 데 성공했다. 이런 기조는 현재까지도 이어져 스위스 국내에서 품귀 현상이 있는 경우에만 유제품 수입을 허용한다. 비록 스위스 소비자들은 가격 부담이 높다 하더라도 생산자들은 부를 유지할 수 있는 보호무역이다.

스위스는 서비스산업의 GDP 비중이 75%에 달하고 그중 은행업이 특히 중요한 산업이다. UBS, 크레디트스위스 등 세계적으로 영향력이 큰 은행을 다수 보유하고 있다. 2016년 기준 은행업 관련 일자리 창출이 40만 개에 달할 정도로 은행업은 스위스 경제의 축을 담당한다.

둘째, 정치적 안정이다.

스위스는 중립국을 표방해 150년 동안 전화에 휩싸이지 않았다. 한국의 이순신 장군에 해당하는 앙리 기장 장군은 2차 대전 때 알프스산맥에 토치카를 구축해 고슴도치 전략으로 나치 독일의 전의를 꺾어 참화를 모면했다. 직접민주주의를 채택해 정치적 안정성이 발군이며 세율이 낮아 고소득 외국인이 이주를 선호한다(법인세율 15%, 소득세율 40%로 한국의 법인세 25%, 최고소득세율 49.5%보다 낮다). 스위스 인구의 25%가 이주민이며, 스위스 백만장자 절반이 외국 태생이다.

원전 건설, 기본소득 같은 주요 사안은 즉시 국민투표를 실시하는 직접민주주의를 실행한다. 2016년 전 세계 최초로 월 300만 원을 지급하는 기본소득 도입 여부를 국민투표에 부쳐 76%의 반대로 부결시킨 후 다시는 논의조차 않는다. 1인당 300만 원이면 전 국민이 놀고먹을 수 있는 상당한 금액인데 스위스인들은 유혹을 과감히 뿌리쳐, 남미식 포퓰리즘에 결코 굴복하지 않는 민족성을 과시했다.

아시아, 아프리카 독재자 등 외국 부호들이 과거 스위스은행에 재산을 예치하는 '스위스 비밀계좌'는 전 세계적으로 악명이 높았다. 2차 대전 중 스위스은행을 독일어로 라우브골트(Raub gold, 도둑맞은 금괴)라 불렀는데 나치에 의해 압수된 금으로 상당한 부를 축적했다.

이스라엘, 압도적인 세계 최고 출산율

북미와 구소련에서 고급기술을 가진 유대인 이민자들이 2차 대전 이후 대거 유입돼 1948년 인구 규모가 80만 명에서 현재 950만 명으로

74년간 10배 이상 늘었다. 1980년대부터 1인당 소득은 전 세계 30위 권 내에 들었으며 2021년 5만 1,430달러로 마침내 5만 달러 벽을 돌파했다. 국가 생존 차원에서 정부가 국방, 보안, 농업, 에너지, 산업을 육성하며 디아스포라의 후원에 힘입어 자본 유입이 계속 팽창해왔다. 고부가가치 창출, 첨단기술 산업 중심의 생산구조를 갖췄다. 소프트웨어(SW), 정보보안, 방산, 의약, 바이오, 정밀전자 산업이 고도로 발달했다. 첨단기술 산업이 국내총생산의 15%를 점유하며 수출의 43%를 담당한다. 전체 취업자 중 첨단기술 산업 종사자 비중이 11.4%다(2022년 1월 이스라엘 통계청). 첨단기술 산업 종사자의 평균 급여는 전체 산업 평균 급여의 2배에 달한다.

한국이 이스라엘을 경이로운 눈으로 입이 떡 벌어지게 본받을 면모는 세계 최고 출산율이다. 1992년 2.7명, 2002년 2.89명, 2012년 3.05명, 2017년 3.11명, 그리고 최근엔 3.01명 수준이다. 이스라엘 출산율이 이렇게 높은 이유는 인구의 21%를 점하는 비유대인의 출산율이 7명 전후로 압도적으로 높다는 위기감 때문이다.

그리고 근대 들어 욤 키푸르 전쟁(1973년, 일명 제4차 중동전쟁) 같은 잦은 전쟁과 테러 사고 등의 경험으로 3명을 출산하면 1명 정도는 잃을 수도 있다는 인식 때문이라 한다(임신이 안 되는 부부는 입양이라도 하지 않으면 사회적 책무를 하지 않은 이기적 인간으로 매도돼 사회적으로 왕따를 당한다). 비록 물가가 높고 생활비용이 많이 들지만 맞벌이 부부가 일반적이라 아이를 낳고 2세까지만 부부가 키워놓으면 그 후엔 국가가 키워주는 완벽한 설계를 갖췄다. 불임 치료 여성에겐 최대 80일간 유급휴가를 준다. 출산은 축복이다.

아랍계는 이스라엘 내 190만 명, 팔레스타인 488만 명(서안지구 297만 명, 가자지구 191만 명)이 각각 거주한다. 해외 거주 유대인은 고등학교 진학 시기부터 희망하면 국내에 들어와 대학까지 무상교육을 해주는 것도 인구 증가 요인이다.

이스라엘에서 한국 정부가 배울 모델은 다양한 정부부처 간 협력이 필요한 개발계획 추진 시, 관련 부처 합작법인 형태로 범부처 협의체를 설립해 유연하게 대처하며 부처 간 경직성을 극복해낸다는 것이다. 스마트모빌리티가 한 예다. 2017년 총리실 산하 스마트모빌리티이니셔티브국을 설치해 경제부처들이 공동출자해서 에코모션커뮤니티란 합작회사를 설립했다. 정기 콘퍼런스, 전시회, 산학 교류 네트워크를 조성했다.

이스라엘의 창업을 이끄는 후츠파(Chutzpah) 정신은 알아줄 만하다. 후츠파의 어원은 구약성경 다니엘서 중 분노한 왕 앞에서도 대담하게 의견을 말하는 장면에서 유래했다고 한다. 대담함, 실패를 두려워하지 않는 끈기 있는 도전 정신을 일컫는다. 유니콘 기업으로 성장한 파파야글로벌의 공동창업자 에이낫 구에즈는 "후츠파 정신이 이스라엘 스타트업들의 성공요소"라고 강조한다.

미국은
어떻게
1등이 되었나

미국은 1980년대 일본과 독일에 추월당해 2등 국가로 전락하는 것이 기정사실로 보였다. 자동차, 철강, 반도체 등 주력 제품들이 두 나라에 줄줄이 역전당했다. 에즈라 보겔 하버드대 교수가 '재팬 넘버원'을 공연히 외친 시절이었다. 이보다 앞서 1957년에는 소련이 먼저 우주선을 한 달 간격으로 두 번 발사하는 데 성공해 위기의 순간인 '스푸트니크 모멘트'에 처했다. 풀이 죽은 미국 과학자들은 "달에 누가 사느냐?"는 질문에 "아마도 러시안이 살고 있을 것"이라는 답변을 해야 할 처지였다. 경제학자들이 '어떤 국가는 왜 잘사느냐'를 분석한 끝에 가장 놀라워한 사실은 미국이 어떻게 지난 150여 년간 꾸준히 2~3%의 GDP성장률을 달성해왔느냐는 것이다.

일찍이 지구상에 그런 국가는 없었는데 원동력은 무엇인가. KDI가 인구 4,500만 명 이상으로 1인당 소득 3만 달러를 돌파한 국가들이 그 후 어떤 궤적을 그렸는지 분석한 내용이 흥미롭다. 미국, 일본, 영국, 독일, 프랑스, 이탈리아, 스페인 등 7개국이 한국에 앞서 소득 3만 달러 시대를 열었는데 세계 금융위기 때를 제외하고 한 번도 뒷걸음질하지 않고 2022년 7만 달러까지 치솟은 국가는 미국이 유일한 것으로 드러났다. 일본은 미국보다 5년 앞서 1992년에 3만 달러를 돌파했지만 2022년 현재 3만 5,000달러 밑으로 미끄러져 있다. 영국은 2002년 3만 달러를 넘겼지만 브렉시트(Brexit), 글로벌 금융위기 연타를 맞아 4만 달러 초반대로 떨어졌다.

세계를 석권한 미국 제조업의 패퇴

무엇이 미국 경제의 강점인지 이제부터 본격적으로 찾아보자. 미국이 1929년 대공황을 맞고 추락해가다가 벌떡 일어서게 된 계기는 주지하다시피 제2차 세계대전이라는 전쟁 특수 때문이었다. GM, 유에스스틸, 포드 같은 대기업들은 탱크 8만 6,000대, 전함 및 상선 1만 2,000척, 소형 선박 6만 5,000척, 비행기 30만 대, 지프 60만 대, 군용트럭 200만 대, 총 1,700만 정, 총알 410억 개, 그리고 핵폭탄 두 발을 생산하면서 기술력을 높이며 초호황을 누렸다. 2차 대전이 끝난 후 전세계 제조품의 42%, 철강 57%, 석유 62%, 자동차 80%를 미국이 생산했다. 영국, 독일, 일본은 전쟁 때 폭격으로 공장이 다 부서져서 미국이 세계의 공장이었다. 전후 25년 동안 베이비붐이 불면서 주택 건설, 가

전제품이 팔리며 완전고용 속에 풍요를 노래했다.

전후 영국은 '요람에서 무덤까지'라는 기치하에 사회주의가 불어닥치고 동유럽 국가들도 느닷없는 공산주의 바람으로 생산시설 국유화를 했지만 미국은 정반대로 자유시장경제에 충실했다. 미국 주도로 전후 복구를 위한 국제기구(IMF, 월드뱅크, GATT 등)가 착착 만들어졌다.

세계 2차 대전 전후 협상에서 기축통화를 파운드에서 달러로 바꾸는 것을 알았을 때 존 메이너드 케인스는 "미국이 영국의 눈깔을 뽑아간다"고 탄식했다. 이런 정책을 펼 수 있었던 기초는 전쟁 기간 동안 과학자 6,000명을 거느리고 과학연구개발국장을 맡았던 버니바 부시가 1945년 〈과학, 끝없는 개척자〉라는 보고서를 통해, "과학은 값비싼 호사가 아니라 경제 발전에 필수"라며 정부 지원을 촉구하고 해리 트루먼, 드와이트 아이젠하워 대통령이 이를 적극 수용한 데 있었다.

1943년부터 1969년까지 노벨물리학상 21개를 미국인이 독차지했다. 피터 드러커, 하이에크 같은 학자들이 이론적 토대를 제공하며 1947년 태프트-하틀리법을 제정해 노조 가입 의무화 제도를 금지하고 노조 간부는 공산주의자가 아님을 증명하도록 했다. 국방부는 국방고등연구계획국(DARPA)을 설립해 이공대 기술 개발을 도왔다.

유럽을 재건해야 미국 대기업이 만든 상품을 팔아먹고 일자리를 줄 수 있다는 판단하에 마셜플랜(1948~1952년, 130억 달러 제공)을 실현한 것이 참으로 영리했다. 이 바람을 탄 미국 대기업들은 날개를 달고 해외로 나가 영국, 프랑스, 일본 등의 시장을 공략할 수 있었다. 그러나 눈부신 기록에 미국의 기업인들은 자만에 빠졌다. 린든 존슨 대통령이 '위대한 사회'를 외치자, 리처드 닉슨은 존슨을 이기겠다며 퍼주기 복지게임에 날 새는 줄 몰랐다.

1970년대 미국은 한주먹감도 안 되는 베트남 전쟁에서 패배하고, 독일과 일본이 시간이 흘러 전쟁의 폐허를 딛고 일어서는 것을 눈치채지 못했다. 1979년 복수의 여신 네메시스가 미국의 자동차 생산 본고장 디트로이트에 찾아왔다. 일본 자동차가 미국 시장의 20%를 접수하자 크라이슬러가 11억 달러 적자, 포드 6억 달러 적자, GM 7억 6,300만 달러의 적자를 내며 나자빠졌다. 미국 기업 역사상 최대 적자였다. 기업들은 생산성을 높일 연구는 않고 정부 당국에 "일본 업체를 때려 달라"며 관세율 인상, 덤핑 벌금으로 맞서려 했다. 1985년 9월 플라자합의로 엔화 환율을 110엔 급락시키는 데 합의했다. 자동차, 철강, TV, 가전, 반도체 등의 산업이 쑥대밭이 됐다.

실리콘밸리가 동아줄이 되다

동트기 전이 가장 어두운 법이다. 1975년 빌 게이츠가 뉴멕시코 앨버커키에서 마이크로소프트를 창업했다. 다음 해인 1976년 스티브 잡스, 스티브 워즈니악이 캘리포니아 해안가에서 애플을 창업했다. 화이자는 연구 개발에 대규모 투자를 했다. 미국인들은 침체기에도 슘페터의 창조적 파괴 본능을 되살리는 싹을 틔웠다. 로널드 레이건 대통령은 "정부는 문제 해결을 할 능력이 없다. 그 대신 인플레, 각종 규제 등의 괴물은 퇴치해주겠다"고 선언하며 가장 먼저 공무원 숫자부터 동결했다. 스탠퍼드대를 졸업한 학생들이 일자리가 없어 동부로 가는 것을 보고 프레더릭 터먼 학장은 첨단기업을 유치해 인재가 머물고 특히 창업에 나서도록 물심양면으로 지원했다. 휴렛과 패커드가 창업하겠다고 하자 538달러(현재 약 1만 달러)를 지원해 성공의 씨앗이 됐다.

훗날 인텔, 구글 등이 줄줄이 세워졌다. 1971년 〈일렉트로닉뉴스(Electronics News)〉의 돈 호플러가 컴퓨터 제조사 실리콘 가공 업체를 가리키는 '실리콘밸리'라는 단어를 만들었다. 캘리포니아주는 휴렛팩커드(HP)가 탄생한 에디슨가 367번지 허름한 차고지를 실리콘밸리 발생지로 명명했다. 실리콘밸리는 휴렛팩커드, 인텔, 시스코, 애플, 구글, 야후, 선마이크로시스템스 등의 본거지이자 세계에서 가장 유명한 산업 클러스터로 부상했다. 터먼 학장은 스탠퍼드대 공학과를 세계적인 수준으로 키워내 실리콘밸리의 아버지로 불렸다. 그는 캘리포니아 서해안에 하버드, MIT 수준의 대학을 만들려고 포드재단을 설득해 거액의 지원금을 받아냈다. 스탠퍼드대 설립자 릴런드 스탠퍼드는 대학과 지역기업이 긴밀히 협력해 산업계에 지식을 제공한다는 포부를 가지고 있었다.

대규모 창투사들과 아시아, 동부 유럽 이민자가 몰려드는 실리콘밸리는 자유분방한 분위기로 동부 매사추세츠를 압도하기 시작했다. 인텔의 앤디 그로브는 헝가리 출신, 애플의 스티브 잡스는 시리아 난민의 아들이다. 1990~1996년에 창업한 4,000개 스타트업 가운데 27%가 중국인 또는 인도인이 경영을 맡았다.

IT혁명은 PC의 부상과 인터넷의 상업화라는 두 가지 변화와 더불어

대한민국, 선진국의 조건

쇄도했다. 빌 게이츠가 개인용 PC에 윈도를 장착하도록 IBM을 설득할 때 그의 나이는 열아홉 살에 불과했다. 인터넷 시대는 1991년 12월 스탠퍼드대 선형가속기연구소에 최초 서버가 설치되면서 시작됐다. 짐 클라크는 1995년 8월 넷스케이프를 상장해 인터넷 억만장자가 된 최초의 인물이다. 신세대 인터넷 기업 가운데 가장 성공한 기업인 구글의 창업자 래리 페이지, 세르게이 브린도 스탠퍼드대가 컴퓨터의 절반을 쓰게 하고 창업자금을 지원하지 않았더라면 성공하지 못했을 것이다. 또한 실리콘밸리 최대 창투사인 세쿼이아캐피털, 클라이너퍼킨스 등의 펀딩이 없었더라도 어려웠을 것이다. 인터넷 덕분에 제프 베이조스는 1994년 아마존을 창업할 아이디어를 얻었고 1995년 이란계 피에르 오미디아는 이베이를 창업할 수 있었다. 마크 저커버거의 페이스북(메타) 월간 사용자 수는 중국 인구를 능가한다.

1등의 원동력은 혁신과 기술

가장 무서운 것은 자만심과 변화를 기피하는 일이다. 미국을 위기에서 살려내 1등을 유지하게 만든 비결은 버니바 부시, 프레드릭 터먼 같은 앞날을 내다보는 과학기술 진보가들과 이들을 뒷받침해준 트루먼, 아이젠하워, 레이건 같은 대통령들이었다. 1970년대 이후 컴퓨터·인터넷·IT혁명을 발아한 실리콘밸리의 등장은 일본, 독일을 밀어내고 미국을 다시 1등의 위치에 우뚝 세워놓았다. 혁신과 기술 진보에 대한 끊임없는 추구가 지난 150년간 미국의 성장률을 2~3% 수준에서 떨어지지 않고 유지하게 만든 원동력이다. 슘페터의 창조적 파괴론이

나오기 이전부터 미국은 이를 실천하고 있었다.

미국은 일본의 전자 업체들이 인터넷·IT혁명에서 자신들을 이길지 모른다는 두려움을 가졌으나, 일본은 도전은커녕 자국이 개발한 플랫폼 하나 없는 실정이다. 미국은 새로운 기회를 찾아 언제든지 이동하는 데 빠르고, 유럽은 이미 가진 것을 지키는 데 급급한 문화를 지녔다. 부와 명성을 좇아 먼 땅에서 온 모험가들의 특성이 4차 산업혁명의 승자를 정하는 것이다.

세계 20대 대학 가운데 15개가 미국 대학이다. 미국은 인공지능(AI), 로봇공학, 무인자동차, 금융 등 미래 산업의 대부분을 지배하고 있다. 미국은 1970년대 말 2차 오일쇼크와 스태그플레이션 와중에 독일, 일본에 제조업이 추월당했지만 1980년대, 1990년대 IT혁명과 세계화가 안긴 기회를 잡아 세계에서 가장 역동적인 1등 경제대국의 위치를 되찾는 데 성공했다. 세계 200대 기업의 시가총액을 보면 애플, 마이크로소프트, 아마존, 테슬라, 존슨앤드존슨, 메타 등 10위까지가 미국 기업이고 중국의 텐센트홀딩스가 11위로 비로소 나타난다.

영원한 권좌는 없다

아직은 미국의 세계다. 그러나 근래 들어 미국의 창조적 척도는 하향곡선을 그리고 있다. 신생 기업 창업 등은 점차 하향세다. 빌 게이츠가 된다는 꿈보다 기존 질서에 빌붙으려는 경향이 세지고 있다. 복지지출은 경제를 무겁게 짓누른다. 그 틈새를 중국이 파고들어 온다. 장차 미중 패권 전쟁의 최종 승패는 여기서 판가름 날 것이다.

2장

게임규칙이 변한다

총론

매년 초 스위스에서 열리는 다보스포럼은 세계 정치·경제의 큰 그림을, 미국에서 열리는 CES 쇼는 산업지도의 변화를 알려주는 2개의 창이다. 2022년 5월 코로나 때문에 2년 만에 열린 다보스포럼은 마침 러시아의 우크라이나 침공, 미중 간 날카로운 대립의 영향으로 석학들이 과거와는 판이한 전망을 내놨다.

가장 눈길을 사로잡은 연설은 "우리가 지난 30년간 경험해왔던 세계화는 완전히 끝났다", "세계화가 적어도 2000년 이전으로 후퇴할 것이다"라는 것들이었다. 세계화 30년의 종말은 소련이 해체된 시기를, 2000년 이후는 중국의 세계무역기구(WTO) 가입을 염두에 두고 하는 말이다.

급속하게 미국의 금리를 올려 증시, 부동산 시장을 얼어붙게 만든 파월 연준 의장도 이 회의에 참석해 "세계화의 종식을 말하기는 아직 불분명하지만 한 가지 분명한 것은 세계화는 둔화(Slobalization)됐으며 지금과는 전혀 다른 세상이 올 것"이라고 말했다.

파월의 예언이 가장 날카로웠다.

미국 중간선거 영향까지 겹쳐 대기업들의 경영환경은 상상도 못 할 정도로 달라졌다. 미국의 GDP 규모가 1872년 영국을 추월해 세계 1위가 된 지 160년 만인 2030년대 초반이면 미국이 중국에 역전당한다는 전망이 10년 이내로 다가오자 예측불허의 조치들이 미국에서 쏟아져 나오고 있다(최근에는 역전 시기가 2030년대 중반, 혹은 역전 불가능론도 제기된다).

미중 충돌이 격화되기 전 세계화가 만개하던 시기에는 기업 경영에 오직 생산비용과 효율화만이 문제 됐을 뿐 지정학적 리스크는 고려요소가 아니었다.

삼성전자, SK하이닉스가 공장을 중국에 짓든 미국에 짓든 오로지 경제성만이 문제였기에 오프쇼어링(Off-shoring)이 대유행이었다. 그런데 2017년 10월 18일 중국의 19차 공산당대회를 기점으로 시진핑 주석이 '100년 만의 대변동'을 외치며 미국을 뛰어넘겠다고 사실상 공언하면서 상황은 변했다.

중국에 반도체 공장이 있는 삼성전자와 SK하이닉스는 바이든 정부의 반도체와 과학법 때문에 미국에서 반도체 공장 건설 시 보조금을 받으면 10년간 중국 투자가 금지된다. 이 때문에 삼성, SK는 향후 5~10년 안에 중국 내 반도체 공장의 문을 닫아야 한다는 전망이 나온다(필자는 한 회사 고위층으로부터 5년 내 중국 공장 문을 닫게 될 것이란 말을 직접 들었다).

러시아가 우크라이나를 침공하면서 중국의 대만 침공 가능성이 거론되자 미중 충돌은 더욱 첨예화됐다.

군사력은 경제력에서 나오고 경제력의 보루가 곧 기술로 귀착되자 미국의 통신, 군 장비, 핵심 산업의 공급망을 중국에 의존하면 경제 안보를 넘어 국가 안보가 위기에 봉착한다는 귀납법이 바이든 정부의 4대 핵심 부품 공급망 확보 전략이었다. 반도체, 이차전지, 희귀광물, 바이오(의약) 등이다. 자국 내 공장을 두든지(On-shoring), 캐나다, 멕시코 등 이웃 국가에 두든지(Near-shoring), 해외 공장을 본국으로 다시 옮기든지(Re-shoring), 최소한 동맹국 등 우방국에 두든지(Friend-shoring)로 세상은 변했다.

바이든 행정부는 반도체와 과학법, 인플레이션감축법(IRA)을 통해 반도체와 전기차 생산 시 보조금을 받으려면 미국 내(자동차는 북미지역 내) 공장을 짓도록 규칙을 만들었다. 중국의 반도체 산업을 고사시키기 위한 칩4동맹의 원칙은 윤곽을 드러낼 것이다. 바이오 제품도 미국 기술을 이용하려면 미국 내에 공장을 짓도록 하겠다는 것이다. 희귀광물은 핵심광물안보파트너십(MSP)이나 IPEF를 통해 자유민주주의 가치를 함께하는 회원국끼리 안정적으로 공급하는 네트워크를 만들었다. 이 모든 조치들은 중국과 러시아를 겨냥한 것이다. 권위주의 독재국가인 두 나라를 국제 공급망에서 배제하려는 의도다.

미국의 속마음을 솔직히 들여다보자면, 중국이 미국의 GDP를 넘지 못하게 하는 방법이 있다면 지구 끝까지 쫓아가 손에 넣고 말겠다는 속내가 훤하다. 이런 방식은 미국이 주도해온 개방화, 투명화를 기치로 하는 WTO 정신을 정면으로 위배한다. 그러나 노벨경제학상 수상자인 폴 크루그먼은 "무역협정 준수가 지구를 구하는 일보다 중요하지 않다"면서 미국은 과감히 불공정무역에 대한 비난을 무릅쓰겠다는 속내를 두둔했다. 역사 속에서 강자의 이익이면 늘 정의로 둔갑해왔다.

여기서 잠시 세상의 변화를 알리는 두 번째 창인 'CES(Consumer Electric Show)'에서 벌어진 광경을 구경하고 넘어가자. 코로나19가 끝나 3년 만에 제대로 열린 'CES 2023'에서는 크게 봐서 두 가지 흐름이 두드러졌다.

첫째, 미중 기술 패권 전쟁 탓인지 중국 업체의 참여가 과거 최대치의 3분의 1로 줄었다. 둘째, 모빌리티, 메타버스, 헬스케어, 로봇 등 4개 분야가 신기술을 휩쓸었다.

존 디어(John Deere)라는 농기계 회사는 AI 기술을 활용해 비료를 60% 절감하여 최대의 수확을 할 수 있는 자율주행 스마트기계 농업의 미래를 선보였다. 또한 전기자동차 열풍도 대단했다. 유럽의 전기자동차 회사인 스텔란티스의 카를루스 타바르스(Carlos Tavares) 최고경영자(CEO)가 기조연설을 맡았는데, 더 눈길을 끌었던 장면은 튀르키예와 베트남이 최초로 전기자동차를 자체 개발해 내놓겠다고 선언한 점이다. 일본 기업인 소니는 혼다와 공동으로 '아필라(AFEELA)'라는 3단계 자율주행 전기자동차를 2026년 판매하겠다고 선언했다. 한국 기업도 550곳 이상이 CES에 참가해 ESG라는 거대한 트렌드를 잡고자 분주한 모습이었다.

사용자들이 가상의 인터넷 커뮤니티에 기여한 만큼 보상을 받는 사용자 생태계인 '웹3.0'도 이번 CES에서 주목받은 기술 테마였다.

'엑스플로라'라는 어린이용 스마트워치 회사는 1,000걸음을 걸을 때마다 1코인을 지급해 학용품과 온라인게임을 살 수 있게 했다. 또한 메타버스 회사인 OVR 테크놀로지스의 가상현실(VR) 기기는 냄새도 나고 총 맞는 느낌, 불에 타는 감각마저 느끼게 하는 놀라운 시청각기술을 선보였다.

디지털 헬스케어 관련 기술 제품도 CES에서 진화된 모습을 뽐냈다. 변기에 검사기를 부착해 소변검사를 자동으로 실시하는 위딩스, 뇌파를 이용해 뇌질환을 조기 진단하는 헬멧 기기를 보여준 한국의 스타트업 기업인 아이메디신 같은 곳들이 눈에 띄었다.

미국이 바이 아메리카(Buy America)를 최우선으로 하면서 모든 국가들이 자국 이익 챙기기에 골몰한다. 미국은 북미산 배터리가 아니면 전기차 보조금을 끊는 반면 한국은 전기차면 무조건 보조금을 준다. 한국도 이런 방식은 바꿔야 한다.

미국, EU, 일본 모두 반도체 산업 육성에 다시 팔을 걷어붙이고 나섰다. 미국이 반도체 투자 세액공제를 25%로 늘린다고 하자, 윤석열 정부도 투자 세액공제율을 20%로 높이기로 했다가 국회 마지막 날 8%로 깎여 재계가 큰 충격을 받았다. 그런데 나중에 다음 연도 예산을 확인하니 예산 배정을 한 푼도 안 해서 불발됐다. 이런 것이 세 번째 포퓰리즘에 휘둘리는 정부 실패 리스크다.

윤석열 정부 출범 3주 전인 2022년 4월 15일 대외경제장관회의에서 포괄적·점진적환태평양경제동반자협정(CPTPP) 가입 추진 계획을 의결한 바 있다. 일본, 호주, 멕시코, 캐나다, 브루나이, 싱가포르, 베트남, 뉴질랜드, 칠레, 페루, 말레이시아 등 한국의 교역 대상에서 안방 같은 국가들이다. 이들 국가와 한국의 수출입 비중은 23~24%로 중국 교역 규모와 거의 일치한다. 한국에 와 있는 회원국 대사들을 모아 놓고 가입을 도와 달라는 환담회도 여러 차례 하고 '적극 협력'을 다짐받았다. 한국은 당연히 출범 초창기에 가입했어야 하나 문재인 정부는 중국 눈치를 보다가 미뤄 뒀던 것이다.

윤석열 정부도 대외 개방이나 국제 협력에는 적극적이므로 당연히 조기 가입원서를 내는 게 옳지만 새 정부 출범 1년이 다 됐는데도 감감무소식이다. 사정을 알아보니 이명박 정부의 광우병 트라우마 때문이라고 한다. CPTPP의 멤버국들은 농업 국가가 많아 한국이 가입하려면 응당 농산물 시장 개방을 더 해야 할 과제를 안고 있다. 새 정부 출범 후 대통령 지지율이 고공행진 한다면 자신 있게 가입원서를 내겠지만 민노총, 농민단체들이 촛불을 들고나와 흔들까 봐 이러지도 저러지도 못하고 있다는 것이다. 그러는 사이 무역수지는 대중국에도 적자로 돌아섰다.

후퇴하는
세계화

"공급망이 확보돼야 경제적 안보가 우리와 가치를 공유하지 않는 국가에 의해 좌우되지 않을 수 있다." 2022년 바이든 미국 대통령이 아시아 국가로는 제일 먼저 한국을 찾았고, 첫 방문지로 삼성 반도체 공장을 돌아본 후 내놓은 발언 가운데 가장 와닿은 표현이었다. 이튿날 한미정상회담에 이어 공동선언문, 그리고 5월 23일 퀴드(Quad)회담 참석차 일본으로 떠나기 직전 정의선 현대차 회장과 만나 한 얘기도 인상적이었다. "미국에 공장을 지으면 뭐든 해줄 테니 걱정하지 말라."

그런데 더욱 놀라운 탈세계화의 사건은 4개월 후에 벌어졌다. 바이든 행정부가 인플레이션감축법을 만들 때 북미 국가에서 부품, 광물을 조달하지 않으면 전기차 구입 시 해주던 보조금 지급(대당 7,500달러)을 금지함으로써 현대, 기아차의 뒤통수를 서슴없이 쳤다는 사실이다. 유엔 총회 참석차 윤석열 대통령이 바이든을 48초간 만나 '선처'를 부탁했으나 허사였다.

바이든 대통령이 삼성 반도체 공장을 아시아 첫 방문 장소로 결정할 때 한국 정부에 일방적으로 요구하고 진행했다는 후문이다. 바이든 연설문의 행간을 읽으면 공급망은 반도체를 의미하고 우리와 가치를 공유하지 않는 국가는 중국, 러시아 같은 전체주의 국가며 그런 국가에는 생산시설, 기술을 절대 주지 않겠다는 결심이 담겨 있다. 이것은 세계의 진영이 자유민주동맹과 전체주의 국가들로 두 동강이 났음을 만천하에 공표한 것이나 다름없다. 북한, 이란은 물론 중러 편이다.

매스컴은 전문가의 입을 빌려 신냉전 또는 냉전 2.0으로 표현하기도 한다. 1991년 소련 해체 이전의 냉전 1.0과 구분하기 위해서다. 래리 핑크 블랙록 회장은 "지난 30년간 우리가 경험했던 세계화는 끝났다"고 2022년 3월 말 주주들에게 보낸 서한에서 말했다.

파월 연준 의장은 세계화의 둔화를 걱정했다. 다보스포럼에서 세계화의 종식이 주요 의제로 다뤄졌는데 찰스 슈와브 회장은 "자유무역보다 자유는 더욱 중요한 개념"이라는 의미심장한 말을 남겼다.

마이클 매콜 미 하원의원은 "중국 시진핑은 전 세계 선진 반도체 90%를 담당하는 대만을 원하는데, 푸틴에게 우크라이나 침공이 시간 문제였듯이 시진핑에게도 언젠가 대만이 시기 문제로 다가올 것"이라며 중국의 대만 침공을 우려해 긴장감을 높였다.

과연 열 달 후 시진핑은 3연임 연설문에서 대만에 대한 무력 사용

옵션 포기 약속을 절대 하지 않겠다고 선언했다.

크리스탈리나 게오르기에바 IMF 총재는 "공급망 붕괴가 일시적일 거라고 생각하면 오산"이라면서 "에너지발 인플레보다 식품발 인플레가 더 심각할 것"이란 의견을 냈다. 그러나 정곡을 찌른 발언은 키쇼어 마부바니 싱가포르국립대 교수의 입에서 나왔다. 그는 "이번 세기 진짜 경쟁은 우크라이나를 둘러싼 미러 간 충돌이 아니라 미중 패권 전쟁이 핵심"이라고 말했다.

미중 냉전, 두 쪽이 된 세계

세계화는 상품, 자본, 노동과 서비스가 국경을 자유롭게 넘나드는 걸 의미한다. 세계화가 꽃필 때 한국은 선진국 기술을 벤치마킹해 경쟁력 있는 상품을 만들어내 수출함으로써 가장 빠르게 발전했다. 세계 10대 경제, 1인당 소득 3만 5,000달러도 그렇게 해냈다.

세계화는 역사 속에서 어떻게 진행되었는가. 니얼 퍼거슨은 산업혁명 이후 1870~1915년까지 아직 공산주의가 발호하기 이전이 진정한 세계화의 시대였다고 평가했다. 그런데 1차 세계대전이 발발한 후 1915년 독일 해군 잠수함 U-20이 영국 여객선 루시타니아호를 어뢰로 침몰시켜 미국인 128명을 포함해 1,198명이 사망한 사건이 벌어졌다. 이 시기를 세계화 1.0으로 부르는데 루시타니아호 침몰은 세계화도 침몰시켰다. 그다음 2차 대전 후~1991년 소련 해체까지가 세계화 2.0인데 좁은 의미의 세계화였다.

1991~2020년경을 세계화 3.0으로 부른다. 니얼 퍼거슨은 2007년을

세계화의 정점(Peak)으로 봤다. 토머스 프리드먼이 《세계는 평평하다》라는 책을 쓰고 세계화를 찬미한 때가 2005년이었다. 한국은 세계화 3.0 시기에 GDP 규모가 2,830억 달러에서 1조 6,310억 달러로, 무역 규모는 1,420억 달러에서 약 1조 달러로 급팽창했다.

한국에 유리했던 세계화가 이번에 얼마나 후퇴한다는 얘기인가. 노벨경제학상 수상자인 폴 크루그먼은 1차 세계대전 직전인 1914년 수준으로 퇴보할 것이라고 봤다. 이는 완전 후퇴다. 그러나 대부분 학자들은 '2000년 이전 수준으로 후퇴'를 제시한다. 2001년 중국이 WTO에 가입한 시점을 엄두에 둔 것인데, 미중 패권 전쟁과 니거플링(Decoupling) 때문에 중국의 WTO 가입 이전으로 본다. 이는 타당해 보이는데 도널드 트럼프 시절 25% 보복관세와 사실상 WTO 기능 상실로 2018년경부터 이미 세계화는 뒷걸음질했다. 실제로 전 세계 GDP에서 교역이 차지하는 비중이 2008년 52.1%로 피크를 이룬 후 2020년에는 42.1%로 무려 10%포인트나 하락했다. 앞으로는 더욱 떨어질 것 같다.

우리나라는 전체 수출, 수입을 합친 무역고에서 중국이 차지하는 비중이 25% 정도고, 이번에 새로 출범한 IPEF 14개국과의 교역 비중은 46%로 후자가 20%포인트 이상 많다. 그렇다 하더라도 미중 충돌이 격화되는 세계화의 슬로벌라이제이션이 심해지면 한국 경제의 과거 성공 방정식은 적중률이 떨어질 것이다.

미국이 중국을 어떤 대상으로 보는지 최근 5년 내에 3회에 걸쳐 명확한 입장을 밝힌 바 있다.

첫 번째로 트럼프 집권 시점인 2017년 12월 미국안보전략연구소는

"중국은 미국의 가치와 이익에 맞서는 패권 국가를 추구한다"고 공식 정의했다. 중국이 19차 당대회에서 시진핑의 임기를 종신으로 늘리고 마오쩌둥, 강희제에 버금가는 황제의 격으로 올린 지 2개월 후였다.

두 번째는 2018년 10월 4일 당시 마이크 펜스 부통령이 워싱턴 싱크탱크연구소에서 "중국은 미국 경제와 안보를 위협하는 국가"라고 규정한 연설이다.

세 번째는 토니 블링컨 국무장관이 2022년 5월 26일 조지워싱턴대에서 행한 연설을 말한다. 바이든 정부 들어 16개월간 연구한 대중국 전략 종합판을 이날 발표했다. "중국은 자발적으로 바뀔 나라가 아니므로 중국을 둘러싼 전략적 환경을 미국이 바꾸지 않을 수 없다. 10년 앞을 내다보고 미국 내 혁신 투자, 동맹국과의 제휴 강화, 중국과의 경쟁 등을 강화하겠다." 3대 원칙으로 중국을 무한정 밀어붙이겠다는 것이다. 그렇다면 한국은 물론 세계 여러 나라가 미국이냐 중국이냐 선택을 강요당할 수밖에 없다.

중국은 과연 미국을 추월할 것인가?

세계화가 후퇴하는 4.0 시대에는 성장이 더욱 더뎌질 수밖에 없으므로 수출로 먹고사는 우리는 게임의 법칙이 변했음을 실감하고 전략을 수정해야 한다. 〈매일경제신문〉이 개최하는 2019년 세계지식포럼에서 니얼 퍼거슨 당시 하버드대 교수와 린이푸 베이징대 교수는 심한 언쟁을 벌인 끝에 하나의 내기를 걸었다.

두 사람은 결국 2만 위안(당시 약 337만 원)으로 절충해 20년 뒤 세계지식포럼에서 만나 확인하자고 하며 헤어졌다. 시진핑 3연임 선언 후 중국 경제 침체로 미국 추월 전망은 자꾸만 늦어지는 추세다.

2021년 일본경제연구센터는 2033년 중국의 GDP 규모가 미국을 추월해 세계 1위로 발돋움한다는 예측을 냈으나, 최근 2035년에도 미국의 87%에 그칠 것이라고 수정했다. 미국의 골드만삭스는 중국의 미국 경제 추월 시기를 2050년으로 내다봤다. 반면 영원히 불가능할 것이라고 주장하는 학자도 있다. 루치르 샤르마(Ruchir Sharma) 모건스탠리 총괄사장은 시진핑이 3연임에 성공한 다음 날 〈파이낸셜타임스〉에 시장경제의 활력이 떨어져 중국의 미국 추월 시기가 2060년 이후로 늦춰질 것이라는 비관적인 칼럼을 실었다. 영국의 경제 분석 기관 캐피털이코노믹스는 "중국 경제가 미국을 넘어서는 일은 없을 것"이라며 그 이유는 "중국의 생산 가능 인구가 급감해 2030년부터 경제성장률이 2% 미만으로 낮아지기 때문"이라고 설명했다.

지정학, 지경학,
그리고
공급사슬

1990년대 이후 30년간은 세계화와 효율이 세상을 지배했다. 독일 통일, 소련 해체로 동구권이 시장경제 체제로 편입되면서 기업들은 거침없이 새로운 시장에 뛰어들었다. 러시아, 중국 등도 자본주의 질서에 잘 순응하는 편이었다. 미소 냉전 체제가 해체되면서 지정학적 위험요소가 사라지니 기업들은 비용이 가장 싼 곳으로 공장을 옮겼다. 오프쇼어링 바람이 전 세계를 풍미하고 중국은 세계의 공장이 됐다. 미국의 주요 공장들도 중국으로 대거 옮겼다. 물가는 오히려 내렸고 금리도 떨어지고 완전고용이 이뤄지며 성장률은 올라가는 골디락스(Goldilocks)의 시대였다. 신자유주의로 이름 붙여진 이 30년의 시기에 국가보다 다국적대기업의 힘이 더 세지고 미국의 상위 1%가 부의

27%를 차지해 대공황 직전의 도금 시대를 능가했다. 빅테크 기업의 대주주 재산이 200조 원을 넘어서는 그야말로 울트라리치(Ultrarich) 시대가 자본주의 역사상 처음으로 찾아왔다.

　2008년 글로벌 금융위기가 세계 경제를 무너뜨리면서 "효율이 모든 게 아니다"라는 재평가가 내려지게 됐다. 미국 공장이 중국으로 옮김으로써 일자리를 빼앗겼다는 실업자, 저임금자들의 분노가 이른바 '트럼프 현상'을 불러와 정치에 포퓰리즘이 압도하는 시대가 된 것이다. 트럼프가 중국의 시진핑과 2018년 관세 전쟁을 시작하면서 지정학은 점차 지경학에 자리를 내주는 도입부가 됐다.
　지정학은 미소 냉전 시대의 색체가 강하다. 지리가 국가의 이익과 전략에 미치는 영향을 주로 군사 안보적 측면에서 고찰하는 것을 지정학으로 정의한다. 이에 반해 지경학은 상대적으로 군사 안보에 비해 경제적 측면을 중시하는 개념이다. 이 개념은 1990년 에드워드 루트왁이 〈내셔널인터레스트(The National Interest)〉라는 잡지에 "지정학에서 지경학으로"라는 주제의 글을 기고하면서 세상에 소개됐다. 루트왁은 "국가 간 지정학적 목표 달성을 위한 경제적 수단이 군사적 수단을 대체하고 있다"고 강조했다. 당시 소련 해체, 동구권 자유화 바람이 불면서 시장경제 체제로의 편입과 경제적 이익 추구를 제1의 국가 목표로 삼는 추세를 그렇게 반영한 것 같다. 이후 블랙윌, 해리스 등이 국가 이익을 증진하며 지정학적 이익을 얻어내기 위해 다른 나라의 경제적 행동에 영향을 끼치려고 경제적 도구를 사용하는 것으로 정의하기도 했다.

바이든 대통령이 한미정상회담 후 IPEF를 발족해 14개 가입국으로 하여금 중국을 봉쇄하기 위한 경제적 보조를 맞추게 하는 것을 지경학의 예로 들 수 있겠다. 과거 미소 간 냉전 1.0의 시대에는 NATO나 바르샤바협정 같은 군사적 동맹을 통해 상대를 제압한다면 냉전 2.0의 시대는 경제적 봉쇄 수단이 훨씬 용이하다는 뜻이다.

지정학에서 지경학으로 선회하고 그것이 공급사슬 재편으로 연쇄반응을 일으키게 된 것은 코로나19, 러시아의 우크라이나 침공, 그리고 본질적으로 미중 간 기술 패권 전쟁이 동시에 진행된 때문이다.

시진핑 중국 주석은 2012년 주석에 취임한 후 중국몽(夢)을 제시하고, 2015년 '중국제조 2025'를 통해 미국을 제치고 세계 1위 국가로 올라서겠다는 야망을 밝혀 미국의 경각심을 불러일으켰다.

바이든 행정부에서 중국 정책을 담당하는 러쉬 도시가 쓴 《롱게임》에 따르면, 2017년 10월 18일 시진핑 주석은 3연임의 포부를 밝힌 자리에서 2050년 "미국을 완전히 대체하겠다"는 야욕을 드러냈다. "세계는 100년 만의 대변동을 겪고 있지만 시간과 모멘텀은 우리 편이다. 포괄적 국력, 영향력에서 선두국가가 되겠다. 중국이 세계의 중심 무대에 설 것이다."

2등국이 1등국을 뒤엎겠다는 것은 투키디데스 함정으로 바로 몰아넣은 폭탄선언이다. 시진핑은 당시 영국이 브렉시트로 EU에서 빠지고, 미국은 WTO 등 국제기구 탈퇴를 주장하는 트럼프가 당선되면서 세계 질서의 중심부가 공백이 되고 중국이 이를 차지할 수 있으리라 착각했다고 러쉬 도시는 기술했다.

2020년 코로나19의 엄습과 바이든이 "미국이 돌아왔다"면서 권력을 교체하며 지경학은 완전히 지정학을 대체했다. 미국은 화웨이, 푸젠진화 등 중국의 통신, 반도체 업체에 대한 기술 공급 중단으로 디커플링을 처음에는 완만하게 시작했다.

2022년 초 푸틴-시진핑 회담 이후 러시아가 우크라이나를 침공한 뒤 중국이 유엔 안보리에서 러시아 규탄에 거부권을 행사하고 러시아 경제 제재 조치에 합류하지 않으면서 세상은 두 쪽으로 쫘악 갈라졌다.

EU는 트럼프 시절만 해도 27개 회원국 가운데 18개국이 중국 일대일로(BRI) 정책의 혜택을 입을 정도로 호의적인 관계를 유지했다. 트럼프는 NATO 회의에서 앙겔라 메르켈 독일 총리, 에마뉘엘 마크롱 프랑스 대통령 등과 불화가 잦았다.

그러나 우크라이나 침공 후 2022년 6월 말에 열렸던 NATO 회의는 "중국은 체계적인 도전자"라고 규정했다. 독일은 러시아만 믿고 탈원전 정책을 펴며 노르트스트림 1, 2 송유관을 통해 천연가스를 공급받기로 했다가 러시아가 가스관을 잠그는 바람에 완전히 망쳤다. 곧 100세가 되는 헨리 키신저는 "우리는 지금 완전히 달라져 버린 세상에 살고 있다"고 말했는데 고령임에도 현명한 분석이다. 반세계화 시대에는 효율성보다 안전성이 훨씬 중요하다.

중국 봉쇄 정책과 2등의 도전

트라시마코스가 "정의는 강자의 이익이다"라고 한 말은 지금도 맞는 모양이다. 최강국인 미국은 안보를 책임지는 것은 경제, 특히 기술이라는 관점에서 세 가지 작업을 서두르고 있다.

첫째가 반도체, (전기차)배터리, 희귀광물, 의약(바이오) 공장의 국내 유치다. 반도체와 과학법을 통과시켜 반도체 공장 건설에 520억 달러(약 73조 원)를 지원하고, 한국의 삼성전자, 대만의 TSMC 등으로 하여금 파운드리 반도체 공장을 짓도록 조치했다.

둘째, 공급망 재편이다. 전기차 판매 시 북미에서 나는 광물을 사용하거나 미국 내에서 제조할 경우 1대당 7,500달러(약 1,000만 원) 보조금을 소비자에게 주기로 했다. 이것은 공급망 재편의 하나의 예에 불과하다. 항상 규정상으로는 '위협국가' 또는 '민주적 가치관을 달리하는 국가'를 제외한다면서 중국을 겨냥한다. 한마디로 중국이 미국의 1등 자리를 빼앗아가는 것은 절대 용인하지 않겠다는 것이다.

셋째, 중국에 대한 첨단기술 봉쇄다. 첨단반도체 장비를 생산하는 네덜란드의 ASML로 하여금 14나노 이하의 극자외선(EUV) 노광 장비는 중국에 팔지 못하게 조치했다. 이와 함께 D램 분야도 18나노 이하 반도체 기술을 중국에 제공하는 것은 금지다. 미국의 기술을 활용하는 기업들도 모두 미국의 허가를 맡아야 한다. 한국의 삼성전자, SK하이닉스는 중국에서 반도체 생산량이 거의 50%에 달하는데 첨단 장비로 시설 개체를 할 경우 미국의 허가를 받아야 한다. 미국은 1년간의 유예를 줬지만 사실상 불허라고 봐야 한다.

그렇다면 중국은 미국의 디커플링 정책으로 인한 서방과 한국 등 주요 아시아 국가에서의 기술 공급 차단, 특히 과거 M&A나 인재 스카우트로 가능했던 기술 습득을 봉쇄낭하는 미중 패권 전쟁에 어떤 대응

책을 갖고 있는가?

현재로선 국내 대순환, 대외 순환이라는 쌍순환 전략으로 응대하고 있다. 8대 과학기술(양자컴퓨팅, 반도체, 뇌과학, 우주과학, 바이오, 심해 연구 등)과 9대 전략 산업(차세대 정보, 바이오, 신재생에너지, 신소재, 항공우주, 신에너지 자동차, 해양 설비 등)에서 자체 기술로 혈로를 뚫자는 것이다.

대외 순환으로는 아세안(ASEAN)과 무역, 기술 부문 협력, 공급망 확보를 꾀한다는 구상이다. 그런데 미국이 주도한 IPEF 14개 회원국에 중국 국경 라오스, 미얀마 등을 제외하고는 모두 망라된 상황이어서 쉽지 않을 것이다.

중국은 미국의 압박을 차보즈, 즉 '두 손으로 목 조르기'에 비유한다. 미국이 중국의 목을 졸라 숨통이 막힌다는 의미다. 이미 14차 5개년 규획(2021~2025년)을 짤 때도 차보즈 문제가 있다고 지칭했었다. 유일한 선택지는 시간이 걸리더라도 기술 자립에 나서는 것뿐이라고 한다.

| 전 세계 국가별 AI 연구 논문 누적량 | | 미중 AI 논문 인용 점유율 추이 |

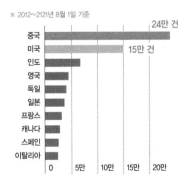

출처: 클래리베이트

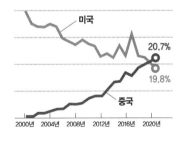

출처: 미국 스탠퍼드대

한국이 살아남는 법

시간은 누구의 편일까.

미중 패권 다툼은 얼마 동안 지속될까? 세계지식포럼에 참석한 폴 크루그먼, 조지프 나이 등은 "꽤 오랜 시간이 걸릴 것"이라고 예언했다. 미국, 독일, 네덜란드 기술진이 ASML의 극자외선 노광 장비 개발에 30년이 걸렸다는 답변으로 대체한다.

2050년 중국이 미국의 위치를 제치고 세계 1위가 되겠다고 장담했으니 향후 30년이 걸릴지, 그 이전에 중국이 굴복하면 끝날지 아무도 알 수 없다.

지경학, 공급사슬 재편의 시대는 우리가 산업 발전에 나선 지난 60년간 한 번도 겪어보지 못했다. 삼성전자가 중국에 투자한 반도체 공장이 미중 다툼으로 문을 닫을지 모르고 러시아에 있는 현대차, 기아차 공장은 미국의 제재 조치 때문에 무한 휴업으로 서 있는 상태다.

우리는 일본에 강제징용 판결 보복으로 반도체 부품 3품목에 대한 수출 금지 조치를 당해본 적이 있고 중국은 요소수를 별안간 한국에 수출 차단한 적이 있다. 게임, 영화 등 한류 수입 금지 조치는 아직 진행형이다. 언제 자원 무기화가 더 강해질지 알 수 없다.

그럴수록 자유민주 국가들과의 공급사슬 네트워크는 더욱 강화해가고, 중국 등 특정 국가에 희귀광물이나 재료를 독점적으로 의존하는 품목 수는 최대한 줄여나가야 하겠다.

어디에 공장을 지을지, 부품과 원재료는 어디서 조달할지, 판매는 어느 시장에 할지를 지경학이 결정하는 시대다. 흔히 미국, 중국, 러시아를 제외하고는 자체 안보 능력을 가진 나라는 없다는 말이 있다. 어떤 국가와 지경학적 관계를 잘 갖느냐에 우리 기업의 생사가 달린 시대가 됐다. 그것은 곧 국가 경제며 안보의 다른 표현이다.

글로벌 공급망 재편 과정에서 중국, 러시아, 인도네시아 등 여러 나라가 자원을 무기화 수출 금지를 무기화하는 주요 원자재의 대중국 의존도를 보면 배터리 93.3%, 희토류 52.4%, 항생물질 52.7%에 달하며 요소수는 100%를 의존하다가 수출 중단 조치로 홍역을 치룬 바 있다.

한국의 전기차 배터리 생산은 전 세계 56%에 달하는데, 중국이 리튬 수출을 중단하면 공장은 올스톱될 것이다. 이를 극복하기 위해 포스코가 아르헨티나 '옴브레 무에르토(Hombre Muerto)' 염호(鹽湖)에 대한 개발권을 사들여 리튬 수요량의 100년치를 확보한 것은 한국의 생존법을 말해준다. 이 리튬 공장은 세계 3위에 해당한다. 포스코는 호주산 광석에서도 리튬을 뽑아내고 있다. 이명박 정부는 해외 자원 개발에 적극 나섰지만, 문재인 정부가 단기에 이익이 나지 않았다고 '적폐'로 몰아 손해를 보고 매각 처분한 것은 사는 길의 정반대로 간 것이다.

기후변화와
ESG 경영

윤석열-바이든 대통령 간 한미정상회담 후 언론의 관심사는 북핵으로부터의 한국 방어, 한미 연합훈련 확대 재개, 원전 공동개발 분야에 쏠렸다. 그런데 공동선언문 내용을 자세히 보면 기후 문제, 탄소중립에 관해서도 상당 분량을 할애한 것으로 나온다. "우크라이나 사태로 글로벌 에너지 변동성이 급증하는 가운데 기후변화 대응, 에너지 안보의 중요성을 더욱 인식하고 청정에너지기술을 조속히 보급함으로써 화석연료 의존성을 감축해나가야 한다. 기후변화로 인한 실존적 위협을 인식해 2030 온실가스 감축 목표(NDC), 2050 탄소중립 등 파리협정 하의 양국 감축 목표를 재확인하고 수소 등 청정에너지, 탄소 무배출 차량 공급을 가속화한다."

이집트 샤름 엘 셰이크(Sharm el-Sheikh)에서 열렸던 제27차 유엔기후변화협약 당사국총회(COP27)에 참석하고 돌아온 나경원 기후환경대사에 따르면 기후 재앙을 겪는 개방도상국들에 대한 '손실과 피해' 보상 문제가 처음으로 제기됐다고 한다. 2023년에는 보상 금액에 대한 후속 실무 회담을 열어 선진국이 얼마씩 부담할 것인지 구체화될 것이다.

한국이 소득 5만 달러 국가로 한 단계 점프하자면 탄소제로와 ESG에 맞춘 경영은 중대한 도전임을 알 수 있다. 이 두 가지 관문은 결코 시간표를 늦춰주지 않는다.

우크라이나 전쟁 발발 후 원유, 천연가스 가격이 급등하자 원전 건설 재개로 방향을 돌리는 추세지만 갑자기 석탄발전소 건설이 일시적 대안으로 떠오르기도 한다. 그러면 탄소 배출 증가로 기후 문제는 더 악화된다. 그렇게 해선 안 된다는 차원에서 바이든 대통령은 한미정상회담 공동선언문에 기후 문제와 청정에너지 기술 보급을 독촉하고 나선 것이다. EU의 러시아에 대한 에너지 의존도는 석유 27%, 천연가스 45%, 무연탄 46%에 달하는데 2030년까지는 아예 의존도를 제로로 낮추자는 의결을 했다. 또한 원전 신규 건설을 EU-택소노미에 포함했고 신재생발전소 건설 속도를 20~30% 올리기로 했다.

ESG에서 E는 환경(Environment), S는 사회(Social), G는 지배구조(Governance)다. 환경(E)은 기후변화·에너지·청정기술 등을, 사회(S)는 근로자 안전·인권 문제·여성 채용·공급망 리스크 등을, 그리고 지배구조(G)는 공정경쟁·반부패·이사회 구성·경영진 보수 문제 등을 다룬다. 그 이전에는 CSR(기업의 사회적 책임), 마이클 포터의 CSV(공유가치 창조)가 유행이었지만 훨씬 포괄적인 개념이 창안됐다. 2006년 유엔책

임투자원칙(PRI)을 정하면서 전 세계 주요한 투자기관은 ESG 평가지수에 의해 투자금액을 연동하기로 발전했다.

전 세계 최대 기관투자가인 블랙록은 2021년 탄소제로 사업계획을 밝히라는 서한을 대기업에 보냈다. 우리나라 국민연금은 2022년 투자금액의 절반을 ESG에 결부해 투자하겠다고 발표했다. 자산 규모 2조 원 이상 기업은 2025년부터, 모든 상장기업은 2030년부터 ESG 정보를 의무적으로 공시해야 한다. 한국 기업들은 ESG 평가에서 세계 46개국 중 31위, 특히 지배구조(G)는 44위로 꼴찌 수준이다.

여기서 잠시 지구 온난화가 왜 그리 절실한지 살펴보자. 《2050 거주불능 지구》라는 책을 보면 지구 생명체는 역사적으로 다섯 번의 대멸종을 겪었는데 2억 5,000만 년 전에 일어난 종말은 이산화탄소가 지구 온도를 5도 올려 비롯된 비극이라고 쓰고 있다. 흔히 공룡 멸종은 지구가 소행성과 충돌한 충격 때문인 것으로 생각했는데 데이비드 W. 웰즈는 '온난화 멸종' 이론을 소개한다. 웰즈가 전개한 스토리를 더 따라가 보면 현재 이산화탄소 배출은 5차 멸종 때보다 10배나 빠르며 대기 중 탄소의 절반은 지난 30년 만에 방출된 것이라 한다. 이 속도로 이산화탄소를 내뿜으면 2050년부터 지구는 거주하기 어려워지고 2100년엔 남북극 빙하가 녹아 웬만한 도시는 물에 잠기고 말 것임을 예고한다. 빌 게이츠는 세계 각국이 온실가스 510억 톤을 연간 뿜어대는데 2050년까지 넷제로(Net Zero)를 달성해야 하며, 중간 기착지로 2030년까지는 감축 목표를 각국이 제시하자고 역설했다(《기후재앙을 피하는 법》). 2030년 중간 기착, 2050년 종점이다.

유엔은 1992년 기후협약을 통해 기후 온난화를 성고하고 앨 고어가

1992년《불편한 진실》로 고발했건만 30년 동안 세계 각국은 빈둥빈둥 놀았다. 1997년 교토의정서에서 지구 온도 상승 2도 이내 억제를 표방했지만 달라진 게 없었다. 마침내 2015년 선후진국들은 기온을 산업화 이전 대비 1.5도 이내로 묶기 위한 온실가스 배출 감축 방안에 합의했다. 5년 단위로 파리협정 이행을 모든 나라가 체크하자고 합의하자, 뜻밖에도 미국(트럼프 정부)이 파리협정을 탈퇴했지만 바이든 취임 후 코로나 발생과 기후위기의 심각성을 깨닫고 임기 첫날 재가입에 서명했다.

현재 지구 평균 기온은 산업화 이후 1.2도쯤 올랐으며, 지금과 같은 템포라면 2050년 2도를 넘고, 2100년에 가면 4~5도까지 올라 해수면이 50~60m 오르고, 폭염, 폭풍, 가뭄, 홍수, 식량난 등으로 인류는 살 수 없다는 게 저자의 논점이다. 빌 게이츠는 지구 온도가 1.5도에서 2도로 올라가면 33% 나빠지는 게 아니라 100% 나빠진다고 강조한다. 뉴욕, 런던, 샌프란시스코, 홍콩, 베이징, 뭄바이 등 거대 도시들이 물에 잠기게 되며 서울, 부산, 인천에 대한 언급은 없지만 두말할 것 없이 한국의 대도시들도 물속으로 들어갈 것이다. 그런 6차 대멸종이 현실화하기 전 2050년에 탄소 배출을 제로로 줄이고, 중간 단계인 2030년도에 40%쯤 줄여 실천 경로로 가자는 한국의 탄소 감축안은 세계 흐름에 맞춘 셈이다.

그런데 미국, 영국, EU 등은 1990년대 초부터 온실가스 해법을 마련해 시행했고 늦어도 2005년경에는 출발했다. 이에 비하면 한국은 2015년 초안만 제작해놓고 허송세월하다가 문재인 정부 말기인 2021년 탄소중립위원회를 가동해 불과 5개월 만에 번갯불에 콩 볶아 먹듯 탄소 감축안을 제작했다.

갈 길이 바쁜 한국

한편으로 세계적 차원에서 보면 트럼프 정권 때는 잠잠하더니 바이든이 집권하면서 갑자기 전 세계가 '넷제로' 합창을 하며 중국도 2060년 넷제로를 하겠다고 끌려갔다. 서방보다 10년 늦은 시간표다. 여기엔 서방국들이 중국 경제 발전을 제약하려 한다는 음모론도 있다. 중국처럼 제조업 비중이 높고 1인당 국민소득이 아직 1만 5,000달러도 안 되는 나라는 넷제로로 가는 데 가랑이가 찢어질 형편이기 때문이다. 세계 주요국 연간 탄소 배출량을 보면 중국 94억 7,000만 톤, 미국 51억 2,000만 톤, 인도 22억 8,000만 톤, 러시아 17억 6,000만 톤, 일본 11억 2,000만 톤, 독일 7억 3,000만 톤, 그리고 한국 7억 2,300만 톤, 이란 6억 3,000만 톤 순이다. 한국은 세계 7위다. 빌 게이츠는 지구가 뿜어내는 510억 톤의 온실가스를 제조업 31%, 전기발전 27%, 냉난방 7%, 교통운송 7% 등의 순으로 분류했다.

한국 정부는 온실가스 감축안을 만들어 2021년 11월 영국 글래스고에서 열리는 기후변화정부간협의체(COP26)에서 설명하고 12월 유엔에 보고했다. 발전, 산업, 건물, 수송, 농축수산, 폐기물, 수소, 이산화탄소 포집(CCUS) 등 8대 분야의 목표치를 제시한 것이다. 2030년까지 40% 감축(2018년 대비), 2050년까지 100% 전량 감축 목표치다. 문재인 정부는 2020년 말 26.3% 감축안을 냈다가 2021년 8월 국회에서 35%로 올리더니 문재인 대통령 한마디로 또 40%로 올려, 산업계는 8년 만에 어떻게 40%를 줄이느냐고 비명을 지른다. 우리나라가 스스로 하겠다는 목표이므로 '의무'는 아니지만 세계 10위권 국가로서 지키지 못하면 '기후악당'이란 닉네임이 붙을 것이다. 한국은 매년 4.17%씩 줄여야 하는데 EU는 1.98%, 미국·영국은 2.81%, 일본은 3.56%다.

8대 분야 감축 가운데 전력과 산업에 이어 수소 생산과 탄소 포집 기술이 상당한 비중으로 중요하다. 2030년 분야별 온실가스 감축안을 보면 전력 부문 44%, 산업 부문 14.5%, 수송 37.8%, 농축수산 27.1% 등을 줄여야 하고 탄소 포집은 3,350만 톤으로 갑자기 늘려났다. 이것을 달성하는 데 드는 비용, 관련 기술 개발 가능성 등에 대해서는 과학적인 계산 근거가 하나도 없다.

전력 분야는 2050년 계획(A안)을 보면 신재생 70.8%, 무탄소 가스터빈 21.5%, 연료전지 1.4%, 원자력 6.1% 등으로 돼 있다. 2030년엔 신재생 30.2%, 원자력 23.9%, 석탄 21.8%, LNG 19.5%, 암모니아 3.6% 등이다. 2020년 현재 석탄 35.6%, LNG 26.4%, 원자력 29%, 신재생 6.6% 등이다. 화석연료(석탄+LNG)가 무려 62%인데 2030년엔 41.3%로 줄였다가 2050년엔 제로가 되고 신재생은 6.6% → 30.2% → 70%로 수직 상승이다. 원자력은 29% → 23.9% → 6.1%로 급추락이다. 신재생은 '간헐성의 저주'가 있다. 햇볕(태양), 바람이 일기에 따라 들쑥날쑥한 현상을 말한다. 신재생 가운데도 한국이 짠 계획은 태양광 70%, 풍력 22.5%로 태양광이 압도적인데 여름, 겨울철 일조량이 절반밖에 안 된다. 윤석열 정부는 문재인 정부가 짠 이 계획을 백지화하고 원전 신규 건설, 기존 원전 수명 연장을 허용하는 제10차 전력수급기본계획을 내놨다. 2030년 원자력발전 32.8%(종전 23.9%), 신재생 21.5%(종전

30.2%)으로 확 바꿔버린 것이다.

　원전은 건설비용이 많이 들고 사고 발생 시 위험하며 폐기물 저장의 문제가 있긴 하다. 그런데 '테라파워 진행파 원자로'를 지으면 이런 문제들이 거의 해소된다. 요즘 세계가 주목하는 소형 원자로(SMR, Small Modular Reactor) 기술이 완성되면 역시 기존 원전 문제는 싹 해결 가능하다. 현재의 원전이 가진 문제점은 핵융합발전소 성공 시 완전히 풀리면서 발전량이 폭발적으로 늘어날 것으로 예시했다. 태양의 수소분자 충돌로 핵이 융합해 기체가 전기를 띤 플라스마 상태가 되는 것을 활용하는 원리로 프랑스, 이탈리아 등이 2050년경에나 상용화를 목표로 하고 있다. 한국도 핵융합기술 개발에 박차를 가해야 한다. 윤석열 정부가 보완해야 할 문제다.

인구 대역전과
인플레이션

2021년 출생한 아기는 26만 명이었다. 이들이 30년 후 성장해 아이를 낳는다면 몇 명이 나올까. 26만 명 중 여성은 절반인 13만 명이고 출산율 0.81명 수준(2021년)이 유지된다면 30년 후인 2051년도에 10만 530명이 탄생할 것이다. 그때 평균수명이 90세라면 1961년 출생한 70만 명이 사망할 것이다. 10만 명 태어나고 7배수인 70만 명이 사라져서 인구는 60만 명이 줄어든다. 이것은 이미 정해져 있는 미래다. 통계청을 통해 이런 템포로 100년 후인 2120년으로 가면 남한 인구가 어떤 모습일지 알아봤다. 기대수명은 남자 93.8세, 여성 96세를 전제로 남한 총인구는 2,095만 명(중위경로)으로 예상되며 저위경로로는 1,214만 명까지 내려갈 수 있다고 봤다. 저위경로로 가면 15~64세 경제활동인구는 557만 명(46%), 65세 이상 고령자는 566만 명, 0~14세 인구는 90만 명밖에 안 된다! 이것은 대한민국이 지속 가능할 수 있는 그림이 아니다.

OECD 회원국 기준 출산율 1위는 이스라엘 3.01명, 2위 멕시코 2.1명, 7위 미국 1.71명 등이다(2020년). 우리보다 조금 나은 일본 1.36명, 스페인 1.23명 등에 이어 한국은 유일하게 1명 이하인 0.81명으로 압도적 꼴찌다(2022년도에는 0.7명대로 하락).

OECD 평균은 1.61명으로, 경제활동의 중추인 생산가능인구(15~64세)에 포커스를 맞추면 2020년 3,738만 명, 2050년 2,419만 명, 2070년 1,737만 명으로 급속히 쭈그러든다. 2070년 65세 이상은 1,747만 명으로 생산가능인구를 살짝 넘어선다. 일론 머스크는 "한국이 홍콩과 함께 세계에서 가장 빠른 인구 붕괴(Population Collapse)를 겪고 있다"는 경고를 트위터에 올려놨다.

경제성장률을 산출하는 데 노동이 자본, 총요소생산성(기술)과 더불어 3대 요소임은 앞서 이 책에서 설명한 바 있다. 이처럼 노동투입량이 급속하게 줄어들 경우 로봇이나 AI, 공장자동화가 대체하거나 노인, 여성인력 투입이 없다면 GDP는 마이너스 성장 경로로 접어들 것이다.

지난 5년 동안 정부의 저출산고령사회위원회를 이끌었던 서형수 교수의 설명을 들어보면 저출산이 국가 소멸로까지 가는 길을 수학공식을 통해 눈으로 확인할 수 있다.

출산율 0.8명이 지속된다면 어떤 미래가 기다리는가. 부모가 100명이라면 30년 후 자녀세대는 여성 50명(모)에 0.8을 곱해 40명만 출산한다는 계산이 나온다. 자식세대 40명의 절반인 여성 20명이 0.8명을 출산하면 60년 후 손자세대는 16명이 남는다. 90년 후 증손세대는 8명 곱하기 0.8 하여 6명이 태어난다. 120년 후에는 2.4명으로 줄어든다.

현재 남한 인구 5,300만 명이 120년 후인 2140년에는 2.4%인 127만 명으로 쭈그러든다는 계산이다. 그나마 노인이 대부분이라면 이 모습은 국가 소멸이다.

지난 20년 동안 저출산 예산에 280조 원을 퍼부었지만 젊은이들이 애를 안 낳는 이유에 대해 서 교수는 "3불(不) 현상 때문이다. 불안, 불리, 부족이 그것이다"라고 매우 명료하게 해설한다. 프랑스나 이스라엘처럼 일단 탄생한 생명은 국가가 키운다는 시스템으로 전환하는 게 해법이라고 한다. 윤석열 정부는 가족의 개념을 좁게 해석해 사실혼, 동거는 가족으로 인정하지 않겠다고 했는데 이는 프랑스와는 정반대 정책으로 인구 감소를 재촉하는 착상이다. 한국에서 인구 대역전을 만들어내지 못하면 한 세기 내에 세계 10위권, 국민소득 10만 달러 같은 목표들도 함께 소멸될 것이다.

한국 인구 정책의 대가인 이삼식 한양대 교수는 국토 면적 등에 대비해 한국의 적정 인구와 그것을 유지하기 위한 합계출산율을 산출하여 논문으로 발표한 적이 있는데 적정 인구 4,300만 명, 출산율 1.8명을 제시했다. 이는 프랑스의 출산율과 동일하다.

골디락스의 종말, 잔치는 끝났다

"경제지표를 정책 목표로 삼고 규제하기 시작하는 순간, 그 지표의 통계적 규칙성은 사라진다"는 게 굿하트의 법칙이다. 찰스 굿하트 교수는 "지난 30년간 인구 변동과 세계화가 디플레이션을 초래했으나 두 추세가 역전하며 인플레이션 시대가 도래한다"고 예언한 책을 발간했는데(2021년 4월) 놀랍게도 적중하고 있다. 《인구 대역전》으로 출간된 책에서 저자는 1990~2018년 기간에 중국의 생산가능인구가 2억 4,000만 명 늘고, 동구권 경제활동인구 약 2억 1,000만 명, 도합 4억 5,000만 명이 세계화에 참여해, 임금이 오르지 않고도 생산 증가를 가능케 했다고 분석했다. 여기에다 선진국에서도 여성노동인구 참가율 상승과 더불어 2차 베이비붐 이후 출산율 저하로 부양인구비가 개선되면서(인구배당) 경제활동에 뛰어든 인구비율은 황금 시대를 구가했다는 것이다. 이런 요인들이 글로벌 차원에서 확산돼 생산이 오르고 물가는 오르지 않는 골디락스가 출현할 수 있었다.

그런데 굿하트 교수는 이와 같은 인구 스위트스폿(Sweet spot) 시대가 완전 굴절되는 시대가 오고 중국에서의 싼 노동 공급도 사라지고 있다고 말한다. 이른바 '루이스 전환점'에 도달한 것이다. 개도국에서 농촌 잉여노동인력이 고갈되면서 임금이 급등해 성장세가 꺾이는 현상으로 아서 루이스 노벨경제학상 수상자가 창안한 개념이다.

여기에다 미중 패권 전쟁으로 전 세계가 디커플링되면서 노동 공급 체인이 무너져 임금발(發) 인플레 압력이 고조되고 있다는 분석도 나왔다. 인도, 아프리카가 중국의 대안으로 거론되나 생산성 면에서 중국의 공백을 대체하지는 못할 것이라고 굿하트 교수는 분석했다. 세계은행의 기업환경평가지수에서 인도는 세계 67위로 저조해 세계의 공장 역할을 해온 중국을 대체하기엔 아직 이르다.

지난 30년간은 노동 공급 홍수로 노조의 입김이 약화돼 협상력을 발휘할 힘이 없었다. 그러나 벌써 노동 공급 역전을 무기로 전 세계 이곳저곳에서 물가가 올랐으니 임금을 올려 달라는 파업 행렬이 일어나고 있다. 여기에다 OECD 대부분 국가에서 출산율이 점차 하강해 이제 디플레 시대는 30년 만에 저물고 인플레 시대가 본격 도래하는 양상이다. 세계 각국은 40년 만에 최고 물가상승률을 꺾기 위해 금리 인상을 서두를 수밖에 없는 실정이다. 지난 세대에는 각국 중앙은행의 통화 정책이 물가 2% 목표치를 놓고 약한 인플레를 만들어내는 게 소원이었다. 그러나 양적완화를 비롯한 통화 증발이 누적된 데다 우크라이나 전쟁, 미중 충돌로 인한 공급망 보틀넥이 겹치면서 엄청난 물가 폭발을 일으켰다. 중앙은행들은 금리 인상에서 베이비스텝(0.25%p 인상)을 버리고 빅스텝(0.5%p 인상), 자이언트스텝(0.75%p 인상)까지 동원하기에 이르렀다. 그 결과 자산 시장(부동산, 주식, 암호화폐)이 큰 타격을 입었다.

부채 함정

2008년 금융위기부터 코로나19 퇴치까지 세계 각국은 엄청난 돈을 뿌렸다. 전 세계 부채총액은 2008년 173조 달러로 세계 GDP의 290% 수준이었던 것이 2021년 말 기준 302조 달러로 GDP의 350%까지 급팽창했다. 세계 금융위기 때는 '마이너스 금리'가 천재적 발상이라는 찬사를 받았다. 부채 규모가 선진국은 GDP의 411%, 개도국은 GDP의 247%로 급팽창할 정도로 초저금리 시대에 부채를 두려워하지 않았다. 주택, 토지, 주가 급등이 세계를 휩쓸었다.

　이제 미국, 유럽 등 전 세계 중앙은행들은 급속히 기준금리를 올리기 시작했다. 부동산, 주식은 대폭락하고 모두들 부채 함정에 허우적거리고 있다. 국제금융협회(IIF)의 〈세계부채보고서〉에 따르면 GDP 대비 한국의 가계부채는 105%로 OECD 국가 중 유일하게 100%를 넘었다. 미국 76%, 중국 62%, 일본 59.7%, 유로지역 59.6% 등을 보면 한국이 얼마나 높은지 확연히 비교된다. 특히 우리나라는 가계부채가 1,870조 원으로 전 세계에서 가장 빨리 급팽창하면서 부동산, 주식, 가상화폐 투자에 세계적으로 집중도가 높았다.

　비금융 기업부채비율은 GDP 대비 116.8%로 세계에서 일곱 번째로 높은데 미국, 유럽 국가들 가운데 한국보다 높은 나라는 없고 중국(156%), 베트남(140%), 일본(118%)이 우리 기업들보다 높은 실정이다. 부채비율이 높은 상태에서 금리를 급격하게 올리면 기업 신규 투자가 어렵고 가계는 소비를 줄일 수밖에 없어 경제성장률이 위축의 길로 가게 된다. 이런 악순환을 벗어나는 길은 성장이 가속화되는 것인데, 현실적으로는 연거푸 일어난 금리 인상 때문에 성장 침체가 예정돼 있다.

미국이냐
중국이냐

　아세안, G20 회의에서 미중, 한미, 한중 간 뜻깊은 회담이 열린 것은 2022년 11월 중순의 일이었다. 회담의 행간 내용을 보면 미국의 바이든, 중국의 시진핑은 무슨 생각을 하고 있으며 향후 미중 패권 전쟁이 어떻게 진행될지, 그리고 한국은 미국과 중국을 어떻게 대응해야 하는지 많은 단서를 포착할 수 있다.

　코로나19 등의 이유로 바이든 미국 대통령이 취임한 지 22개월 만에 처음으로 시진핑 중국 주석과 얼굴을 맞댄 정상회담이었다. 회의 시간은 3시간 12분으로 상당히 길었으나 합의문 하나 없다는 점에서 역사적으로 참으로 기이한 회담 중 하나였다.

　미국 정상이 중국 측이 묵고 있는 물리아 호텔로 찾아가고, 회담장에서 중국의 요구대로 마스크를 끼고 하는 형식도 독특했다. 미국 측 회담 배석자는 안보, 경제, 중국 전문 외교관 등이었고 중국 측은 왕이, 화춘잉 대변인이 배석했다. 2인자 중국이 1인자 미국 정상을 숙소로 오게 하고 대변인이 회담에 배석한 것 등을 보면 '중국의 입장은 절대 변하지 않을 것'임을 알리고 싶었던 듯하다.

한국 언론들은 미중정상회담 후 "북한 핵 문제에 중국 역할 촉구, 핵실험 포기 설득해 달라"는 제목을 1면 톱(Top)으로 뽑았다. 그런데 중국이 국내용으로 발표한 내용을 보면 북한 핵 문제에 대한 언급은 쏙 빼버렸다. 중국 국민이나 북한이 알 필요가 있을 정도로 중요하지 않다는 얘기다.

3시간 이상 진행된 미중회담 내용으로 흘러나온 얘기들을 종합하면 세 가지 중요한 사실을 발견할 수 있었다.

첫째는 양국이 레드라인(Red Line)으로 확고하게 설정한 것은 대만 문제라는 점이다. 시진핑 주석은 "대만은 중국 핵심 이익의 핵심이자 미중 관계의 정치적 기초 중의 기초며 미중 관계가 넘을 수 없는 첫 번째 레드라인"이라고 세 번씩이나 못을 박았다.

바이든 대통령도 결코 양보하지 않았다. "하나의 중국을 지지한다는 원칙에는 변함이 없다. 그러나 힘에 의한 현상 변경은 반대한다"는 입장을 확실히 밝혔다. 중국이 대만을 무력으로 점령하려 들 경우 군사 개입을 할 것인가를 묻는 기자들의 질문에 바이든은 2022년에 네 번이나 "예스, 그것은 약속"이라고 확고히 답변했다.

시진핑은 20차 당대회 개막연설에서 "대만을 무력 통일하는 옵션을 배제하지 않을 것"이라고 했었다. 윌리엄 번스 미국 CIA 국상은 2027년 이전에 중국이 대만을 무력 침공할 것이라 봤고, 마이클 길데이 미국 해군 참모총장은 2023~2024년으로 시기를 앞당기기도 했다.

둘째는 미중이 상대 국가에 바라는 바가 전혀 다르다는 사실이다. 미국은 중국의 신장, 티베트, 홍콩 등에 대한 인권 문제에 우려를 제기하면서 기후협약, 식량 안보, 글로벌 경제 안정 등에서는 양국 간 협업이 중요하다고 강조했다.

반대로 중국은 미국이 무역 전쟁이나 기술 전쟁을 일으키고 벽을 쌓으며 디커플링과 공급망 단절을 추진하는 것은 시장경제 원칙에 어긋나는 데다 국제 무역 원칙을 훼손하는 것이다, 누구에게도 이익이 되지 않는다고 말했다.

미국 주도로 서방이 중국에 반도체, AI, 양자역학 등 첨단기술 제공을 금지하고, 인플레이션감축법을 통해 전기차 배터리 제작에 중국산을 쓸 경우 전기차 수출을 막는 조치가 뼈에 사무치게 아프다는 점을 들춘 것이다. 시진핑 주석은 "미국에 도전하거나 미국을 대체할 의도가 없다"고 스스로 언더독의 화법으로 호소하는 연기도 했다.

셋째로 시진핑 주석은 "미국은 자본주의를 추구하고 중국은 사회주의를 추구하며 양국은 서로 다른 길을 가고 있다. 이 차이는 오늘 막 생긴 것은 아니며 이후에도 계속될 것"이라는 점을 분명히 했다. 중국의 인민민주주의는 그 나라 현실 관계와 문화에 바탕을 두며, 큰 자부심을 가지고 있다고도 말했다. 미국, EU 등 서방과 중국, 러시아, 북한 등 사회주의 간 체제 경쟁을 앞으로도 분명히 하겠다는 선언이었다.

미중 두 나라가 분명한 합의에 이른 단 하나는 러시아가 우크라이나에 핵을 사용해서는 안 된다는 것뿐이었다.

푸틴 러시아 대통령이 G2가 확고히 합의한 핵 사용 불용으로 제약을 받게 되면서 우크라이나와의 전쟁을 조기 종식하는 데 압력으로 작용한다면 세계 경제 회복에도 도움이 될 것이다.

비수 품은 미중정상회담의 결과

발리섬의 미중정상회담은 앞으로 어떤 사태가 전개될지 선명한 그림을 보여줌으로써 한국으로서도 향후 대응을 편안하게 해준 측면도 있다. 바이든과 시진핑은 겉으로는 활짝 웃으면서 사진 찍고 회담에 임했지만 속으로는 비수를 품은 듯했다.

시진핑 주석은 중국이 사회주의의 길을 갈 것을 확고히 하면서 체제 경쟁을 하자고 당당히 말했다. 20차 당대회 개막식에서 향후 10년이 중요하다고 했는데, 10년 후 GDP 규모로 세계 1위 위치를 차지하겠다는 포부를 그렇게 표현한 것이다. 시진핑 3기에 공동부유 정책, 공진민퇴(공기업을 강조하고 민영화 후퇴)를 구사할 것임을 강조한 바 있다.

바이든 대통령은 디커플링, 공급망 단절을 풀어 달라는 시진핑 주석의 요구에 전혀 대꾸하지 않았다. 기술 전쟁은 계속될 것이다. 미국은 중국의 20차 당대회 직전 확정한 국가안보전략(NSS)에서 중국을 "탈냉전 시대 이후 세계 질서를 재편할 의도와 힘을 가진 유일한 경쟁자이자 가장 결정적인 지정학적 도전자"로 규정했다. 미중 간 패권 전쟁을 벌이는 기간은 얼마나 상기간일까. 최태원 SK 회장은 향후 30년간은 패권 전쟁이 지속될 것이라고 인터뷰에서 견해를 밝혔다. 중국이 기술 개발에 승리하지 못하고 경제가 쇠퇴해 경쟁을 포기할 때까지라고 말하는 전문가도 있다. 시진핑 주석이 물러날 때까지의 단기간으로 보는 이도 있다. 짧으면 10년, 길면 30년 이상의 장구한 세월이라는 것이다.

미국 스티븐 로치 예일대 교수가 〈매일경제신문〉 주최 세계지식포럼에서 한 발언은 국제사회에 큰 파장을 남겼다. 그는 "시진핑 3연임은 일인 독재로 갈 가능성이 높다. 정치 불안감이 더 커질 것이며 특히 마윈 같은 역동적인 빅테크 기업인들을 억눌러 성장의 동력이 크게 떨어졌다. 미국 증시에서 기업공개(IPO)도 차단당하고 뜬금없는 공동부유를 들고나오고 있다. 중국의 장래는 어둡다"는 발언을 했다. 평소 중국 경제에 낙관론자였던 로치가 이처럼 비관적인 예측을 하자 함께 무대에 올랐던 폴 크루그먼, 리처드 볼드윈 제네바대 국제경제대학원 교수, 존 체임버스 뉴욕대 스턴경영대학원 교수는 "로치가 저런 말을 한다면 중국 경제를 정말 잘 지켜봐야 할 것"이라며 놀라움을 숨기지 않았다.

시진핑 3연임과 더불어 공동부유, 공진민퇴 등의 정책으로 중국 경제는 성장률이 확 떨어질 수도 있다. 글로벌 투자사인 록펠러인터내셔널의 루치르 샤르마 회장은 중국의 GDP성장률이 2.5%로 떨어지고 미국이 1.5%를 유지할 경우, 중국 경제는 2060년까지 절대로 미국을 추월할 수 없다고 〈파이낸셜타임스(FT)〉에 기고했다. 미국 재무장관을 지낸 래리 서머스도 "중국이 미국을 제치기는 쉽지 않을 것"이라고 내다봤다.

　이번엔 윤석열 대통령과 시진핑 주석 간의 한중정상회담을 엿볼 차례다. 윤 대통령은 북한 핵 문제를 다루는 데 유엔에서 중국의 역할을 촉구하고, 한중 FTA 2단계 협상을 조속히 마무리하자는 희망을 말했다. 어차피 북한이 핵을 포기하지는 않을 테니 7차 핵실험이랄지 장거리 미사일 발사 등 위반 사항 발생 시 유엔 제재 표결 때 거부권을 행사하지 말아 달라는 당부였다.

　이에 대해 시 주석은 "한국이 남북 관계 개선에 나서라"며 윤 대통령의 요구는 들어주지 않고, 외교부 발표문에서도 북핵 문제는 빼버렸다. 시 주석은 "진정한 다자주의를 함께 만들자"고 강조했다. 칩4동맹, IPEF 등으로 중국을 괴롭히는 대열에서 한국이 빠져주거나 건설적인 역할을 해 달라는 주문이었다.

　하루 전 캄보디아 프놈펜에서 있었던 한미일정상회담에서 첨단기술·에너지 등 경제 안보 협력, 남중국해 분쟁, 기후변화 협력 등을 3국이 강화하자는 공동성명은 사실상 중국을 겨냥한 것이었다. 이에 대한 불만을 시진핑 주석은 윤석열 대통령에게 섬뜩할 정도로 지적한 것이다.

　발리섬의 한중정상회담은 25분에 불과해 50분간 지속된 한미정상회담의 딱 절반이었다.

　윤석열 정부는 유엔에서 중국의 신장 위구르 인권 문제를 다뤄야 한다는 데 찬성표를 던져 시진핑 측이 분노했다고 중국 대사관 쪽에서 들은 적이 있다. 그럼에도 시진핑 주석이 기시다 후미오 일본 총리보다 먼저 윤석열 대통령과 정상회담에 응한 것은 '관리 차원'의 의중이 담긴 것 같다. 지정학적으로 한반도는 중국으로서도 한미일 간 결속의 약한 고리로 이용하려는 욕구가 강하다. 시진핑의 발언에는 한국과 중국은 이사 갈 수도 없는 이웃이란 표현이 담겼다.

시진핑 주석의 방한 정상회담은 2014년 박근혜 전 대통령 때로 방한한 지 8년이 넘었고 문재인 전 대통령이 2019년에 중국을 방문했으므로 다음 번엔 시 주석이 방한해야 할 차례다. 윤 대통령이 방한을 초청했는데 "코로나 상황이 어느 정도 안정되면…"이라며 미온적으로 답했다.

하루 전에 열린 한미정상회담은 정반대의 분위기였다. 북한이 어떤 형태로든 핵을 사용하면 한미 양국은 모든 가용 수단을 동원해 압도적인 힘으로 대응하겠다고 바이든 대통령은 철통 안보를 보장했다.

한미일 경제안보대화체도 신설하기로 했다. 글로벌 공급망 위기도 함께 대응하기로 해 중국이 희귀광물을 자원 무기로 활용할 경우에 대비키로 한 것이다.

우리 측은 발리섬 회담에서 이에 대한 답례로, 중국의 일대일로에 대항해 미국 주도로 6월 G7이 출범시킨 글로벌인프라·투자파트너십(PGII)에 한국이 참여하기로 하는 선물을 줬다.

한국의 실리는 어디에 있나?

한국이 미국, 중국 중 어느 편에 설 것인지는 분명해졌다. 우리로선

경제, 안보에서 확실히 보장해주는 미국이 1차적인 선택임은 불문가
지다.

단적으로 우리는 사회주의 체제가 아니다. 중국 경제는 높은 부채
비율과 부동산 폭락으로 상당 기간 침체권에 빠질 수도 있어 이에 대
비해야 한다.

G2가 엄청난 힘으로 부딪칠 때 한국은 더 큰 기회를 포착할 수 있다.
반도체, 이차전지를 둘러싸고 미국이 중국을 견제해줌으로써 한국은
상당 기간 시간을 벌어 시장과 수익성에서 기회의 공간을 넓힐 것이
다. 미국 주도로 IPEF를 결성하고 반도체 칩4동맹이 운용되면 새로운
시야가 열릴 것이다. 칩4동맹, 쿼드, 오커스(AUKUS) 등도 잘 활용해야
한다. 윤 대통령은 자유, 평화, 번영을 3대 비전으로 하는 한국판 인도
태평양 전략을 아세안 국가들과 더 강화하겠다고 선언했다.

중국으로서도 바이든 대통령이 시진핑 주석과의 회담 후 "북한 핵
문제를 해결할 능력이 있는지 모르겠다"는 의심을 제기한 것에 큰 압
력을 받을 수밖에 없을 것이다. 김정은의 핵실험을 막지 못하면 국제
사회에서 체면을 구길 것이기 때문이다.

국제 관계에서는 영원한 적도 없고 국익만 있을 뿐이라는 파머스턴
경의 격언은 옳다. 시진핑 주석이 3연임한 뒤 올라프 숄츠 독일 총리
가 중국을 다녀갔고 일본, 베트남 등도 우리와 마찬가지로 회담을 하
고 있다.

중국 방문을 마치고 돌아온 숄츠 총리는 "중국을 국제사회에서 따
돌려선 안 된다"며 두둔하고 나서 미국과 EU 진영은 물론, 독일 내부
에서도 비판을 받고 있다. 수출 면에서 독일의 중국 시상 의존노가 높

아 경제를 책임지는 총리로서 그렇게 발언할 수도 있겠으나, 서방의 균열이 생길지 모른다는 면에서 우려가 크다. 전임 메르켈 총리도 미국의 만류에도 불구하고 러시아 천연가스에 의존하는 전략을 썼다가 결과적으로 실패임이 드러났는데, 숄츠의 중국 선택도 제2의 역사적 실패를 부를 가능성이 있다.

한중수교 30년,
경제 사이렌

한중수교 30주년(2022년 8월 24일)을 앞두고 두 번의 포성이 울렸다. 굉음은 아니었지만 한중 30년간 전혀 듣지 못했던 낯선 사운드였다. 한국무역협회에 따르면 한중수교 29년 동안 한국은 중국에서 7,118억 달러의 무역 흑자를 냈다. 중국은 흑자를 보태주는 황금어장 그 자체였다.

그런데 수교 30주년을 맞는 그해 5월 -11억 달러, 6월 -12억 달러의 적자를 냈다. 상반기 전체로는 42억 달러가량 흑자지만 전년의 116억 달러에 비하면 확연히 흑자 기조는 저물고 있다.

2015년 흑자 규모가 무려 452억 달러로 최고조에 달했던 시기와 비교하면 상전벽해가 돼버렸다. 바로 이때 스페인 마드리드에서 열렸던

대한민국, 선진국의 조건

NATO 회의에 초대된 윤석열 대통령을 수행한 최상목 경제수석은 "지난 20년간 한국이 누려왔던 중국을 통한 수출 호황의 시대는 끝나가고 있다. 중국의 대안 시장이 필요하며 다변화가 필요한 실정"이라고 선언했다. 하필이면 NATO는 중국을 서방을 위협하는 권위국가로 규정해 대립을 고조시켰다.

한중수교가 이뤄졌던 1992년 대중국 수출은 27억 달러, 수입 37억 달러로 합쳐서 64억 달러에 불과했다. 2021년에는 총 무역 규모가 3,015억 달러로 111배나 늘어났다. 대중국 수출액은 1,629억 달러로 한국 수출에서 차지하는 비중은 25.3%다. 미국 12%, EU 시장 15%를 합친 것과 비슷한 압도적 1위다. 2021년까지만 해도 243억 달러의 흑자를 냈다.

그러던 것이 이제 양국 무역에서 확고하게 중국에 우위인 분야는 반도체 하나만 달랑 남은 실정인데 만약 이마저 역전당한다면 중국은 한국 경제의 '위협자'로서 새롭게 자리매김하게 될 것이다. 앞선 최상목 경제수석의 발언은 중국을 자극할 우려가 있긴 하지만, 한국은 새로운 전략으로 중국 시장을 공략해야 하며 중국에 4분의 1을 몰빵할 게 아니라 분산하는 플랜 B도 찾아야 하는 당위성을 나타낸다.

한중 상호보완 시기(1992~2010년)

10년이면 강산도 변한다는데 한중수교 30년간 중국의 경제적 성격은 세 번 이상은 확실하게 변했다. 중국은 2001년 WTO에 가입하면서 제조업 생산에서 부가가치 극대화 전략으로 2007년 일본을 제치고 세계 2위, 2010년 마침내 미국을 제치고 세계 최대 제조강국으로 우뚝 올라섰다. 세계의 공장으로 성공한 시기다. 한국은 중간재를 수출하고 중국은 중간재를 가공해 부가가치를 높이는 상호보완무역으로 서로가 윈윈하던 시기다. 중국은 2000년 이후 첨단기술 산업을 집중 육성해나갔다. WTO 가입 후 외국 자본의 중국 투자 러시가 일어났고 한국도 중국에의 직접투자는 금융위기 직전인 2007년 74억 달러로 최고조에 달한 시점이었다.

그러나 2008년 세계 금융위기가 닥치고 중국은 생산시설 과잉으로 구조조정의 필요성을 절감했다. 가공무역으로 저부가가치 교역은 지속이 어렵다고 보고 제조업 세계 1위를 달성한 2010년부터 산업 고도화 전략으로 첫 번째 선회를 했다. 전략적 신흥 산업으로 육성하기 위해 7대 산업을 지명했는데 에너지, 정보기술, 바이오, 첨단장비, 신소재, 친환경자동차 등이었고 13차 5개년 규획에서 디지털을 포함해 8대 전략 산업으로 확대했다.

한중 상호경쟁 시기(2010~2018년)

2010년부터 중국의 산업구조가 고도화되면서 양국 간 무역도 고위기술 산업을 중심으로 고도화되기 시작한 시기다. 수출 중심에서 내수 시장 키우기로 두 번째 선회를 했다. 중국이 탈바꿈을 시도한 시기이기도 하다. 2013년 시진핑이 집권하면서 '중국제조 2025'와 '인터넷+(플러스)' 정책을 시작했다(2015년 5월 발표). 인터넷플러스는 전통 제조업에 인터넷기술을 접목해 '스마트제조'를 구현한다는 기본 로드맵이다. 대외 정책으로 일대일로, 아시아인프라개발은행(AIIB)을 선보였다. 2014년 5월 신창타이(新常態, New Normal) 체제로 전환하며 시진핑은 보아오포럼에서 "중국 경제는 더 이상 고속 성장에만 집착하지 않을 것"이라고 밝혔다. 개방 후 10%대 고속 성장을 끝내고 중속 경제로 성장률을 7%로 낮춰 잡았다. 미국의 뉴노멀은 2003년 벤처 거품이 꺼진 상황에서 나온 말이다.

중국도 고위기술 상품의 한국 수출을 늘리면서 무역특화지수(TSI) 분석 결과 중고위기술 및 첨단기술 산업은 한국의 '상대적 우위'가 '경합'으로 바뀌기 시작했다. 세계 주요 수출 시장에서 한중 수출 경쟁이 심화된 시기다. 가령 2010~2018년 중국의 미국 시장 고위품 수출은 연평균 7.6%나 성장해 우리나라 5.3%보다 높았다. 수출경합도(ESI)를 분석한 결과 중고위 산업 내 한중 수출 경합도는 이 기간 중 미국에서 0.248에서 0.303으로 치솟았다.

중국의 미국 시장 점유율이 25%(2018년)에서 22%(2021년)로 떨어지면서 한국의 미국 시장 점유율은 다시 증가했다. 그 대신 아세안 시장을 중국이 파고들어 2018~2021년 수출 시장은 중국이 7.7% 증가하는 동안 한국은 11.8%나 감소했다.

중국 수출의 한국 위협기(2020년~)

한국의 10대 주력 수출 상품은 전체 수출의 56%를 차지하는데 이 가운데 6개 수출 상품의 중국 시장 의존도는 30.8%에 달한다. 중국 수출에서 중고위기술 제품의 경쟁이 가장 치열한데 지난 10년간 무역 흑자 감소도 이 분야에서 167억 달러로 제일 심했다. 중국 수출품 중 첨단기술 제품 비중은 45.4%로 전 세계 및 3국 시장에서 한중 간 경쟁이 날로 치열해지고 있다. 2021년 요소수 사태에서 보듯 원자재 대중국 수입 의존도 심화도 공급체인망 확보에서 문제점으로 대두돼 대응 전략이 필요하다. 단일국 수입 비중이 80% 이상인 품목은 3,941개에 달하며 이 가운데 중국에서의 수입은 1,850개에 이른다. 반도체에서 탄화텅스텐 94.7%, 배터리에서 수산화리튬 85.5%, 석유화학 원자재인 초산에틸 64.1% 등이 대표적이다. 자동차, 항공기 등 경량화 작업에 필요한 마그네슘 잉곳은 100% 의존하는 실정이다.

한국의 중국 수출 제품 중 80%는 아직도 중간재다. 이 가운데 경쟁력이 확실히 우위에 있다고 생각하는 품목은 첨단반도체, 석유화학, 디스플레이 정도가 꼽혔다. 그런데 디스플레이의 경우 2017년 중국이 한국을 제치고 세계 1위가 되더니 2021년에는 세계 시장 63%를 점유하고 2025년에는 69%로 올라갈 것이라 한다. OLED 시장도 한국이 90%까지 갔다가 중국의 공세로 50%가 달랑달랑하다. 이제 반도체 전쟁에 한중 무역의 큰 줄기가 달렸고 그 시간이 얼마나 남았는지 조마조마하다. 대중국 반도체 수출은 2018년 400억 달러에 달했으며 그해 총수출의 24.7%를 차지할 정도였다.

당초 중국제조 2025 계획에는 2025년 반도체 자립률을 70%로 올리고 2035년 세계 제패로 돼 있었다. 그러나 미국이 반도체 기술 중국 수출 금지를 시행하면서 2022년 상반기 기준 중국의 반노체 자급률은

16%에 머무른다. 중국은 14차 5개년 규획(2021~2025년)에서 질화갈륨으로 대표되는 3세대 반도체 개발을 목표로 10년 마일검(十年磨一劍) 하는 중이다.

중국 시장, 한국의 10년 마일검

중국 경제는 장차 어디로 가는가? 미국이 중국과 기술 및 경제 패권 전쟁을 벌이면서 중국은 반도체, 통신(5G) 등 많은 분야에서 봉쇄당하고 있다. 과거엔 기술을 훔치거나 미국, 독일 등의 기술 기업을 사들이거나 함으로써 첨단기술을 따라잡았지만 다시 디커플링된 세계가 됐다. 중국이 자체 기술 개발로 미국을 따라잡을 것인가. 혹은 5년, 10년 후에도 캐치업하지 못한다면 상황이 상당히 달라질 수 있다. 반도체가 하나의 시금석이 될 수도 있을 것이다. 중국 내 반도체 수요는 2020년 1,430억 달러인데 중국 기업에 의한 국내 생산은 달랑 83억 달러에 그쳤다.

2022년 중국 경제성장률 목표는 5.5%로 출발했는데 3%대로 주저앉는다는 어두운 전망도 있다. 중국은 2021년 3월, 14차 5개년 규획 및 2035년 장기 목표를 제시하면서 '10년 마일검'이라는 표현을 썼다. 어려운 시기가 되면 중국의 시진핑, 리커창은 걸핏하면 '10년 마일검의 자세'라는 표현을 들고나온다. 절치부심해 난관을 극복하자는 집단 자기최면 같은 슬로건이다. 당나라 시인 가도(賈島, 779~843년)가 쓴 〈검객(劍客)〉이라는 시에 나오는 구절이다.

<＜검객(劍客)＞

가도(賈島)

十年磨一劍(십년마일검)

霜刃未曾試(상인미증시)

今日把贈君(금일파증군)

誰有不平事(수유불평사)

10년 동안 한 자루의 칼을 갈아서

서릿발 같은 칼날은 아직 시험해보지 않았네.

오늘 그 칼을 그대에게 주노니

누가 공평하지 못한 일을 하였던가?

한국이 중국과의 무역에서 30년 만에 적자를 낸 것은 제방에 가느다란 물줄기가 새기 시작한 신호로 봐야 할 것이다. 중국으로의 수출품 80%가 중간재인데 중국도 중간재 개발에 박차를 가하며 고위기술에 매진하고 있어 한번 둑이 터지면 한국 수출 4분의 1이 갈 곳이 마땅치 않게 된다. 마드리드에서 최상목 경제수석은 수출 시장 다변화를 꾀해야 한다고 기자들 앞에서 강조해 EU 시장 공략을 시사한 것 같다. EU가 어디 만만한 시장인가.

중국 시장에서 등을 보이고 도망가는 자세로는 한국이 할 수 있는 대안이 별로 없을 것이다. 중국은 벤츠 S클래스를 세계에서 가장 많이

대한민국, 선진국의 조건

소비하는 제1의 시장이다. 한국의 중국 소비재 수출은 5%를 넘은 경우가 별로 없다. 이제 중국 소비재 시장에서 승부를 봐야 할 때이며 국가와 업계 차원에서 10년 마일검의 자세로 준비해야 한다. 한국무역협회가 발간한 〈한·중 수교 30년 무역구조 변화와 시사점〉이라는 보고서와 전국경제인연합회가 발간한 한중 수교 30년간의 교역을 다룬 보고서는 똑같이 소비재 시장을 다시 공략하라고 결론 맺는다. 서비스 교역에서도 활로를 찾아야 한다.

3장

소득 5만 달러, 10만 달러 가능한가

총론

1인당 달러 표시 국민소득은 다음과 같은 계산 절차를 거쳐 산출된다. 우선 실질국민총생산액(Y)을 구하는데 이는 전년도 총생산액에 당해 연도 성장률(r)을 곱한 다음 여기에 물가상승률(GDP 디플레이터)을 반영한다. 달러 표시를 위해 연간 평균 환율로 나누고, 마지막으로 그 값을 인구 숫자로 나누면 달러 기준 1인당 소득이 계산되는 것이다. 이 산식에 의해 2021년 기준 1인당 GNI가 처음으로 3만 5,000달러를 넘어섰다.

2020년 1인당 GNI는 3만 1,881달러로 2017년 3만 1,734달러와 별 차이가 없었다. 2018년에는 3만 3,564달러였는데 2020년도에는 그보다 오히려 후퇴했다. 그런데 2021년 한 해 동안 무려 3,287달러(10.3%)

나 뜀박질한 이유는 무엇이었을까? 실질국민소득 증가가 기여한 몫은 4%에 그쳤고, 원화 강세(환율 하락) 3%, 물가 3% 상승 등이 한꺼번에 작용한 때문이었다.

국민소득은 좀체 일직선으로 오르지 않는다. 기축통화국이 아닌 나라들은 환율이 급등(자국 화폐가치 급락)해 순식간에 벌어놓은 것을 망치는 사고가 잦다. 한국도 1인당 3만 5,000달러를 어렵게 달성한 다음 해인 2022년 환율이 급등해 1인당 소득은 다시 3만 3,000달러 선으로 급락할 것으로 전망된다.

러시아-우크라이나 전쟁, 미중 간 경제 패권 다툼에 따른 공급망 재편성 등의 여파로 물가가 급등하자 미국의 금리 인상, 한국 원화가치 하락으로 이어졌다.

전년도 연평균 환율 1,144원 기준으로 1인당 소득을 산출했는데 2022년 평균 1,300원 선으로 오를 전망이어서 1인당 소득은 3만 달러 초반대로 떨어지게 됐다.

전 세계적인 킹달러 현상이 유로, 위안, 엔 등 다른 국가들의 화폐가치 하락도 유발하지만 우리나라의 경우 원유, LNG 등 에너지와 식료품 가격 급등으로 사상 최초로 500억 달러의 무역수지 적자가 발생함으로써 환율 뜀박질을 부채질했다.

설상가상 미국의 기준금리가 한국과 큰 폭 역전되면서 외국자본이 주식, 채권 시장에서 팔고 빠지면서 환율 상승을 부추겼다. 원유, 식량, 천연자원을 많이 보유한 러시아는 전쟁을 일으켜 서방이 엄청난 제재를 했음에도 원자재를 판 수입이 늘어 오히려 20% 이상 통화 강세를 실현했다.

2021년도 총 GDP 규모는 한국 10위에 이어 11위 러시아, 12위 브라질, 13위 호주 등으로 간발의 차이였는데 공교롭게도 이들 3국은 자원 부국이라 달러 대비 자국 화폐가 강세여서 한국은 경제 규모 세계 10위 자리를 뺏길 공산도 크다.

고소득 국가 지위를 유지하기 위해선 비기축통화국의 경우 환율 안정이 무척 중요하다. 과거 국가 채무 위기를 겪었던 나라들의 1인당 GNI 변천을 보면 그리스는 2008년 3만 1,151달러로 한국보다 9년 먼저 3만 달러를 돌파했지만 2017년에는 1만 8,813달러로 추락해버렸다. 아르헨티나는 1999년 8,185달러에서 2002년에는 무려 2,715달러로 사실상 빈국으로 전락했다. 베네수엘라는 2014년 약 1만 2,000달러였던 것이 2019년에는 4,039달러로 3분의 1 동강이 나 주저앉았다.

펀더멘털이 튼튼하지 못한 국가에선 가장 먼저 국제수지 적자가 발생하고, 이를 메꾸기 위한 외채가 급등하며, 주식과 채권 시장에선 외국인들이 탈출하면서 외화가 씨가 마르게 되니 망하는 길로 들어서는 것이다. 우리나라도 1997년 외환위기(IMF 구제금융), 2008년 세계 금융위기 등 2차례에 걸쳐 1인당 소득이 큰 폭으로 추락해 만회하는 데 4~5년씩 걸린 적이 있었다. 특히 1997년 외환위기 때는 1인당 소득 1만 2,334달러에서 1998년에는 8,198달러로 단번에 30% 이상 추락해 해외 유학생을 소환하는 일이 많았다.

1인당 GNI를 결정하는 데 가장 중요한 실력은 실질GDP성장률이다. IMF 환난 때는 환율이 1,995원, 2008년 세계 금융위기 때는 1,597원으로 일시 치솟기도 했지만 남미 국가들처럼 사실상 국가 부도 사태가 아니라면 시간이 흘러 정상으로 되돌아온다. 일본은 인구 감소로 물가 상승률이 20년 이상 소폭 마이너스가 돼 명목GDP가 제자리걸음을 하고 1인당 GNI는 한 번도 5만 달러를 넘지 못했다.

따라서 2% 정도의 적절한 인플레는 국민소득 증가, 경제 활력 유지에도 무척 중요하다. 이런 이유로 세계 중앙은행들이 물가 2% 상승을 목표로 두고 통화 정책을 운용하는 것이다.

인구가 감소하면 1인당 소득을 잠깐 늘려줄지는 몰라도 성장잠재력(Y)을 떨어뜨려 총체적인 악재가 된다.

결국 실질성장률(Y)이 소득을 늘려 1등 선진국으로 가는 가장 핵심적 팩터가 된다. 실질성장률은 장기적으로 잠재성장률에 대략 수렴한다.

잠재성장률을 결정하는 요소는 노동(L), 자본(K), 총요소생산성(A)으로 구성된다.

총요소생산성은 노동생산성 향상을 의미하는데 이는 기술력이 결정변수다. 콥-더글러스(Cobb-Douglas) 함수로 $Y=AL^aK^{1-a}$로 표시된다. 1등 선진국이 되는 길은 잠재성장률이 꾸준히 성장하는 기본 체력을 갖추고, 국제수지와 외화 수급을 잘 관리해 통화가치를 안정시키며, 경제 체질이 인플레이션이나 디플레이션 어느 쪽에도 빠지지 않도록 유지하는 게 중요하다.

KDI가 개원 50주년 기념으로 2021년 3월 발간한《한국경제의 미래》라는 연구서는 인구 4,500만 명 이상 주요 선진국들이 1인당 소득 3만 달러 달성 전후로 소득이 어떻게 변했는지 추적한 결과를 보여준다.

미국, 일본, 영국, 독일, 프랑스, 이탈리아, 스페인 등 7개국을 대상으로 분석했다. 이 가운데 미국은 1997년 3만 달러를 돌파한 후 글로벌 금융위기(2008~2010년)를 제외하고는 지속 성장을 달성하며 현재는 7만 달러에 근접해 7개국 가운데 가장 견조한 성장궤도를 그려왔다.

그렇다면 한국은 5만 달러, 10만 달러 달성이 과연 가능할 것인가? 가능하다면 그게 언제일까.

영국은 2002년 3만 달러 돌파 후 5년 만인 2007년 5만 달러를 돌파했으나 글로벌 금융위기와 브렉시트 피해를 극복하지 못해 4만 달러대에 머물러 있다.

일본은 1992년 3만 달러대를 돌파한 후 30년이 경과했건만 마이너스 물가의 저주로 4만 달러를 맴돌다 3만 달러대로 주저앉고 이제 대만, 한국에도 덜미가 잡힐 날이 머지않았다.

프랑스, 이탈리아, 스페인 등도 5만 달러 벽을 넘지 못했다. 독일만이 가까스로 5만 달러를 돌파했으나 유로화가치 하락으로 다시 내려앉고 이탈리아, 스페인은 점점 더 추락하는 중이다.

여기서 김세직 서울대 경제학과 교수의 한국에 적용되는 '5년 1%포인트 하락 법칙'은 철의 침대 법칙처럼 무섭게 들린다. 김세직 교수는 "5년에 GDP성장률이 1%포인트씩 하락하는 한국 경제는 최근 20년 평균 0.7%의 한국은행 실질금리와 GDP 대비 30%대의 높은 투자율도 이를 못 막았다. 혁명적인 변화가 없다면 윤석열 정부도 제로 성장을 각오해야 한다"고 경고했다.

김 교수는 세계적으로 6% 넘는 고도성장을 하다가 50년 이상 성장률이 추락한 나라가 6개국인데 독일을 제외하고 일본, 이탈리아, 포르투갈, 스페인, 그리스의 장기 성장률은 0% 내지는 마이너스가 됐다고 지적했다.

소득 5만 달러 2032년,
10만 달러 2054년

　한국이 1인당 소득 4만 달러, 5만 달러, 10만 달러에 도달할 시점을 예측해 달라고 〈매일경제신문〉은 3개의 기관에 의뢰서를 보냈다.

　미래의 긴 시간에 걸쳐 5만 달러, 10만 달러 돌파 시점을 예측하는 작업을 할 경우 한국은행, 통계청 등의 기관은 '예정된 경로'를 따라 경제가 흘러갈 것으로 가정할 수밖에 없다. 그 예정된 경로란 실질경제성장은 IMF 등 공신력 있는 국제기관이 발표한 잠재성장률을, 물가(Deflator)는 최근 10년이나 20년 기하평균치를, 환율은 최근 10년 평균치 또는 3개월 평균치를 넣고 시뮬레이션한다. 그런데 잠재경제성장률을 계산하는 데는 인구, 자본, 총요소생산 등 3대 부문 장기 추계치를 또 넣어야 하는데 여기서 인구는 통계청이 발표한 2070년까지 시

계열 자료를 넣고 돌린다. 국제기관의 잠재성장률 전망치도 OECD, IMF가 다르고 ARIMA 모형을 돌려서 나오는 숫자들도 다르다. 이렇게 하여 높은 숫자, 낮은 숫자 2개를 구해서 4만 달러, 5만 달러, 10만 달러를 달성하는 시점을 추정해보는 것이다.

10년 또는 30~40년에 걸친 장기 전망치는 인간의 한계를 넘어선 영역이기도 하므로 예측기관들은 큰 오차를 염려해 응당 익명을 요구한다. 따라서 익명의 차원에서 위의 3개 기관을 편의상 A, B, C 기관으로 표시하려 한다.

A 기관은 5만 달러 달성이 가장 빠른 해를 2031년, 가장 늦은 해는 2036년으로 제시했다. 2033년이 총 4회로 가장 많이 제시됐다. 10만 달러 달성은 잠재성장률을 높게 본 IMF 전망치를 적용하고 환율이 1,120원대를 유지할 경우 2048년에 도달할 수 있다는 안을 제시했다. 이게 적중한다면 대한민국 정부 100주년에 큰 경사가 나는 것이다. 물가 수준이 20년 평균 1.8%밖에 안 될 경우 2059년에 달성 가능하다는 전망치가 2회 나왔다. 단, 평균환율이 1,204원 이상으로 오르고 10년 평균 GDP 디플레이터가 1.8%로 낮을 경우, 2066년에야 10만 달러 달성이 가능하다고 봤다.

B 기관은 소득 1만 달러에서 2만 달러로 가는 데 12년(1994년 → 2006년), 2만 달러에서 3만 달러에 11년(2006년 → 2017년)이 소요됐고 3만 달러에서 5만 달러 달성에 걸리는 기간은 실질GDP상승률 연평균 1.8%, GDP 디플레이터 2% 수준으로 증가가 지속되면 2031년 전후로 달성이 가능할 것이라고 예측했다. 다만 총요소생산성(기술 개발) 부진, 저출

산에 따른 생산인구 저하로 노동투입인구 감소가 겹칠 경우 5만 달러 달성은 훨씬 뒤로 미뤄질 수도 있다는 단서를 달았다. 서비스 분야의 경쟁력을 높이고 규제 혁파로 생산성을 높이는 것이 가장 중요하다고 강조했다. 과도한 인플레이션으로 고금리를 오래 지속할 경우 경제성장률은 되레 떨어져 5만 달러 조기 달성에 악재로 봤다.

C 기관은 한국의 잠재성장률을 2020~2030년 1.9%, 2030~2060년 0.8%로 발표한 OECD 기준에 따라 산출한 결과 5만 달러 달성은 2033년 단일 수치로 제시했다. 한국에 앞서 국민소득 5만 달러에 안착한 미국, 스웨덴, 아일랜드, 호주, 싱가포르, 룩셈부르크, 노르웨이, 덴마크 등 9개국에 비해서 한국은 열세인 분야가 많다. 총요소생산성은 미국을 1로 했을 때 한국은 0.61로, 아일랜드 1.34, 네덜란드 1.15, 덴마크 0.98에 비해 현저히 열세다. 특히 GDP 대비 외국인직접투자(FDI)가 네덜란드는 무려 35.6%, 스웨덴 6%인데 한국은 0.7%로 지나치게 낮다. 10만 달러 달성 시기는 2054년으로 잡아 3만 달러에서 10만 달러로 가는 데 37년이 소요되는 것으로 추정했다.

C 기관은 세계 경제 여건이 급변하자 시뮬레이션을 다시 해 2058년부터 한국의 실질경제성장률이 마이너스를 기록하게 되므로 2060년이면 한국의 1인당 GDP가 10만 달러 이하로 미끌어질 수 있다고 수정했다. 일본이 5만 달러에 도달한 후 상투 치고 내려오듯 한국도 그런 궤적을 밟을 수 있다는 것이다. 한국 경제가 이탈리아, 일본 등과 마찬가지로 상투 치고 내려온다는 불길한 암시다.

한국을 뒤흔드는 불안요인

영국의 〈이코노미스트(The Economist)〉는 2022년 3월 한국의 일본화를 우려하는 특집기사를 실었다. 세계 최고의 가계부채(GDP 대비 107%)와 GDP의 5배에 이르는 세계 최고의 부동산 거품을 그 이유로 들었다. 룩셈부르크가 세계 1인당 소득 1위인 까닭은 근로 1시간당 GDP가 92달러로, 미국 59달러, 스웨덴 54달러보다 탁월하게 높기 때문이라고 분석했다. 한국은 겨우 40.1달러다. 특히 글로벌 인재 유치에서 룩셈부르크, 더블린, 제네바 등은 탁월한 실적을 보였다.

한국의 1인당 소득 5만 달러 돌파 2031년, 10만 달러 돌파 2054년을 예측하는 기본 전제는 잠재성장률, 환율, 물가, 노동인구 투입, 기술수준(총요소생산성) 등이 추정치를 벗어나지 못한다는 가정에 따른 것이다. 남북통일 같은 큰 부담을 주는 돌연변수도 발생하지 않고 중국의 대만 침공으로 인한 미중 간 전쟁 발발과 이에 따라 한국도 전쟁에 이끌려 들어가는 참사가 발생하지 않을 것으로 가정했다.

그러나 2차 오일쇼크 이후 40년 만의 인플레로 미국, 영국 등의 고물가가 얼마나 오래 지속될지 알 수 없다. 우리나라도 소비자물가 6%가 실로 오랜만에 나타났다. 또한 각국 중앙은행들은 금리를 급격히 올려 경기 침체가 혹독하게 전개될 가능성이 높다.

환율도 나라 사정에 따라 요동치는데 러시아 루블화는 달러화 대비 전쟁 직후에는 30%나 폭락했다가 10월 초에는 반대로 25%나 강세가 됐다. GDP 순위에서 한국에 이어 11위였지만 2022년 기준으로는 환율 때문에 한국을 제칠 가능성이 높다.

　현실 경제는 다누리호처럼 정해진 궤도만 착실히 따라가다 정확하게 고요의 바다로 착지하기는 어렵다. 비교적 도달 기간이 짧은 5만 달러 달성 시기는 오차가 덜할지도 모르지만 10만 달러 달성 시기는 큰 오차가 날 수도 있다.

그때 선진국의
소득 수준은

한 연구기관은 한국이 5만 달러, 10만 달러 목표 시점에서 현재 선진들의 소득은 어느 지점에 있을지 추계해 〈매일경제신문〉에 제시했다(물가상승률과 환율은 고정된 값으로 가정했다).

먼저 한국이 5만 달러에 도달할 것으로 예상되는 2032년도의 경우다. 2021년 1인당 소득은 금융강국 룩셈부르크가 13만 6,240달러로 1위인데 2032년 19만 8,000달러에 도달할 것으로 전망됐다. 아일랜드는 10만 8,000달러에서 16만 7,000달러로 2위 자리를 지킨다. 노르웨이, 덴마크, 스웨덴 등이 현재 6만~7만 달러 사이에서 모두 8만 달러대로 약진한다.

가장 약진하는 국가 중 하나는 단연 미국으로 2021년 6만 9,000달러에서 무려 9만 3,000달러를 넘어서 북유럽 국가들을 제치는 것으로 나온다. 아시아 국가에서는 호주의 1인당 소득이 5만 9,000달러에서 8만 7,000달러로 약진하며 한국과의 차이를 더 벌린다. 이렇게 하여 2021년 5만 달러 이상 9개국의 2032년 1인당 평균 국민소득은 10만 8,000달러를 넘겨 한국보다 2배 이상 많아지고 한국과의 격차는 2021년보다 32% 더 벌어졌다.

선진국은 멀어지고 후발국은 쫓아오고

이번엔 한국이 소득 10만 달러를 기약하는 2054년도에 이들 9개국의 1인당 소득은 얼마를 기록할지 추계해봤다. 1위 룩셈부르크는 37만 2,000달러로 달아난다. 아일랜드는 31만 5,800달러로 약진하고 이들 두 나라만 30만 달러 고지를 뛰어넘는다. 스위스 24만 8,000달러, 노르웨이 23만 3,000달러로 20만 달러대를 돌파하는데, 미국과 호주가 각각 19만 6,000달러로 같은 수준을 기록하면서 20만 달러에 바짝 다가선다. 한국과 호주의 1인당 국민소득은 현재 54%쯤 차이가 나지만 한국이 10만 달러를 넘어설 때 호주는 거의 두 배로 달아난다. 덴마크 18만 달러, 스웨덴 17만 3,000달러 등으로 무난한 증가세지만 아시아권, 호주에 덜미가 잡히게 된다.

2054년 9개국 평균은 23만 982달러로 한국보다 배 이상 높은 수준이다. 한국이 5만 달러 돌파 시에는 9개국 평균과 116% 차이였으나 10만 달러 돌파 시점에는 127%로 더 많은 갭이 발생함을 알 수 있다. 중국은 2030년 2만 2,000달러, 2054년도에는 6만 1,000달러를 달성할 것으로 추정됐다. 2022~2054년 사이에 인구 변동률을 보면 한국이 -15.3%, 중국 -10.6%인 반면, 미국은 11.6%로 증가율이 높았다. 호주 25.5%, 노르웨이 18.8%로 인구증가율 1, 2위를 차지했다. 1인당 국민소득 1~9위 선진국들은 모두 인구가 증가세였는데, 아일랜드와 스웨덴 등은 10% 이상 증가했고 네덜란드는 1.2%로 미미했다.

골드만삭스는 〈2075년으로 가는 길〉이라는 보고서에서 한국 경제가 저출산 고령화로 인해 2060년부터 GDP 규모가 줄어들기 시작해 2075년이 되면 필리핀, 말레이시아 등에 역전당할 것이라고 전망했다. 실질GDP 규모는 한국 3조 4,000억 달러, 인도네시아 13조 7,000억 달러, 필리핀 6조 6,000억 달러, 말레이시아 3조 5,000억 달러 등이다. 보고서는 2050년대 세계 톱(top) 5는 중국, 미국, 인도, 인도네시아, 독일 순으로 형성되고 인구 대국인 이집트, 나이지리아도 15위권 내에 들어올 것으로 봤다. 2075년 1인당 실질GDP는 한국 10만 1,800달러로 유럽 13만 4,300달러에 근접할 것으로 내다봤다.

잠재성장률을
높여라

한 나라의 경제가 중기적으로 인플레 등 부작용 없이 지속적으로 달성 가능한 경제성장률을 잠재성장률이라고 한다. 잠재성장률은 잠재GDP의 증가율로 나타나는데 노동과 자본이 계속 완전 이용되는 상황에서 달성 가능한 최대 산출량으로 정의된다. 실제성장률이 잠재성장률보다 높으면 호황으로 물가와 금리가 오르고, 그 반대면 불황 상태가 된다.

한 나라의 잠재성장률을 계산하는 방법으로 콥-더글러스 생산함수에 기반한 성장회계(成長會計) 접근법을 가장 많이 사용한다. 산식으로 'Y=AL$^{\alpha}$K$^{1-\alpha}$'로 표현한다. 'L'은 노동, 'K'는 자본, 'A'는 총요소생산성이다. α와 1-α는 노동과 자본에 산출이 분배되는 비율이다.

대한민국, 선진국의 조건

OECD는 〈재정전망보고서〉(2021년 11월)에서 한국이 적절한 정책 대응을 하지 않는다면 2030~2060년 1인당 GDP 잠재성장률은 연간 0.8%로 추락한다고 발표했다. 2020~2030년 1.9%를 기록하다가 2030~2060년 기간에는 OECD 평균치 1.1%를 밑돈다는 것이다. 이는 38개 회원국 가운데 공동 꼴찌다. 미국의 1%, 일본의 1.1%보다 낮은 성장률이다. 보고서는 2044년에 한국의 잠재성장률을 0.62%로 내다봤는데 대한민국 정부 수립 100주년(2048년 8월 15일)을 4년 앞둔 시점에 장래가 밝지 않다.

OECD 보고서는 '적절한 정책 대응이 없다면'이라는 전제를 하고 있어 만약 특별한 정책을 구사할 경우 얼마든지 저성장 함정을 빠져나올 수 있다는 의미이므로 희망의 끈을 놓을 필요는 없다.

OECD 꼴찌 신세 탈출하려면

한국은 저출산·고령화로 콥-더글러스 생산함수에서 L(노동)은 불리하고 투자 증가율도 최근 수년간 지지부진한 실정이다. 그렇다면 특별한 정책적 변화가 요구된다 하겠다. 가령 덴마크는 여성의 경제활동 참가율이 77%인데 한국은 53%에 불과하며, 미국은 정년이 없고 일본은 정년을 65세나 그 이상으로 늘리고 있어 우리도 두 사례를 벤치마킹해 노동력을 증가할 방안을 찾아야 한다. 이민정책을 더욱 효과적으로 구사하는 것도 검토가 시급하다.

이스라엘은 해외 교포의 자녀가 고교 진학 시기가 도래해 본국에 들어올 경우 무료로 고교·대학 진학을 책임지고, 군 입대를 의무화하는 것으로 보상받는다. 이 과정을 거치면 언어 등 국내 적응력이 충분해지므로 그 후엔 잔류하든 해외로 떠나든 자유를 주는 제도로 노동력 증가에 큰 효과를 보고 있다. 우리나라도 이스라엘 방식을 적용해보면 어떨까.

김세직 교수의 '5년 1%포인트 하락 법칙'이라는 중력을 이겨내고 방향성을 다시 추켜올릴 가장 유망한 방법은 A(총요소생산성), 즉 기술력을 높이는 길이다. 대학 경쟁력과 규제 완화, 각종 개혁을 이루면 반드시 길은 보일 것이다.

이창용 한은 총재, 성태윤 연세대 교수 등에게 "5년 1%포인트 하락 법칙을 믿는가"라고 물으니 얼마든지 타파할 수 있다고 주장한다. 이창용 총재는 "교포를 활용하는 이민정책이나 모병제 등을 활용하는 것도 방법"이라 했고, 성태윤 교수는 "자원의 효율적 배치, 새로운 기술 개발, 노동 시장 개혁 등이 성공하면 1%포인트 하락 법칙은 끊어낼 수 있다"고 자신했다. 김세직 교수 본인도 창조 혁신으로 잠재성장률을 높이면 5% 성장도 가능하며 15년 내에 미국의 1인당 소득을 따라잡을 수도 있다는 논지를 전개했다.

박성호 국민경제자문관이 발표한 해외 잠재성장률 개선 사례를 보면 미국과 독일은 훌륭한 선례를 남겼다.

미국의 신경제

미국의 잠재성장률은 1980년대 이후 지속적인 하향세를 보이다가

1992년 2.9%를 저점으로 상승세로 전환했다. 1997년 3.6%로 치솟았고 IT 버블 붕괴 직전인 2001년까지 3%대의 높은 수준을 유지했다. 이 시기에 인터넷·컴퓨터·IT기술의 상용화로 생산성 상승이 임금 상승을 추월하는 골디락스 경제를 달성했다. 생산함수 가운데 A(기술생산성)의 평균 상승률이 크게 올라가 잠재성장률에서 차지하는 기여율이 29%에서 39%로 껑충 뛰었다.

독일의 하르츠 개혁

독일 통일 이후 지속적으로 하락하던 독일 경제는 '유럽의 병자'라는 닉네임이 붙었으나 2003년 0.5%로 바닥을 친 후 2007년에는 1.8%로 용수철처럼 튀어 올랐다. 글로벌 금융위기 시점을 제외하면 2017년까지 잠재성장률은 꾸준히 1.6%를 웃돌았다. 이는 하르츠(Hartz) 개혁으로 독일 노동 시장의 구조를 완전히 바꾸고, 유로 화폐 출범으로 대외 경제 여건이 호전돼 노동 공급이 늘어난 데 기인한 것이다. 2004~2017년 동안 잠재노동의 연평균 증가율이 올라가 노동 부분의 GDP 잠재성장률 기여율은 9%에서 무려 39%로 뛰어올랐다. 당시 독일의 실업률은 10.3%에서 3.7%로 하락했고 경제활동 참가율은 61%로 높아졌다.

혁신에 답이 있다

1960~1990년 기간의 유례 없는 한국의 초고속 성장 원인을 파악하

고자 미국의 저명한 경제학자들이 한국을 집중 연구 대상으로 삼은 시기가 있었다(김세직 교수의 《모방과 창조》 참조).

로버트 솔로 MIT 교수, 로버트 루카스 시카고대 교수 등이 그들이다. 솔로 교수는 경제 성장의 요체는 자본 축적만으로는 안 되고 '기술 진보'가 핵심이란 이론으로 노벨경제학상을 탔다. 역시 노벨상 수상자(1995년)인 루카스 교수는 '기적 만들기 코리아 모델' 연구에서 내생적 경제 성장 이론을 창안하고 한국 등 아시아 경제의 급성장 비결을 '인적자본'으로 규명해냈다. 인간의 머릿속 지식이나 기술이 중요하며 교육에 대한 투자가 결정적 역할을 한다는 이론이다.

이처럼 찬사를 받던 한국 경제가 1990년대 이후 성장 쇠퇴기로 급속히 빠져든 까닭은 모방형 추격 경제의 한계를 의미하며 혁신 경제로의 전환이 시급히 요구된다 하겠다.

장민, 박성욱 한국금융연구원 연구원은 〈향후 우리나라의 잠재성장률 경로 추정〉(2021년 7월)이라는 논문에서 잠재성장률 추락 전망은 경제 시스템, 사회구조, 법규나 제도, 산업구조 등이 현재를 답습한다는 가정하에 이뤄진 것이며, 신기술혁명, 규제 혁파로 얼마든지 고성장 궤도로 회귀 가능하다고 주장한다.

구체적 방안으로 자본 증가율을 4.4%로 높일 경우 2040년 잠재성장률은 1.69%로 높일 수 있을 것으로 분석했다. 노동 증가율은 높이기 어렵다고 봤다.

총요소생산은 향후 10년간 한국이 할 수 있는 최대치로 2.08%까지 올릴 수 있고 이 경우 잠재성장률은 2% 이상으로 올라간다. OECD 회원국의 상위권인 1.2%를 유지한다면 한국 잠재성상률은 2045년

1.21%까지 올라가게 된다. 반대로 총요소생산성이 OECD 하위권인 0.2% 증가에 그친다면 한국의 잠재성장률은 0.22%까지 추락한다. 결론적으로 OECD가 발표한 한국의 2030~2060 잠재성장률 보고서는 불길한 카산드라의 예언이 아니라 미국, 독일처럼 얼마든지 복음으로 전환 가능한 것이다.

국가 흥망을
쥐락펴락하는
환율

    수출로 먹고사는 한국의 처지에서 환율은 경제 안정에 너무나 필수적인 요소다. 우리나라의 2000~2021년 사이 달러 환율은 평균 1,130원 수준이다. IMF 외환위기 당시 1997년 12월 23일 달러 환율이 1,995원을 기록했고 2008~2009년 세계 금융위기 때도 환율이 1,597원을 터치한 적이 있다. 미국의 1980년대 인플레를 잡은 전설의 연준 의장 폴 볼커는 "한 국가의 환율은 가장 중요한 가격이다. 모든 개별 가격과 수출입, 심지어 경제활동의 수준까지 환율의 결과물이다"라고 그의 책《달러의 부활》(1992년)에서 정의했다. 환율은 국가 경제의 신용도를 비추는 거울 같은 것이어서 화폐가치 폭락은 결코 바람직하지 않다.

글로벌 위기 이후 달러 환율은 좀처럼 1,300원 선을 넘지 않았다. 국제금융센터에서 펴낸 《환율비밀노트》에서 최재영 원장은 1,100~1,200원 선을 환율의 안전구간(Comfort Zone)으로 파악한다. 1,100원보다 낮으면 수출경쟁력을 약화하므로 추가 하락이 부담스럽고, 1,200원을 깊숙이 넘으면 대외신인도가 의심받으며 수입 물가 상승 때문에 인플레가 부담된다. 1,300원이 넘을 경우 위기구간(Red Line)이라 외환 당국은 부담스러워할 환율일 거라고 저자는 쓰고 있다. 이런 구간에 도달하면 한은은 보유 달러를 매각 또는 매수하는데 2022년에 1,300원, 1,400원 고지를 연거푸 돌파하자 한은은 300억 이상 달러를 풀어 시장 개입에 나섰다. 그로 인해 미국 재무부에 의해 환율 관찰 대상국으로 지정됐다. 그렇다고 환율이 급등하는데도 중앙은행이 방치하면 투기꾼에게 투기해도 좋다는 그릇된 신호를 주기 때문에 불가피한 측면도 있다.

한국이 1인당 소득 3만 5,000달러를 돌파하는 데 평균 환율 1,144원(전년도 대비 3% 하락)으로 원화 상승의 덕을 봤는데, 2022년 하반기 1,300원과 1,400원 선을 차례로 돌파했다가 다시 1,200원대로 회귀했다. 물론 세계적인 달러 강세지 오직 한국의 원화 약세만은 아니다.

국가별 환율 변동을 보면 원자재 가격 급등의 혜택을 보는 러시아 루블화는 달러보다 20%가량 급등해 한국은 '세계 10위' 자리를 러시아에 뺏길 가능성이 높아졌다. 역시 원자재 부국인 브라질도 화폐가치가 9%, 멕시코는 1.4%가 각각 올랐다. 달러 강세로 인한 각국 화폐가치 하락률(2022년 1~12월 2일 기준)을 보면 한국 -8.5%, 일본 -15.6%, 영국

-10.4%, 아르헨티나 -38.6%, 호주 -6.0%에 달했다. 반대로 자원이 풍부한 3개국 화폐가치는 달러 대비 상승했는데, 러시아 22.6%, 브라질 7.4%, 멕시코 6.3% 등을 기록했다.

환율에 울고 웃는 대한민국

우리의 달러 환율 변천사를 보면 브레턴우즈 체제의 금본위 시대와 거의 일치하는 시기인 1945~1964년까지는 1달러=15원으로 고착한 고정환율제였다. 당시 취약한 경제력 때문에 원화는 늘 고평가에 시달려야 했다. 1964~1980년까지는 수출 드라이브를 펼치면서 단일 변동환율제를 썼다. 이 기간 중 1·2차 오일쇼크가 겹친 1970년대 중반 이후는 석유 파동으로 국제수지 적자가 눈덩이처럼 불어나며 엉망이 됐다. 환율을 4차례나 급등하는 조정을 했으나 역부족이었다. 이어 1980~1990년 시기에는 복수통화 바스켓, 5대 교역국 환율 추세, SDR 변동 요소를 감안해 외환 당국이 개입하며 환율을 책정했는데 대략 700원 수준이었다.

1990년~IMF 체제에 들어가기까진 시장평균환율제를 썼다. 이 단계에선 정부 개입은 하지 않되 환율 상하 변동 폭을 0.4%로 제한했다. 이어 IMF 구제금융 공여 조건으로 1997년 12월 16일 마침내 전면자유변동환율제를 채택해 오늘날에 이르고 있다. 외환 시장 수요, 공급에 따라 환율이 하루에도 무한정 바뀌는 변동 폭을 허용한 것이다.

환율을 안정적으로 관리해야 선진국이 될 수 있다. 달러가치는 금태환을 정지하던 1972년만 해도 1온스당 35달러였던 것이 현재는

2,000달러에 이를 정도로 화폐가치가 57분의 1로 떨어졌다. 한국의 달러당 원화도 15원에서 1,300원대로 떨어졌고 금의 가치로 환산하면 7,600분의 1로 떨어진 것이다.

달러당 평균 환율은 크게 보아 IMF 외환위기가 발발하기 전 1996년까지는 800원대 이하를 유지하다가 위기가 닥치기 시작한 1997년 951원, 그리고 위기가 본격 닥치고 전면자유변동환율제가 도입된 1998년 1,398.88원이었다. 이후 위기가 수습되면서 2005~2006년 900원대로 반짝 원화 강세를 실현했다가 1,100원대를 꾸준히 유지해왔다. 2005년도의 900원대 환율이라면 현재 한국의 1인당 GNI는 벌써 4만 달러를 돌파하고 남았을 것이다.

반면교사의 일본

일본의 경우 1985년 플라자합의로 엔화 환율이 달러당 240엔에서 130엔까지 급락한 충격을 완화하기 위해 1988년 이후 금리를 급속히 내려 주식, 부동산 버블을 초래했다. 이를 수습하기 위해 1990년대 초반 다시 금리를 급등하자 거품이 터짐과 동시에 IT·인터넷혁명의 물결도 제대로 타지 못하고 반도체마저 한국에 내주면서 일본 경제는 추락해갔다. 경기 부진을 수출로 만회하려고 2001년 3월부터 대규모 환율 개입을 시작해 인위적으로 엔저 정책을 폈다. 2003년 3~4월 두 달간 한화로 350조 원 이상을 환율 개입에 퍼부었다.

2010~2012년 유로화 위기가 발생해 그리스, 스페인, 이탈리아 등 PIIGS 국가에서 빠져나온 자금이 안전자산이라 하여 독일, 일본, 미국

국채에 쇄도했다. 엔화 환율은 2010년 80엔, 2011년 70엔대까지 떨어져 제조업이 적자를 내 다 죽게 됐다는 비명이 터졌다. 이때 재등장한 아베 신조 일본 총리가 마련한 3개의 화살 중 첫 번째가 무한정 완화적 통화 정책이었다. 2012년 1월 말 76.3엔이던 환율이 2013년에는 90엔대를 거쳐 2015년 2월 120엔대, 그리고 2022년 하반기에 일시 150엔을 돌파해 10년 만에 거의 2배로 올랐다. 일본의 물가는 2000년도에서 현재까지 -2% 수준인데 미국은 80% 이상 올랐다.

　달러 기준 GDP를 계산할 때는 환율(통화가치)과 디플레이터(물가)를 실질경제성장률과 함께 합산해 산출하는데 일본이 적정 환율과 물가 상승을 거쳤다면 GDP는 10조 달러, 1인당 소득은 8만 달러가 돼 있어야 정상일 것이다. 환율이 배로 뛰고 물가가 마이너스니 일본은 싸구려 국가가 돼버리고 일본 대졸 사원들은 한국 청년들보다 가난해졌다.
　아베노믹스는 재정을 통한 양적완화로 경제를 회복한다는 잘못된 계산 때문에 국채 발행이 1,065조 엔에 달해, 이제 이자 지급이 무서워 전 세계 금리 인상 시대에 일본은 금리 인상도 제대로 못 하는 이상한 나라가 돼버렸다. 한국도 일본 같은 환율 정책이나 재정 정책을 쓴다면 소득 10만 달러로 가는 것은 불가능하다.

　일본은 미국처럼 경제 혁신, 구조조정, 기술 개발을 통해 경제를 성장했어야 하는데 케인지언(Keynesian) 정책에만 매달렸기 때문에 대실패의 경로로 들어선 것이다. 문재인 정부의 소득 주도 성장, 이재명의 기본소득도 비슷한 맥락이다. 한국은 더 이상 포퓰리즘의 유혹에 빠져선 안 된다.

환율 안정화를 가르는 경제 펀더멘털

환율은 단기적으로는 그 나라의 달러 수요와 공급에 크게 의존하지만 중장기적으로는 경제 펀더멘털(대외건전성)이 결정한다. 다음과 같은 대략 11개 요인에 의해 정해진다. 단기적으로는 ①수요 공급(외인의 주식·채권 매매 자금), ②미국 금리 인상과 같은 기축통화국 정책, ③금융위기 발발 시 안전자산(통화) 대피, ④통화 당국 개입, ⑤미 달러화 대 중국 위안화 세력 관계 등이 작용한다.

중장기적으로는 펀더멘털이 중요하다. ①국제수지, ②외환보유고, ③장단기 채무구조(순채권국 혹은 채무국), ④국제결제은행(BIS)의 실질실효환율 발표, ⑤정부의 정책 의지, ⑥경제성장률 등이다.

루디거 돈부시 MIT 교수는 저서 《환율에 대한 기대와 환율역학 (Expectations and Exchange Rate Dynamics)》에서 환율은 결국 펀더멘털에 의해 결정된다고 설명했다. 지난 20년간 원달러 환율은 1,100~1,200원대에서 움직였으며 IMF 이전의 정부고시환율 시기에는 원화 평가 절상에 시달려온 측면이 있었다. 따라서 당시 800원대 환율은 적정 실질실효환율이라고 말하기 어렵다. 또 1990년대 이후 현재 한국의 물가 수준이 미국에 비해 많이 오른 측면을 환율이 커버해 조정했다고 보면 될 것 같다.

한국이 2032년 1인당 소득 5만 달러, 2054년 10만 달러를 성취하려면 그 시점에 환율이 큰 변수가 될 것이다. 일본의 경우 10년 동안 환율이 배로 뛰어버렸는데 우리 원화도 그런 정책을 편다면 매년 2% 정도의 경제성장률을 달성해봤자 1인당 소득은 5만 달러는커녕 2만 달러 유지도 어렵게 될 것이다.

환율이 안정세를 유지하기 위한 가장 큰 변수는 실질경제성장률의 힘과 효율적인 경제 정책 운용이다. 주류 경제학은 경제 성장의 3대 요소로 정책, 제도, 지리적 여건을 꼽지만 근래에는 혁신, 창조적 인적자원을 더 중시한다. 실질경제의 성장은 창조적 인적자원이 만들어내는 기술력에 달렸다.

한국은 제조업 수출에 의존하는데 그중에서 반도체가 20%고, 수출시장의 중국 의존도가 홍콩 포함 30%나 될 정도로 편중된 것이 큰 위험요소다. 이것이 한국 펀더멘털의 중요한 위협이다.

달러 환율이 1,300원 장벽을 돌파한 가장 큰 위험요소는 중국 경제 침체가 부각되면서 한국의 수출 위축이 반영된 것이었다. 안정적인 환율 관리의 요체가 무엇인지를 보여준 장면이기도 하다.

1,100원대 회귀는 어렵다

그럼 한국의 20~40년 후 환율은 현재보다 올라가는 것, 현상 유지, 하락(원화 강세) 어느 쪽으로 진행될까. 이에 대해 이승헌 한은 부총재, 정대선 삼성글로벌리서치 연구위원, 배민근 LG경영연구원 연구위원, 이주호 국제금융센터 수석연구위원 등의 견해를 종합해봤다. 전문가들은 한국의 경제성장률이 세계 평균, 미국보다 당연히 높은 시기가 있었는데 현재 미국보다 오히려 낮아진 것은 1인당 소득에서 미국과의 갭을 결코 메울 수 없다는 의미라고 지적했다. 민간 기술력 향상을 통해 GDP성장률을 2% 선으로 유지해야 희망이 있다고 강조했다. 중국 의존도는 줄이는 게 올바른 방향인 것으로 분석했다.

이와 함께 킨들버거 이론을 중시했다. 소득 수준이 높아져 선진국이 되면 국민들의 투자 성향은 성장률이 낮아진 자국보다 해외 투자를 더 많이 한다. 과거 일본 와타나베 부인의 해외 주식 투자나 한국의 서학개미 투자 붐 같은 게 더 확장되리란 뜻이다.

한국의 성장률이 떨어지고, 특히 남북 관계 리스크 발생 등의 상황이 생겨 외국 자본 유입보다 유출요인이 더 많아질 공산이 크다고 본다. 상품 교역에 비해 자본 거래가 크게 증가함으로써 환율에 영향을 미치게 되는데 국민연금 등의 해외 투자 확대도 마찬가지다. 미중 패권 전쟁에서 미국은 한국 대기업으로 하여금 미국 현지 투자를 강요하다시피 해 국내 투자는 더 쪼그라들고 자금의 해외 이전도 증가하는 추세다.

여러 가지 여건을 종합해볼 때 킨들버거 이론이 한국에도 적용될 가능성이 크다. 그렇다면 한국의 달러 대비 평균 환율은 2050~2060년엔 현재보다 한 단계 더 올라간다고 봐야 할 것이다. 경제학자들은 2022년 환율이 한 단계 오른 후 과거처럼 1,100원대로 회귀하기는 어렵고 1,200원대로 당분간 고착될 가능성이 높다고 봤다. 이는 소득 5만 달러, 10만 달러 달성 시기를 더 늦추는 요인이 될 수 있다.

한국의
3대 승부처

　한국은 일단 소득 3만 달러 고지에는 올라섰으나 성장 속도가 떨어지고, 2030년대 초중반에 5만 달러는 올라설 수 있을지 몰라도 그 이전에 세계 10위권 자리를 후발국들에 추월당할 가능성이 높다. 원유, 천연가스, 식량 등 자원 무기 시대가 오래가면 현재는 한국보다 후순위인 러시아, 브라질, 인도네시아에도 역전당할 수 있다.

　우리나라는 소득 3만 달러(2017년)에서 5만 달러로 2032년경 15년 걸려 도달한다고 전망했는데 과거 네덜란드 4년, 영국 5년, 캐나다 7년, 미국 14년 등에 비교하면 너무나 느림보다. 그 이유는 최근 세계 경제 성장률이 현저히 떨어졌고 국내적으로도 저출산에 의한 생산인구 감소, 기술 수준, 노동생산성, 서비스 분야 등에서 신두권 신진국보다 닉

후된 때문이다.

국내 기업의 투자도 중요하지만 외국 기업의 한국 투자(FDI)가 늘어나는 것도 좋은 성장력일 텐데 경쟁국에 비하면 형편없이 저조하다. 한국에 대한 FDI는 2017~2020년에 겨우 0.7% 늘었는데 네덜란드는 소득 3만 달러에서 5만 달러 가는 동안 35.5%나 급증한 것과 비교된다. 특히 문재인 정부 5년간(2017~2021년) 한국 기업이 해외로 들고 나간 투자금액은 2,944억 달러였는데 외국 기업이 한국에 투자한 금액은 745억 달러에 불과했다. 2021년 한 해 한국 기업의 해외 투자액 759억 달러보다 적은 금액만 유치했을 뿐이다. 규제 강화와 강성 노조의 투쟁적 행태, 이념에 젖은 정책이 '기업 하기 어려운 나라'라는 인상을 줘 외국 기업이 한국 투자를 꺼렸고 심지어 국내 대기업들도 해외 투자를 우선했다. 결국 좋은 일자리를 밖으로 쫓아낸 것이다.

세계적으로 자국 우선, 보호주의가 다시 팽배해지고 있어서 FDI 여건을 개선하지 않으면 남미 국가처럼 추세 하락할 위험성도 있다.

GDP 성장은 노동, 자본, 총요소생산성 등 3대 팩터가 빚어내는 함수다. 단적으로 말해 한국이 다시 강력한 성장 파워를 회복하려면 이들 3대 분야가 1990년대 이전처럼 활기차기만 하면 된다. 현실적으로 노동 공급은 갈수록 떨어지고, 자본 공급도 투자의 수익성이 떨어지면 증가할 수 없다. 한국이 현재 그런 상황이다. 특히 인구는 한 세대(30년) 내에는 추세 전환 자체가 불가능하다. 그러나 생산성은 기술과 노동생산성에 따라 얼마든지 높일 수 있다. 여기가 한국이 바라볼 수 있는 제

1차 역전 포인트다.

두 번째 승부처는 특히 GDP의 62.5%를 차지하는 서비스 산업을 키우는 것이다. 현재 제조업의 노동생산성은 OECD 7위권으로 높지만 OECD 35개국 중 27위에 불과하다. 서비스업의 노동생산성은 미국의 53%로 취약한 수준이다. 한국 경제는 GDP의 28%를 차지하는 제조업, 그리고 수출에 지나치게 매달려 세계 경제가 불안하거나 환율이 급등하면 금세 휘청거린다. 과거 IMF 환난 시기, 2008년 세계 금융위기, 그리고 2022년 우크라이나 침공과 미국의 급박한 금리 인상기에 이를 경험했다.

세 번째 가장 중요한 승부처는 창조적 혁신이다. 1990년대까지 미국, 일본, 독일, 영국, 프랑스는 모두 1인당 소득이 4만 달러대였으나 현재 7만 달러 가까이 치고 올라간 건 이들 중 미국이 유일하다. 그 비결은 뭘까. 1850년경부터 현재까지 지속적으로 GDP성장률 2~3% 증가를 유지하는 비결 때문이다.

노벨경제학상을 수상한 로버트 솔로는 '기술 혁신'을 그 원동력으로 파악했다. 이보다 더 중요한 게 국방고등연구계획국, 정보고등연구기획국(IARPA) 같은 두뇌기구 역할이다. 거기서 실리콘밸리가 창출돼 러시아, 일본의 추격을 꺾고 중국을 따돌리고 있다.

미중 패권 전쟁을 보면 국가 경제의 힘에 관한 한 보수, 진보가 따로 없다. 한국은 법인세 인하, 원격진료 문제를 놓고 좌우파가 이념 전쟁을 벌인다. 소득 10만 달러 국가로 갈 수 있느냐는 이것의 극복 여부에 달렸다.

제1의 승부처: 신기술 개발

　기술력은 대한민국 명운 제1 관문이다. 코로나19가 인류를 습격한 3년 동안 백신과 치료제를 개발한 화이자, 바이오엔테크, 모더나는 승자였고 미국, 독일 기업들이 100조 원 이상 돈을 쓸어 담았다. 결단, 돈(투자), 인재였다. 미국은 광속(Warp speed)으로 개발하라고 당시 트럼프 대통령이 10억 달러를 쾌척하고, 마침 mRNA 기술을 최초로 완성한 단계였다. 카탈린 카리코(Katalin Kariko)와 드루 와이스먼이 mRNA 기술 개발의 주인공이었다. 일본, 프랑스는 이 세 가지가 모두 없었고 중국, 러시아는 희미하게나마 대응했다. 우리나라는 삼성바이오로직스가 모더나의 백신을 대신 생산해주고, SK바이오사이언스가 미국 기술로 백신 개발에 성공했다지만 '지각생'이라 세계에 알려지지 못했다. 세계 기술력 판세의 지도를 코로나19가 대강 보여준 사건이었다.

　코로나 백신에 이어 2라운드는 반도체 패권 전쟁이다. 미중 기술 패권에서 미국은 혼신의 힘을 다해 중국의 반도체 굴기를 막고자 한다. 무기 개발, 첨단 제품 두 가지를 다 봉쇄하기 위해서다.

　이 포위망을 뚫지 못하면 2035년경 미국을 이기고 세계 1위 경제대국으로 오르겠다는 시진핑 중국 주석의 중국몽은 셰익스피어의 〈한여름 밤의 꿈〉처럼 희극으로 끝날 수 있다.

　중국 메모리(YMTC)와 비메모리(SMIC) 분야의 기술 수준은 한국, 대만에 비해 3~5년씩 떨어진 것으로 파악된다. 삼성전자가 3나노, 5년 후 1.4나노 비메모리를 양산하겠다는데 바이든 대통령이 18나노(파운드리 14나노) 이하인 기술은 중국에 주지 말라고 엄명해놓은 상황이다. 반도체 삼국지(제조, 설비, 부품)에서 미국이 한국을 TSMC의 플랜 B 옵션으로 할 경우 한국이 가장 큰 혜택을 보게 된다.

2021년 한미정상회담 시 6G, 양자, 우주, 바이오 등 전략기술에서 광범위한 협력을 하자고 했으나 동맹국 중심 기술 블록화 양상은 가속화 추세다. 한국은 반도체, 배터리, 5G 외엔 내놓을 게 없다. 기술 패권 전쟁은 철저히 기브 앤드 테이크인데 기부할 원천기술이 별로 없다. 대표적 전략기술 경쟁력이 최고기술 대비 60~80% 수준으로 EU와 일본에 크게 못 미치는 형편이다.

제2의 승부처: 고부가 서비스 산업

세계 어느 나라나 서비스업 비중이 제조업보다 월등히 높은데, 한국은 6 대 3으로 절반이지만 미국, 영국, 프랑스는 8 대 1로 압도적이고 독일, 일본도 7 대 2 정도로 높다. 왜 이럴까? 서비스 생산단가가 가장 높은 미국은 뭘 하기에 그럴까. 대표적인 서비스업은 금융, 신용정보, 법률, 영화 산업 같은 것들이다.

미국의 신용평가사는 세계 각국 신용등급을 매길 정도로 위세가 등등하며 S&P, 무디스 등에 잘못 보이면 국가 신용을 깎아버린다. 그러면 해외에서 채권 발행이나 빚을 끌어올 때 금리가 올라가, 금융위기 때는 각국 장관들에게 신용평가사가 저승사자다. 신용평가사 가운데 가장 큰 S&P는 매출액이 83억 달러로 12조 원에 가깝고, 직원 수만

2만 2,850명(2021년)에 이른다. 순익이 4조 2,000억 원에 달하므로 급여도 무척 높다. 무디스도 직원이 1만 3,460명으로 큰 규모다. 미국 최대 로펌인 커클랜드&엘리스는 시카고에 본사를 둔 다국적 로펌으로서 매출액 62억 달러(약 8조 9,000억 원), 직원 수 3,025명에 달한다. 아시아 최대 로펌인 한국의 김앤장 매출액 1조 3,000억 원과 비교하면 커클랜드&엘리스의 규모를 알 수 있을 것이다.

이에 비하면 한국의 서비스업은 영세 자영업 비중이 너무 높다. 소비 생활 관련 음식점, 유통, 복덕방 같은 것들이 고용의 많은 부분을 차지한다. 금융보험, 통신, 법률 서비스 등은 그나마 국제경쟁력이 괜찮은 편이다. 1960년대 이후 산업화 과정에서 수출 제조업은 옥동자 취급하고 서비스업은 마치 유흥업의 대명사인 것처럼 홀대했다. 10억 원 투자 시 일자리 생성은 제조업 6.2명, 서비스업 12.8명이다. 저출산 해결과 높은 경제 성장은 서비스업의 고부가가치화에 달렸다.

서비스 분야의 경쟁력 향상은 7장에서 더 자세히 다루기로 한다.

제3의 승부처: 혁신 성장

영국 등에서 산업혁명이 싹트기 500년 전, 심지어 1,000년 전에 세계 모든 기술이 중국, 이슬람, 인도에서 개발됐는데 왜 과학혁명으로 연결되는 데는 실패했을까 하는 의문이 끊임없이 제기돼왔다. 특히 왜 중국이 아닌 영국에서 산업혁명이 성공했을까. 중국이 성공했더라면 오늘날 전 세계인은 영어가 아니라 중국어를 국제어로 쓰고 있을 텐데 말이다. 이 의문을 풀기 위한 연구 결과가 영국인 니덤을 통해 오랜 시간을 들여 총 27권 5,000여 페이지에 걸쳐 《니덤의 질문(Needham Question)》이란 책으로 발간됐다. 그보다 작은 케이스의 질문을 하나 더한다면 인구 400여만 명에 불과한 덴마크가 뾰족한 기술도 없으면서 어떻게 1인당 GDP가 세계에서 다섯 손가락 안에 드는가다.

두 질문에 대한 공통된 답은 창의적 아이디어를 받아줄 사회적 네트워크가 형성돼 있는지, 그리고 신뢰라는 사회적 자본이 형성돼 있는지의 여부에 달려 있다. 중국, 이슬람 과학자들의 발명품은 지배자(정치권력)가 외면해버리면서 종언을 고했다. 송나라 심괄 같은 천체 전문가는 황제가 버리자 혼자 고립돼 그것으로 끝이었다. 그런데 수백 년 후 유럽에 나타난 천문학자 튀코 브라헤는 스웨덴이 아닌 덴마크에서 그 기술을 채용했다. 아메리카를 발견한 콜럼버스는 스페인 여왕의 후원을 받은 이탈리아 사람이었다.

아이디어가 부족한 시대는 아니다. 법인세 최고세율 22%로 인하, 원격진료 허용, 주 52시간제 탄력 운용 등을 국회가 받아주면 된다. 중국의 시진핑 3연임 체제에서 마윈 같은 기업가의 정신을 죽이고 '공동부유제'를 도입하는 걸 보고 중국의 장래가 걱정된다고 〈뉴욕타임스(NYT)〉는 지적했다.

권오현 전 삼성전자 회장, 변대규 휴맥스 회장, 장병규 크래프톤 의장에게 "한국이 10만 달러 국가로 갈 수 있다고 보느냐"고 물어봤다. 권 전 회장은 "한국이 기술 개발 선도 국가가 된다면 가능"이라 했고 변대규 회장, 장병규 의장은 "한국인은 일본인과는 달리 체질상 4차 산업이 딱 어울린다. 충분히 기회를 잡아낼 수 있다"고 자신했다.

4장

기술, 기업이 결정한다

총론

기업의 힘이 국가를 능가하는 시대로 가고 있다.

한미정상회담의 주제가 군사동맹에서 기술동맹, 포괄적 경제안보 동맹으로 격상되는 변곡점에 삼성전자 평택 반도체 캠퍼스가 있었다.

윤석열-바이든 대통령, 그리고 이재용 삼성그룹 총수가 현장에서 기술동맹의 중요성에 대해 차례로 연설했다.

바이든 미국 대통령은 "반도체 공급망의 민첩성이 얼마나 중요한지 증명되고 있으며 바로 이 공장이 그 주인공"이라고 강조했다. 바이든 대통령은 "우리와 가치를 공유하지 않는 국가에 공급망을 의존하지 않는 것이 중요하다. 미국은 세계 최고 기술력을 가진 대한민국과 공급 망 협력을 유지해나갈 것이다"라고 말했다(2022년 5월 20일).

시진핑 중국 주석과 푸틴 러시아 대통령, 나렌드라 모디 인도 총리 등은 '삼성 반도체 선언'이라 할 만한 이 장면을 숨죽이며 바라봤을 것이다.

코로나19 사태는 기업의 힘이 무엇인지를 전 세계에 실감 나게 과시한 하나의 사건이었다. 중국 후베이성 우한에서 발생한 첫 코로나19 감염자가 세계보건기구(WHO)에 보고된 지 정확히 343일 만에 미국의 화이자가 만든 백신 첫 접종에 성공하자 백신 확보 전쟁이 벌어졌다. 화이자 백신을 구하기 위해 전 세계 대통령들이 앨버트 불라 화이자 CEO와 통화하고자 했으나 약소국 정상들의 통화는 애처롭게도 연결되지 않았다. 우리나라도 문재인 정부가 제때에 백신 확보 계약을 하지 않아 여론의 질타를 받았다. 그때 삼성의 기술 지도를 통해 풍림과 마텍이란 회사가 최소 잔여형 주사기를 제공한 대가로 모더나 백신을 확보함으로써 대통령과 총리가 못 해낸 일을 해냈다.

백신 개발 성공은 정부연구소, 세금 지원, 민간기업의 합작품이다. 미국이 mRNA 방식의 코로나 백신 개발에 성공한 데는, 1960년대부터 국가연구소에서 개발한 기초기술을 바탕으로 트럼프 행정부가 우주 외계 영화에 나오는 '광속'이란 용어를 쓰며 백신 개발에 미국 정부 자금 10억 달러를 내놓은 것이 큰 기여를 했다. 모더나와 영국의 아스트라제네카도 화이자에 이어 바로 옥스퍼드대와 공동으로 백신 개발에 성공했다.

로널드 코즈(Ronald Coase) 시카고대학 교수가 기업의 역할을 설명한 논문인 〈기업의 본질〉을 쓴 것은 1937년의 일이며, "상품을 공급할 때 거래비용을 줄여주는 게 기업의 역할"임을 증명한 후 노벨경제학상을 탄 것은 그로부터 54년이 경과한 1991년의 일이었다. 당시 기업의 역할은 거래비용 절감 정도에 국한됐지만 지금은 기업이 세계의 흐름을 들었다 놨다 한다. 서울대 이근 교수는 〈포춘〉 500대 기업에 포함되는 기업 숫자가 국력을 가르는 핵심 요인이라고 《국가의 추격, 추월, 추락》에서 지적했다. 500대 기업을 하나 더 가지면 1인당 소득은 0.3% 증가한다고 분석했다. 2021년 실적 기준 〈포춘〉 500대 기업은 중국 136개, 미국 124개, 일본 47개, 독일 28개, 프랑스 25개, 영국 19개, 그리고 한국 16개로 세계 7위다. 중국은 처음으로 미국 기업 수를 넘어섰다. 한국이 세계경제 5강 국가로 발돋움하려면 16개에서 10개쯤 더 늘어나야 한다.

바이든 행정부는 출범한 지 얼마 안 된 시점인 2021년 2월 24일 주요 품목 및 산업에 대한 공급망 검토를 관련 부처에 지시하며 반도체, 배터리, 핵심 광물, 바이오(의약품)의 4대 핵심 품목에 대한 내용을 정리하고 대책을 마련했다. 이 업무를 수행하는 주체는 기업이다.

국가의 파워는 경제력과 기술력에서 나오며 궁극적으로 기업에서 나온다. 애플, 삼성전자와 같은 초일류 기업, 아람코 같은 자원 무기로 쓸 수 있는 거대 에너지 기업을 많이 거느린 국가가 곧 강국이다. 한국이 유독 자영업 종사자가 25%를 넘어 OECD 평균치인 11%보다 배 이상 많은 까닭은 기업이 고용해줄 일자리를 만들지 못한 까닭이다. 한국이 진짜 선진국이 되려면 기업 크기와 숫자를 훨씬 늘려야 한다.

| 세계 200대 기업(시가총액 기준) |

순위	기업명	시가총액(USD)	국가	순위	기업명	시가총액(USD)	국가
1	사우디아라비안오일	2.27T	사우디아라비아	32	노보노디스크	256.30B	덴마크
2	애플	2.21T	미국	33	토요타자동차	252.54B	일본
3	마이크로소프트	1.92T	미국	34	뱅크오브아메리카	250.81B	미국
4	알파벳	1.44T	미국	35	중국공상은행	243.51B	중국
5	아마존닷컴	1.08T	미국	36	머크	230.55B	미국
6	테슬라	697.93B	미국	37	펩시코	230.44B	미국
7	버크셔해서웨이	602.01B	미국	38	릴라이언스인더스트리	222.46B	인도
8	유나이티드헬스그룹	481.87B	미국	39	버라이즌커뮤니케이션스	213.13B	미국
9	존슨앤드존슨	467.10B	미국	40	써모피셔사이언티픽	212.67B	미국
10	메타플랫폼스	436.39B	미국	41	코스트코홀세일	212.30B	미국
11	텐센트홀딩스	434.56B	중국	42	노바티스	203.78B	스위스
12	비자	423.28B	미국	43	아스트라제네카	203.77B	영국
13	타이완반도체제조 (TSMC)	415.03B	대만	44	브로드컴	196.18B	미국
14	구이저우마오타이 (귀주모태)	383.46B	중국	45	ASML홀딩	194.24B	네덜란드
15	엔비디아	378.97B	미국	46	쉘	191.21B	영국
16	엑슨모빌	360.76B	미국	47	애벗래버러토리스	190.24B	미국
17	P&G	344.99B	미국	48	오라클	186.20B	미국
18	월마트	333.27B	미국	49	닝더스다이신능원과기 (CATL)	185.79B	중국
19	제이피모간체이스	330.74B	미국	50	로레알	184.83B	프랑스
20	네슬레	321.34B	스위스	51	액센츄어	184.68B	아일랜드
21	알리바바그룹홀딩	308.18B	중국		~중략~		
22	일라이릴리	308.07B	미국	190	에어리퀴드	70.43B	프랑스
23	LVMH	307.80B	프랑스	191	벡톤디킨슨	70.28B	미국
24	마스터카드	306.85B	미국	192	로스넵트오일	70.24B	러시아
25	화이자	294.18B	미국	193	GE	70.08B	미국
26	쉐브론	284.47B	미국	194	중국석유화공	69.67B	중국
27	홈디포	281.88B	미국	195	U.S. 뱅코프	68.37B	미국
28	로슈홀딩	275.88B	스위스	196	프로그레시브	68.01B	미국
29	코카콜라	272.72B	미국	197	중국관광연구원	67.89B	중국
30	애브비	270.65B	미국	**198**	**LG에너지솔루션**	**67.39B**	**한국**
31	**삼성전자**	**264.13B**	**한국**	199	슈나이더일렉트릭	67.38B	프랑스
				200	콜게이트-팜올리브	67.15B	미국

출처: Bloomberg, 미래에셋리서치센터(2022년 6월 30일 기준)

한국의 대기업과 미국, 일본, 독일, 대만 등의 대기업들이 어떻게 분
포돼 있는지 시가총액 면에서 한번 들여다보자.

기업의 객관적 가치를 가장 공정하게 평가해줄 방법은 무엇일까.
바로 주식가치(종목의 시가총액)로 비교하는 것이다. 한국 최대 기업인

| 아시아 50대 기업(시가총액 기준) |

순위	기업명	시가총액(USD)	국가	순위	기업명	시가총액(USD)	국가
1	텐센트홀딩스	434.56B	중국	27	중국선화능원	91.66B	중국
2	TSMC	415.03B	대만	28	키엔스	83.14B	일본
3	귀주모태	383.46B	중국	29	중국창장전력	78.48B	중국
4	알리바바그룹홀딩	308.18B	중국	30	핀두어두어	78.14B	중국
5	삼성전자	264.13B	한국	31	인포시스	77.92B	인도
6	토요타자동차	252.54B	일본	32	룽지녹능과기	75.37B	중국
7	중국공상은행	243.51B	중국	33	중국우정저축은행	74.12B	중국
8	릴라이언스인더스트리	222.46B	인도	34	KDDI	72.84B	일본
9	CATL	185.79B	중국	35	미쓰비시UFJ 파이낸셜그룹	71.41B	일본
10	중국건설은행	170.13B	중국				
11	중국초상은행	160.66B	중국	36	중국석유화공	69.67B	중국
12	중국농업은행	155.51B	중국	37	중국관광연구원	67.89B	중국
13	메이투안	153.05B	중국	38	LG에너지솔루션	67.39B	한국
14	타타컨설턴시서비스	151.44B	인도	39	중국해양석유	66.73B	중국
15	페트로차이나	138.16B	중국	40	소프트뱅크그룹	66.48B	일본
16	중국은행(BOC)	135.92B	중국	41	힌두스탄유니레버	66.39B	인도
17	차이나모바일	135.91B	홍콩	42	농푸스프링	64.56B	중국
18	비야디	134.19B	중국	43	메이디그룹	63.07B	중국
19	AIA그룹	130.13B	홍콩	44	포산하이텐플래이버링&푸드	62.50B	중국
20	중국평안보험집단	126.13B	중국				
21	우량예이빈	117.00B	중국	45	홍콩거래소	62.36B	홍콩
22	중국생명보험	109.56B	중국	46	ICICI은행	62.31B	인도
23	일본전신전화(NTT)	104.01B	일본	47	싱예은행	61.71B	중국
24	소니그룹	103.13B	일본	48	넷이즈	61.32B	중국
25	JD닷컴	100.30B	중국	49	뱅크센트럴아시아	59.89B	인도네시아
26	HDFC은행	94.85B	인도	50	융기실리콘자재	61.63B	중국

출처: Bloomberg, 미래에셋리서치센터(2022년 6월 30일 기준)

대 한 민 국 , 선 진 국 의 조 건

삼성전자의 시가총액은 2022년 6월 말 기준 2,641억 달러로 전 세계 31위다. 대만의 TSMC는 4,150억 달러로 13위다. 일본의 자존심 토요타는 2,525억 달러로 33위다. 전 세계 상위 200대 기업을 뽑아보니 삼성전자 외에 한국 기업이 딱 하나가 더 있는데 LG에너지솔루션 674억 달러(198위)뿐이다. 현대차, SK, 포스코 등은 세계 200위 내에서 존재도 없다.

아시아 50위만 따로 뽑아보니 한국은 삼성전자(5위), LG에너지솔루션(38위) 달랑 2개만 랭크됐다. 일본은 토요타(6위), NTT(23위), 소니(24위), 키엔스(28위), KDDI(34위), 미쓰비시UFJ파이낸셜(35위), 소프트뱅크(40위) 등 7개다.

중국은 텐센트홀딩스(1위)를 필두로 귀주모태(3위), 알리바바(4위), 중국공상은행(7위), 닝더스다이(CATL, 9위), 중국건설은행(10위) 등 10위권에만 6개 기업이 랭크돼 있다. 50위 전체에서는 중국 기업이 30개다.

인도는 릴라이언스인더스트리(8위), 타타(14위), HDFC은행(26위), 인포시스(31위), 힌두스탄유니레버(41위), ICICI은행(46위) 등 6개 기업이다. 홍콩 3개, 인도네시아 1개, 대만 1개 등이 있다. 아시아권만 보더라도 한국은 중국, 일본, 인도에 비해서 얼마나 열세인지 알 수 있다.

이제 국가별로 상장기업 파워가 어느 정도인지 살펴보자. 시가총액이 삼성전자 2,641억 달러, 2위인 LG에너지솔루션이 674억 달러임을 머릿속에 넣어두고 비교하면 공간감각을 유지하는 데 도움이 될 것이다. 미국의 초일류 기업인 애플, 마이크로소프트의 시가총액은 무려 2조 달러에 달하며 알파벳(구글 지주사), 아마존닷컴은 1조 달러를 훌쩍 넘는다. 가히 성층권에 군림하면서 중국 기업들을 넉넉히 제압하고 있다. 대기업의 힘이 곧 국력이다.

한국의 대기업은 삼성전자 같은 기업들이 몇 개 더 있고 삼성전자의 절반 또는 3분의 1의 파워를 가진 기업이 몇 개만 있어도 금방 영국, 프랑스, 독일, 일본에 필적할 수 있을 것임을 아래 상장사 분포를 보면 알 수 있다. 한국이 일류 선진국의 발판을 마련할 역전의 계기를 갖추고 장차 통일까지 염두에 둔다면 그게 유일한 길이다.

국가별 상장기업(2021년 3월 말 기준)

— 미국 —

애플 2조 7,800억 달러(삼성전자의 8.46배), 마이크로소프트 2조 2,300억 달러, 알파벳(구글 지주회사) 1조 7,700억 달러, 아마존닷컴 1조 5,700억 달러, 테슬라 1조 600억 달러 등이 1조 달러가 넘었다. 미국의 17위사인 쉐브론(3,339억 달러)이 삼성전자 시가총액을 능가하고 20위 화이자도 3,110억 달러에 달했다.

— 영국 —

코로나19 백신을 개발한 아스트라제네카가 2,191억 달러로 삼성전자보다 50%가 적은 금액이다. 간발의 차이로 쉘(2,095억 달러)이 2위였고 린데PLC, HSBC홀딩스, 리오틴토, 디아지오, 글락소스미스클라인, 유니레버, BP 등이 모두 1,000억 달러를 뛰어넘는 기업들이다. 한국에는 비교할 기업이 삼성전자 외엔 눈 씻고 찾아봐도 없다.

LVMH(루이비통모에헤네시) 3,403억 달러(1위)가 삼성전자보다 약간 우위고, 로레알 2,122억 달러 등 1, 2위가 명품류 기업들이다. 에르메스 1,438억 달러, 크리스찬디올 1,152억 달러 등도 명품 소비재 기업인데 시가총액이 모두 120조 원이 훨씬 넘는 기업임을 기억하라. 제약 업체 사노피 1,460억 달러, 항공사 에어버스도 890억 달러로 100조 원은 너끈히 웃돈다. 슈나이더일렉트릭, 가스 대기업 에어리퀴드 같은 에너지 기업의 크기가 한국의 LG에너지솔루션과 맞먹는다. 레이밴, 안경 업체 에실로룩소티카 등의 시가총액도 100조 원을 바라본다.

— 일본 —

토요타자동차 27013억 달러, 소니 1,177억 달러, 키엔스 1,092억 달러로 네 자릿수 기업이 4개뿐이며 영국의 8개 기업에 비해 열세다. 프랑스도 1,000억 달러 이상이 6개 사다. 일본의 7~10위는 660억~750억 달러에 분포돼 한국과 비교하면 배 이상 많다. 그러나 일본의 대기업들은 영국, 프랑스, 독일에 비해 취약해 보인다.

— 독일 —

SAP 1,322억 달러, 지멘스 1,067억 달러, 폭스바겐 1,016억 달러 등 3개 기업이 1,000억 달러 이상인데 이들 3개 사를 합치면 삼성전자 사이즈다. 삼성전자가 왜 강한지, 상대적으로 독일 기업들이 왜 세계적으로 발군이 취약한지를 보여준다. 반도체 배터리 기업들이 안 보인다. 다음으로 알리안츠(은행), 도이체텔레콤(통신), 머크(제약), 벤츠(자

동차), 바이엘(제약), 지멘스(기계), 하파그로이드(컨테이너선) 등이 700억
~900억 달러 사이즈로 분포하고 있다.

― 중국 ―

텐센트 4,532억 달러, 귀주모태 3,515억 달러 등 2개 사가 삼성전자
를 능가하는 규모다. 알리바바(플랫폼, 2,806억 달러), 공상은행, 건설은행,
초상은행, 닝더스다이(CATL, 전기차 배터리), 농업은행, 페트로차이나, 중
국은행, 핑안보험, 메이투안(도매업), 비야디(자동차), 중국생명보험(생보)
등이 1,000억 달러 이상 규모다.

― 대만 ―

세계적인 기업으로 우뚝 선 TSMC가 4,958억 달러로 대만 내 1위에 올
라 있고, 2위는 485억 달러 폭스콘으로 1등의 10분의 1에도 못 미친다.
대만 10위 포모사플라스틱 시가총액은 229억 달러(약 25조 원) 정도다.

― 한국 ―

삼성전자 3,283억 달러, LG에너지솔루션 834억 달러, SK하이닉스
661억 달러, 삼성바이오로직스 442억 달러, 네이버 421억 달러, 카카
오 354억 달러, 삼성SDI 335억 달러, 현대차 305억 달러, LG화학 300억
달러 등으로 10위까지다.

한국
기술 수준
세계 등수

글로벌 차원에서 기술 전쟁의 불씨를 댕긴 순간은 2016년 8월 16일 중국이 최초의 양자통신위성 묵자호를 쏘아 올린 일이었다.

양자기술은 슈퍼컴퓨터가 1만 년 걸려 계산하는 방식을 단 200초면 가능케 하는 획기적인 기술이다. 양자통신은 양자역학을 응용해 생성된 암호키를 전달하며 원천적으로 해킹이 불가능하고 1,120km 거리에서 위성 양자암호통신기술로 안전한 통신을 가능하게 해준다.

미국은 중국의 묵자호 발사 성공에 소스라치게 놀라 이를 제2의 스푸트니크 모멘트로 여기고 중국의 기술 수준을 전반에 걸쳐 리뷰하면서 백악관에 양자위원회를 설치하는 등 양자 분야에 급피치를 올리는 계기가 됐다.

2018년 10월 4일 마이크 펜스 당시 미국 부통령은 워싱턴 싱크탱크 허드슨연구소에서 중국에 관한 중대 선언을 했다. 이어 미중 기술 패권 전쟁이 선포되면서 2020년 화웨이 등의 5G 기술을 차단하고 반도체 회사들에 대한 기술 공여를 금지하는 조치가 떨어졌다. 반면 우방 동맹국들과는 6G, 양자, 우주, 바이오 등 전략기술에 대한 광범위한 협력 체제를 구축하는 등 발 빠르게 대응하고 있다.

문재인 정부 시절 2021년 한미정상회담에선 6G, 양자, 우주 분야 기술 등의 협력에 대해, 그리고 2022년 윤석열 대통령 취임 직후 한미 정상은 반도체, 배터리, 바이오 산업 등의 협력 방안을 논의했다.

반도체·배터리·5G뿐인 원천기술

한미정상회담에서 서방의 흐름을 비로소 파악한 우리 정부가 국가 필수전략기술을 선정해 육성하기 위한 과학기술관계장관회의를 처음 개최한 것이 2021년 12월 22일이었다. 그동안 산발적으로 육성하던 기술 개발을 국가적으로 법 체계를 갖춰 체계적으로 지원하자는 논의의 출발점이었다. 미중 패권 경쟁이 글로벌 산업 지형과 공급망을 흔들고 그 여파로 미국, EU, 일본, 인도, 호주 등 경제안보동맹이 재구축되던 시점에 한국도 아슬아슬하게 서방 진영에 편입되는 순간이었다.

첨단기술이 없는 국가는 국가적 협력 네트워크에 끼워주지 않고 철저히 소외되는 신보호주의가 역력해지는 추세다. 한국은 국가필수선략기술을 선정하면서 세세 선두권과의 기술력 차이를 점수화해본 계기가 됐다. 정부가 정한 12대 국가필수전략기술은 ①인공지능, ②5G·6G, ③첨단바이오, ④반도체·디스플레이, ⑤이차전지, ⑥수소, ⑦첨단로봇·제조,⑧양자, ⑨우주·항공, ⑩사이버 보안, ⑪차세대 원자력,⑫첨단모빌리티 등이다.

문재인 정부 끝 무렵 기술평가단이 자체 점검한 기술 수준을 보면 한국은 반도체, 배터리(이차전지), 5G 분야만 선도적 위치에 있고 나머지 분야들은 추격자 위치에서 선진국 최고 기술의 60~70%에 머무는 것으로 파악됐다. 기술 패권 시대는 철저히 주고받기인데 한국은 상대에 제공할 원천기술이 절대적으로 모자란다는 얘기다.

특히 수소기술은 미국, EU가 95라면 한국은 75에 머물고, 인공지능은 미국 100, 중국 91.8인데 한국은 87.4에 그쳤다.

한국의 기술 수준이 가장 형편없는 분야는 양자(중국 93, 일본 90, 한국 62), 합성생물(일본 81, 중국 72, 한국 71), 우주·항공(중국 82, 일본 80, 한국 64)의 3개 핵심 분야다. 이 분야가 인류의 미래를 좌우할 대단히 중요한 영역이다.

한국 기술 수준 평가는 11대 분야 120개 중점 과학기술에 대한 기술 수준을 평가하는데 미국이 100이라면 한국은 80.1, EU 95.6, 일본 87.3, 중국 80으로 산출했다. 11대 분야 중 미국은 무려 10대 분야에서 1위, 기계·제조는 EU가 1위를 차지했다. 한국은 미국과 3.3년의 기술 격차가 나는데 이는 2018년에 비해 반년이 줄어들었으나 우주·항공 분야는 차이가 더 벌어졌다(2022년 6월 누리호, 8월 달 탐사선 다누리호 발사 성공으로 우주 분야 평가는 상승했을 가능성도 있다). 최고 분야는 대용량 이차전지(96)였고 최저 기술은 우주환경 관측·감시·분석기술(55.5)로 드러났

| 11대 분야별 기술 수준 변동 |

11대 분야 (중점 과학기술 수)	기술 수준(%)									
	한국		중국		일본		EU		미국	
	2018년	2020년	2018년	2020년	2018년	2020년	2018년	2020년	2018년	2020년
건설·교통(11)	79.0	84.0	75.4	80.0	89.3	89.1	96.5	97.8	100.0	100.0
재난안전(4)	75.9	80.4	70.0	75.5	90.5	87.8	92.5	92.6	100.0	100.0
우주·항공·해양(7)	65.1	68.4	80.6	81.6	83.1	83.5	93.2	93.3	100.0	100.0
국방(3)	72.5	75.0	80.0	81.7	76.3	77.0	88.3	88.3	100.0	100.0
기계·제조(13)	78.0	80.7	73.7	77.6	90.8	90.3	100.0	100.0	98.6	98.9
소재·나노(5)	78.3	80.8	76.2	79.9	98.0	97.6	91.7	91.9	100.0	100.0
농림수산·식품(9)	79.8	81.4	75.3	78.6	88.9	88.4	99.3	99.7	100.0	100.0
생명·보건의료(21)	75.2	77.9	73.2	78.0	83.8	81.6	91.0	92.2	100.0	100.0
에너지·자원(18)	76.8	80.2	76.8	81.6	90.6	91.0	96.7	98.2	100.0	100.0
환경·기상(12)	76.6	81.1	71.4	75.5	90.1	90.0	98.7	99.2	100.0	100.0
ICT·SW(17)	80.2	83.0	82.0	85.7	84.9	84.3	89.8	90.9	100.0	100.0
전체	76.9	80.1	76.0	80.0	87.9	87.3	94.8	95.6	100.0	100.0

| 11대 분야별 기술 격차 변동 |

11대 분야 (중점 과학기술 수)	기술 격차(년)									
	한국		중국		일본		EU		미국	
	2018년	2020년	2018년	2020년	2018년	2020년	2018년	2020년	2018년	2020년
건설·교통(11)	3.1	2.6	3.8	3.2	1.4	1.6	0.2	0.1	0.0	0.0
재난안전(4)	3.4	2.9	4.3	3.3	1.1	1.8	1.1	0.9	0.0	0.0
우주·항공·해양(7)	8.4	8.6	5.3	5.1	4.1	3.9	1.6	1.8	0.0	0.0
국방(3)	6.7	5.5	4.3	3.8	5.6	4.7	2.5	2.3	0.0	0.0
기계·제조(13)	3.4	2.8	4.2	3.1	1.2	1.4	0.0	0.0	0.1	0.2
소재·나노(5)	3.0	2.5	3.7	3.2	0.4	0.6	1.1	1.1	0.0	0.0
농림수산·식품(9)	4.0	3.2	4.3	3.6	1.8	2.1	0.1	-0.1	0.0	0.0
생명·보건의료(21)	3.5	3.1	3.7	3.0	2.2	2.4	1.2	1.1	0.0	0.0
에너지·자원(18)	4.0	3.7	3.9	3.5	1.8	1.9	0.3	0.3	0.0	0.0
환경·기상(12)	4.1	3.7	4.9	4.6	1.9	2.0	0.3	0.3	0.0	0.0
ICT·SW(17)	2.1	1.9	1.9	1.6	1.5	1.6	1.0	1.1	0.0	0.0
전체	3.8	3.3	3.8	3.3	1.9	2.0	0.7	0.7	0.0	0.0

출처: 과학기술정보통신부

대 한 민 국 , 선 진 국 의 조 건

다. 생명·보건의료 분야는 2018년까지는 중국에 앞서다가 2020년에는 추월당했다. 정부의 목표는 현재 선진국의 60~90%에 머물러 있는 기술을 2030년까지는 90% 이상으로 따라붙자는 것이다. 과기부 측에 "한국의 총체적 기술 수준은 세계 몇 위 정도인가?"라고 물으면 "기술 수준은 17위 정도인데 IMD에서 발표한 과학환경은 3위로 양호한 편"이라는 답변이 돌아온다. 한국의 과학기술 순위가 17위라면 GDP 규모로 세계 10위권인 데 비해 상대적으로 뒤떨어지는 수준임을 알 수 있다. 왜 뒤처지게 된 걸까. 미국이 2018년 10월 4일 중국에 기술 전쟁을 선포하고 백악관에 양자위원회를 설치할 때, 문재인 정부의 한국은 10월 30일 대법원이 '일제의 강제 징용은 불법'이란 판결을 낸 후 청와대 조국 등이 죽창가를 목 놓아 부르느라 세월 가는 줄 몰랐다.

전략기술 확보 세계 대전

윤석열 정부가 새로 밝힌 내용을 보면 구체적인 목표를 몇 개 제시했다. 우선 우리 발사체로 2031년 달 탐사선을 발사하겠다는 구체적인 연도를 밝혔다.

반도체의 경우 메모리 분야는 선도적이나 시스템 반도체가 열세여서 현재 시장점유율 3%를 2030년까지 10%로 높인다는 목표를 세웠다.

차세대 통신인 6G는 2026년 세계 최초 기술 시연을 목표로 설정했다. 차세대 원전인 소형모듈원전(SMR)은 독자 노형을 2028년까지 확보하고 양자기술은 선도국의 62.5%에서 2030년까지 90%로 올린다는 포부다.

| 한국 기술력 국제 비교 |

이차전지	일본 100, 한국 96, 미국 82.5
반도체·디스플레이	미국 97.5, 일본 93.4, 한국 91.3
수소	미국 95, EU 95, 한국 75
양자	중국 93.2, 일본 90.4, 한국 62.5
5G·6G	중국 96.7, EU 95.3, 한국 92.1
인공지능	미국 100, 중국 91.8, 일본 88.2, 한국 87.4
합성생물	일본 81.1, 중국 72.7, 한국 71.1
우주·항공	중국 81.7, 일본 80.3, 한국 64.3

출처: 과학기술정보통신부

경쟁 상대인 미국, 중국, 일본 등 외국의 움직임을 보자. 미국은 반도체, 배터리, 의약품, 희토류 등 4대 사업을 바이든 취임 100일 때 선정했고 일본과 파트너십을 맺어 AI, 양자, 생명, 우주 등 4개 분야 협력을 확정해 실현 중이다. 중국은 14차 5개년 규획에서 7대 기술(AI, 양자, 집적회로, 뇌과학, 유전자·바이오, 임상의학, 우주심해극지 탐사)을 선정해 육성하고 있다. EU는 6대 전략기술(원재료, 배터리, 의약품원료, 수소, 반도체, 클라우드)을 선정해 키우고, 일본은 10대 기술(AI, 바이오, 재료, 양자, 슈퍼컴퓨터, Beyond 5G, 반도체, 우주 시스템, 에너지·환경, 건강·의료)을 일찍이 육성해오고 있다. 각국의 기술 개발을 위한 정부 R&D 투자금액은 미국 224조 원, EU 124조 원, 중국 77조 원, 일본 39조 원, 한국 20조 원이다.

2022년 10월 기준으로 한국 정부의 필수전략기술 개발 과제는 원칙만 정한 것이고 이를 추진할 책임 주체, 관련 법 등에 대해 아직 법제

대 한 민 국 , 선 진 국 의 조 건

화도 되지 않은 상태다. 이제 방향만 설정했을 뿐인데 윤석열 정부에서 갈 길을 재촉하지 않으면 문재인 정부의 반도체 인력 양성 과제처럼 헛바퀴를 돌 우려가 있다. 현대는 기술이 곧 돈이다. 신기술 개발의 승자에겐 슘페터가 말한 창조적 파괴이자 독점 이윤이란 달콤한 열매가 주어진다. 창조적 혁신은 기존 체계를 뒤집는 것이기에 안정을 바라는 기득권층은 누구나 싫어한다. 그러나 받아들여 온 게 인류 과학 발전의 역사다.

누리호 성공,
한국은 용 됐나

위성 발사체 누리호 발사가 2022년 6월 성공을 거둠으로써 1톤 이상 위성을 쏘아 올린 세계 일곱 번째 국가가 됐다고 언론은 대대적으로 보도했다. 두 달 후에는 달 탐사선 다누리호 발사가 또 세계 일곱 번째로 성공을 거둠으로써 심우주를 탐사할 초석을 놓음과 동시에 미국의 아르테미스 프로젝트에 적극 참여해 달에 매장된 희토류, 우라늄, 헬륨3 등을 확보할 가능성을 키웠다. 헬륨3는 핵융합발전의 필수 재료다.

두 번의 우주체 발사 성공은 한국이 세계 10대 경제국을 넘어 넘버 7으로 다가갈 여지를 키워, 국민의 자부심을 한껏 높여줬다. 정부가 육성해야 할 10대 전략기술로 우주·항공을 선정했을 당시 우주 분아는 점수가 꼴찌(55~64)였다. 이번 누리호 발사 성공으로 이 점수는 얼마나 올라갈까. 이에 대한 조광래 전 항우연 원장, 박정주 책임연구원의 설명은 많은 것을 가르쳐준다. "한국이 일곱 번째 발사체 성공 국가로 티켓을 따기 전 6등은 1980년에 성공한 인도였다. 6등과 무려 40년 이상 차이가 난다. 지금 인도만 해도 발사체가 한 종류가 아니라 저궤도, 정지위성 발사용 등 몇 가지나 된다."

한국이 세계 7개국만 있는 발사체 성공 국가로 등극한 것은 의미 있는 일이지만 실력으로 보면 이제 걸음마를 막 시작한 단계라는 뜻이다. 아주 단적으로 말해 KT 같은 국내 기업이 통신위성 하나 발사하는데 4,000억~5,000억 원이 드는데 실력이 검증된 미국 스페이스X에 맡길지, 한국 업체라고 항우연에 맡길지 상상해보라는 것이다.

그러나 북한이 쏜 위성(ICBM)에 비해 성능이 훨씬 뛰어나 "김정은이 깜짝 놀랐을 것"이라고 조광래 전 원장은 강조했다.

아득한 선진국과의 격차

성공률 100%의 발사 역사를 가진 국가나 기업은 별로 없다. 아마존이 운영하는 블루오리진이 우주관광용으로 발사하는 뉴셰퍼드가 2022년 9월 처음으로 실패한 데서 보듯 잘 나가다 간혹 실수를 하기 때문에 성공률은 잘해야 90%쯤이다. 한국은 이제 누리호를 네 번 더 발사하는 고도화 사업으로 '연속 성공'에 대한 신뢰도를 쌓아야 하고, 누리호의 75톤짜리 엔진 출력보다 훨씬 진전된 기술에 도전해야 한다.

차세대 발사체란 엔진 출력 100톤짜리를 말하는데 정부는 2030년 성공을 목표로 삼는다. 이것만 봐도 6등국 인도를 따라잡는 데 10년이 걸리고 미국과는 20년, 30년 차인지 가늠할 수 없을 정도로 아득한 실력 차이다. 우주 발사에 쓰는 예산 규모(2021년)를 보면 미국 486억 달러, 중국 91억 달러, 러시아 40억 달러, 일본 33억 달러, 프랑스 30억 달러, 인도 19억 달러, 한국 6억 달러 순서다.

선발 7대국 명단에 영국, 독일이 안 보이는데 이들 두 나라는 개별로 위성을 쏘기보단 유럽우주국(ESA)의 계획에 참여하며 돈은 가장 많이 대고 있다.

세계적으로 엔진 성능이 최고로 발달한 국가는 두말할 것도 없이 미국일까? 놀랍게도 정답은 러시아제(製) '안가라'다. 누리호 엔진이 75톤 출력인데 안가라는 무려 212톤이고 그다음이 미국제 180톤, 150톤 등의 순으로 내려간다. 발사체에 관한 한 러시아의 기술이 최고여서 미국도 러시아 제품을 사다가 쓰는 경우가 많다고 한다. 중국의 엔진기술은 톱클래스는 아니며 활용을 잘해서 우주정거장(톈궁)과 발사체(창정)를 성공시키고 있다.

한국에 앞선 성공클럽 6개국은 모두 달에 착륙한 실력을 증명했다. 미국, 러시아, 중국은 물론 프랑스, 일본, 인도도 달에 우주선을 보냈다.

한국의 우주기술은 노태우 전 대통령 때 시작한 것으로 1993년 KSR 1호기를 발사하고 이제 30년이 흘렀다. 발사체기술에 있어 미국, 유럽 등 서방 국가들은 절대로 한국을 가르쳐주지 않았다. 소련 해체의 뒤숭숭한 분위기에서 러시아, 우크라이나 등 당시 공산 국가들의 기술진이 한국을 늘락날락하며 전수한 데 크게 혜택을 본 것은 참 아이러니다. 북한은 러시아, 중국에 배웠다. 브라질은 한국보다 훨씬 먼저 시작했지만 아직 성공하지 못했고, 우리나라 후발로 터키, UAE 등이 절치부심 중이다. 이란, 북한, 이스라엘은 위성 발사에 성공했으나 1톤급에 미달해서 국제적 평가를 못 받는 실정이다.

NASA는 유인 달 탐사 프로젝트인 아르테미스 사업의 일부로 개발비가 무려 230억 달러(약 30조 원)에 달하는 우주발사체 SLS를 개발 중이다. 2022년 11월 16일 아르테미스 1호 오리온을 발사해 인간이 달에 다녀온 지 50년 만에 달 궤도 탐험에 성공했다. 장차 달에 우주정거장과 유인 기지를 건설하고, 나아가 화성 등 먼 우주를 탐사하는 새 시대를 맞이하게 된다. 헬륨3 등 달 자원에 대한 탐사와 채굴도 본격화한다. 유럽우주국은 21톤을 지구 저궤도에 올려놓을 아리안 6를, 중국은 140톤을 저궤도에 올려놓기 위해 초대형 발사체 창정 9호를 개발 중이다. 한국 입장에서 보면 모두 까마득한 수준이다.

우주 시장 입장의 의의

자체 발사 능력을 가졌지만 시장에서 화물을 날라주고 위성을 대신 쏴주며 돈을 버는 나라는 미국, 러시아, 유럽 정도고 일본, 인도 등의 경우 돈 벌 기회를 잡지 못하는 형편이다. 물론 한국도 믿고 발사를 맡기는 곳이 없어 10년 이상 돈은 못 벌 것이다. 그렇지만 자체 발사체를 갖는 장점은 타국이 눈치채지 못하게 군사 위성이나 특수 목적 위성을 독자적으로 쏠 수 있다는 점이다. 3조 원 들여 한국형 항법 시스템 개발에 나섰는데, 성공하면 미국 위성항법장치(GPS)에 전적으로 의존하는 종속 관계를 청산하게 된다. 중국, 러시아, 독일, 일본 등도 자체 항법 시스템 개발에 나섰다.

위성 사업은 ①발사체, ②인공위성, ③우주(위성) 활용기술 등 3개 분야로 나뉜다. 달에는 21세기 최고의 전략 자원으로 꼽히는 희토류 외에도 우라늄과 헬륨3 등이 풍부하게 매장된 것으로 추정된다. 특히 지구에는 거의 없지만 달엔 최소 100만 톤이 존재하는 것으로 추정되는 헬륨3는 인류의 미래를 풍요롭게 해줄 강력한 대체 에너지원으로 꼽힌다. 투자은행 모건스탠리에 따르면 2020년 3,873억 달러(약 485조 원) 규모였던 글로벌 우주 산업 시장은 연평균 5%대 성장세로 2040년 1조 1,039억 달러(약 1,383조 원) 규모에 달할 전망이다. 한국은 이제 막 이 시장의 입장권만 받아 들었고 실력은 10년 이상 뒤처진 초보자일 뿐이다. 한국판 일론 머스크 같은 괴짜 천재의 출현을 기다리는 영역이다.

2045년 화성착륙선 보낸다(우주 경제 로드맵)

미국이 소련과의 우주 경쟁에서 승리한 원동력은 존 F 케네디 대통령의 선언 때문이었다. 스푸트니크로 소련(현 러시아)에 한 방 먹은 미국은 1958년 10월 1일 NASA(미국항공우주국)를 설립했으며, 이어 케네디 대통령은 1961년 5월 25일 "10년 내에 미국인을 달에 보내고 안전하게 지구로 귀환시키겠다"고 발표했다. 달 착륙 이정표가 분명하게 세워진 후, 1969년 7월 16일 아폴로 11호는 발사대를 박차고 날아올랐고 나흘 후에 닐 암스트롱 선장이 문워크(moonwalk)에 성공했다. 스푸트니크 모먼트(1957년 10월 4일)는 소련이 일으킨 충격이었지만 우주 경쟁에서의 첫 승리자는 미국이 될 수 있었다.

윤석열 대통령이 케네디를 흉내 냈는지는 모르겠지만 2032년까지 달 착륙선을, 그리고 광복 100주년인 2045년까지 화성 착륙선을 보내겠다고 선언했다. 이른바 미래 '우주 경제 로드맵'이다. 한국은 세계 일곱 번째로 위성 발사체인 누리호와 달 탐사선인 다누리호 발사에 성공했다. 미국 주도의 아르테미스 프로젝트는 달에 인간이 거주하는 우주기지를 건설하고 화성으로 탐사선을 보내는 전초기지 역할을 할 것인데, 한국이 더 큰 역할을 맡기 위해서는 기술 개발에 박차를 가해야 한다.

《NASA 탄생과 우주탐사의 비밀》(존 록스돈)에 따르면 지구는 언젠가는 소멸될 운명이며 인간은 생존을 이어가기 위해 화성을 가꿔야 한다고 결론짓는다. 화성의 하루는 24.5시간으로 지구와 비슷하고 대지 면적은 지구의 97%에 달한다. 기온 범위는 최저기온 섭씨 영하 140도에서 최고기온 섭씨 30도로, 최저기온 섭씨 영하 88도에서 최고기온 섭씨 58도의 범위를 보이는 지구 기온보다 범위 차가 크다. 화성의 대기는 이산화탄소가 96%여서 식물을 대량으로 키우면 산소를 내뿜어 두꺼운 대기를 형성할 수 있다. 현재 화성까지 가려면 6개월이 소요되지만 기술이 발전하면 30일 만에 갈 수 있을 것으로 록스돈은 전망했다. 화성에 거주 가능 최대 인구는 100만 명이며 기술 단계상 향후 40~100년 사이에 지구인 이주가 가능할 것으로 내다보았다. 1인당 이주 경비는 아폴로식으로 가면 100억 달러(13조 원)가 들지만 장차 기술 발전으로 10만 달러(1억 3,000만 원)이면 가능할 것으로 추산한다.

윤석열 정부는 2023년에 한국판 NASA인 '우주항공청'을 설립하기로 했다. 여기서 5년 내 달을 향해 날아갈 수 있는 독자 발사체 엔진을 개발하여 2032년 달에 착륙해 자원 채굴을 시작하겠다는 것이 목표다. 2045년에 실현될 화성 착륙선도 아르테미스 계획의 일환이 아닌 한국의 독자적인 발사체를 의미한다. 총 100조 원을 투자해 개발하겠다는 것인데, 과학기술부는 전액 국가 예산이 아닌 민간투자분을 포함하는 개념이라고 설명했다.

각종 우주탐사와 여행, 희귀 자원 개발, 상업용 위성 발사 대행 등 우주산업은 현재 연간 300조 원의 시장규모로 파악된다. 이 규모가 2047년에는 27조 달러까지 팽창할 것이라는 전망도 있다.

한국
기술 인재의
수준

윤석열 대통령은 취임 후 한 달쯤 된 시점에 "반도체 등 첨단기술업에 목숨을 걸어야 한다"고 국무회의에서 강조했다. 유럽 출장에서 네덜란드 반도체 장비 업체 ASML을 둘러보고 온 이재용 당시 삼성 부회장은 "아무리 생각해봐도 첫째도 기술, 둘째도 기술, 셋째도 기술"이라고 말했다. 다음 날 사장단회의를 주재한 자리에서도 "기술로 한계를 돌파해야 미래를 선점할 수 있다"고 거듭 강조했다. 슘페터가 1940년대에 말했던 그 얘기를 80년 후에 다시 되뇐 셈이다. "기술은 기술자에 의해 전개된다." 한국의 기술자 수준은 세계 10위권은 되는가.

대통령실은 반도체에만 꽂혀 있는 것 같은데 그것은 단견이다. 가장 핫(Hot)한 분야는 양자기술이다. 우주공학, 합성생물학도 중요한 분야인데 민간에만 맡겨둘 수 없다. 이런 분야는 정부가 먼저 마중물을 붓듯 인재와 산업을 키워내줘야 창이 열린다. 현재의 컴퓨팅은 전자를 이용해 비트 단위를 직렬연산하는 폰 노이만 방식인데, 양자컴퓨팅은 빛을 이용해 병렬로 이용하는 방식이다. 2의 50승, 즉 1경의 1경 배로 폰 노이만 방식의 100개 연산이 한꺼번에 돌아간다. 그리하여 슈퍼컴이 1만 년 동안 할 일을 양자컴퓨팅은 단 200초 만에 해결한다. 상대국 암호코드를 쉽게 풀어내는 것을 2019년 구글이 보여줬고 IBM은 이보다 더욱 개선된 수준을 보여줬다. 양자컴퓨팅 개발은 날로 가속화하는 추세다.

심각한 양자 분야 열세, 인재 개발 급선무

서울대가 MIT의 AI대학원을 벤치마킹해서 데이터사이언스대학원(차상균 학장)을 설립하고 저명교수를 영입하려 해도 연봉이 적어 여전히 실패하고 있는 현실이다. 정부가 선정한 10대 국가전략기술 가운데 반도체, 배터리, 5G는 한국이 선두권이지만 장차 세계를 호령할 양자, 우주·항공, 합성생물학 분야는 크게 열세로 평가된다. 특히 양자 분야는 미국, EU, 독일, 영국, 중국, 일본 등이 눈에 불을 켜고 경쟁적으로 개발에 나서고 있다.

미국은 마이크로소프트, 코넬대, 인텔, 록히드마틴 등 5개 기업이나 대학이 참여한 양자정보과학센터를 설립했고(2020년), 국립과학재단(NSF)이 주도하는 양자도약챌린지연구소가 UC버클리대 등의 참여로 맹렬하게 뛰고 있나. EU는 10년간 10억 유로를 들인 플래그십 프로섹

트가 벌써 2단계에 돌입했다. 유럽우주국은 2021년 양자통신위성 유텔샛퀀텀을 발사했다. 독일, 영국은 5년 내 100큐비트 이상의 양자컴퓨터를 실현하기 위해 2020년부터 사업을 시작했다. 중국은 양자통신위성 발사 성공으로 전 세계 경쟁에 불을 붙이더니 양자컴퓨팅 분야에서도 미국을 빠르게 추격하고 있다. 초전도 및 광자 기반 양자컴퓨터 개발에 성공해(2021년) 슈퍼컴이 8년 걸려 해결하는 문제를 70분으로 단축하는 데 성공했다. 4,600km의 유무선 통합 양자암호통신 네트워크를 구축해 안후이지역에서 시범 서비스를 개시하는 중이다. 일본도 2020년 1월부터 양자 혁신 전략을 세워 기술 로드맵을 제시하고 양자 컴퓨팅 문샷 프로그램을 추진해왔다.

화이자가 독일 바이오엔테크를 잡아 백신 개발에 성공했듯 기술 대박에 의한 비선형적 발전을 이뤄내야 한국의 장래가 열릴 것이다. 전세계 컴퓨터과학(CS) 연구자 9,700명에 대한 리서치닷컴의 랭킹 발표 내용은 한국엔 불편한 진실이다. 2022년 3월 리서치닷컴은 구글, 마이크로소프트에 있는 순수 컴퓨터 분야 연구 대상자를 중심으로 조사한 'World Ranking of Top Computer Scientists in 2022'를 발표했다. 8회째 이어진 이 조사는 허쉬지수(H-index)를 근간으로 했다. 연구자의 생산성과 영향력을 종합하여 낸 지수다. 국가별로 보면 상위 1,000명에 미국이 591명으로 절반을 넘고 2위는 중국 91명, 영국 57명, 캐나다 38명, 독일 35명, 스위스 29명, 호주 21명, 싱가포르 18명, 이스라엘 15명, 이탈리아 13명 순으로 나왔다. 놀랍게도 한국은 톱 1,000명에 1명도 끼지 못했다. 한국 1위는 전 세계 1,022위로 나타났다. 톱 10명으로 좁히면 미국 5명, 중국 2명, 영국, 호주, 독일이 각각 1명씩이다. 대학별로 보면 미국 MIT가 38명을 배출해 가장 많았다. UC버클리대, 스탠퍼드대가 33명씩이었다. 아시아인 중 1위는 홍콩중국대 교수가 세계 26위로 나타났다.

한국으로 분류되지 않았지만 한국인으로서는 이홍락 미시간대 교수가 세계 625위, 조경현 뉴욕대 교수가 695위에 랭크됐다. 국내 소재 대학으로는 이성환 고려대 교수가 세계 1,022위로 처음 등장한다. 권인소 KAIST대 교수가 1,217위, 이경무 서울대 교수가 1,740위, 삼성전자 최성현 박사가 1,863위, 조성배 연세대 교수가 1,917위로 한국의 2~5위를 기록했다. 총 9,700명 가운데 한국 소재 컴퓨터 학자는 90명뿐이었다.

양자 분야에서 한국은 선진국 대비 5년 이상 뒤져 있다. 양자컴퓨팅 논문 수가 상위 20개국 평균 대비 한국은 30~40%에 불과하다고 한국의 양자기술특별위원회는 밝혔다. 양자통신에선 중국이 연 703건의 논문을 내는데 한국은 60건(2020년)이었다. 세계적인 양자 분야 전문가(양자컴퓨팅, 양자통신)는 미국과 중국에 1,000여 명, 영국과 독일에 200명 정도이며 우리나라는 양자컴퓨팅에서 기술자나 질이 〈네이처(Nature)〉, 〈사이언스(Science)〉에 논문을 게재할 A급, S급은 전무하다는 게 과기부의 설명이다. 다행스러운 일은 해외에서 뛰는 한인 과학자 가운데 세계적 명성을 가진 인물은 몇 명 있다는 사실이다. 김정상 미국 듀크대 교수(서울대 물리학과 졸)는 세계 20위권 내의 전문가로 양자컴퓨팅에 발군이며 벤처 기업도 소유하고 있다. IBM, 유럽, 영국 등에도 서명한 한인 양사과학사가 상당수 있는 것으로 알려져 있다. 민간 차원에서의 기술 개발이 어렵다면 국가 차원에서 양자, 우주·항공, 합성 생물학 등의 분야만큼은 인재를 키워야 한다.

이건희의 인재제일 경영

삼성의 고(故) 이건희 회장이 이병철 선대회장의 타계로 1987년 회장직에 취임해 첫 번째로 한 일은 '인재제일'이었다. 이에 대해 들은 일화가 흥미로워 소개한다. 당시 비서실에서 재무담당(CFO) 임원을 맡고 있었던 K 전무는 주요 계열사 CEO와 고위 임원 급여 명세를 갖고 들어와 보고하란 이 회장의 지시를 받았다. 회장실로 들어가 제시한 월급 명세를 한참 들여다보던 이 회장은 대뜸 말했다.

> 이 회장: 급여를 10배로 올리세요.
> K 전무: 그건 안 됩니다.
> 이 회장: 그러면 5배로 올리세요.
> K 전무: 그것도 안 됩니다.

이 회장은 상당히 불쾌해진 목소리로 "왜 안 되지요?"라고 따져 물었다. K 전무는 "삼성은 그렇게 올려줄 수 있지만 능력이 안 되거나 올려주기 싫은 다른 그룹들이 삼성을 험담하는 투서를 요로에 제출하면 감당하기 어려운 풍파가 벌어질 것"이라고 답했다. 결국 임원 연봉 2.5배 당장 인상으로 낙착을 봤다. 그 대신 연말에 이 회장이 계열사 사장 부부를 불러 송년회를 하면서 사장 부인들에게 봉투를 주는 행사를 몇

년이고 계속했다. 당시 금융 계열사를 맡았던 한 사장은 필자에게 "집에 가서 열어보니 기대치보다 0이 하나 더 있더라"고 말해줬다. 회장이 봉투를 줬으니 1,000만 원쯤 기대했다면 10배나 큰 금액인 1억 원이 들어 있었다는 얘기다. 그런데 현금이 아니라 이 회장 소유 주식이었다고 한다. 사장 출신 가운데 주식가치가 1,000억 원 이상으로 불어난 경우도 필자는 직접 확인했다. 우리나라 재계에서 인재의 값을 제대로 쳐준 최초의 일이었다. 시간이 더 흘러 상장법인들은 대표, 부사장, 전무, 상무이사 등의 급여를 공시토록 하자 삼성에 비해 지나치게 급여가 낮았던 그룹들이 직원 보기 창피해 허둥지둥 급여를 상향 조정한 웃지 못할 소동이 기억난다.

일본의 소니를 비롯해 9개 전자 회사 전체 매출액과 순익이 삼성전자 하나를 못 당하게 무릎 꿇린 이건희 회장은 저평가된 경영인이다. 그는 한국에 '인재'의 의미를 제대로 살려 기여한 인물이었다. 삼성전자 부회장, 사장 가운데는 연봉이 100억 원을 넘는 경우가 종종 보도되는데 일본 전자 업체 사장 연봉은 대체로 10억 원 수준인 것으로 알고 있다. 그 차이가 삼성이 일본 전자 업체를 역전한 원동력일 것이다. 인간은 인센티브에 반응하기 때문이다.

재벌
총수 모델
유효한가

바이든 미국 대통령이 방한 시 삼성 반도체 공장을 처음 방문했지만, 막후에서는 SK 쪽에서 "우리(하이닉스) 공장을 방문하면 백색 가운과 헬멧 착용을 면제해주겠다"며 치열한 유치 경쟁을 벌였다. 한미 대통령 공식 만찬장에서는 참석을 위한 재벌 총수들의 암중모색이 대단하다. 미국 대통령과 만나는 장면이 나오면 세계 시장에 회사를 알리는 효과도 있고 수출에도 도움이 되리라 생각했을 것이다. 바이든 대통령 만찬 행사에도 4대 그룹이냐 5대 그룹이냐 총수 참석 범위를 놓고 경쟁이 치열했다.

대통령실은 5대 그룹으로 정해버리면 쉬울 것을 왜 자꾸 4대로 국한하려 하냐는 얘기가 새어 나왔다. 재벌그룹의 사이즈를 보면 해답을 얻을 수 있다. 2022년 기준 매출액을 보면 삼성 378조 원, 현대차 211조 원, SK 169조 원, LG 147조 원, 롯데 65조 원으로 5위가 현저한 차이가 난다. 현대 경영은 스피드 게임이다. 여기에 적응하지 못한 그룹은 낙오하게 된다.

코로나19 사태에서도 백신 개발, 언택트(Untact, 비접촉) 분야에서 사전에 얼마나 사업을 준비했느냐가 경영 파워를 판가름했다. 시계를 뒤로 돌려 2015년 재벌그룹 매출을 보면 삼성 302조 원, 현대차 165조 원, SK 165조 원, LG 115조 원, 롯데 66조 원 등이었다. 지난 7년간 삼성, 현대차, LG가 약진했고 SK는 순익 면을 보면 5조 7,000억 원에서 18조 4,000억 원으로 껑충 뛰었다. 오직 롯데만 후진하면서 4위와 엄청난 격차로 벌어졌다.

집권을 과감히 포기한 미국 총수들

미국 거대 그룹 총수들의 행태로 시선을 돌려보자. 애플, 아마존, 알파벳, 마이크로소프트, 테슬라 등이 시가총액 상위권을 점령하는 기업들이다. 삼성그룹보다 시가총액이 훨씬 큰 미국 재벌들이다. 이 가운데 아마존을 창업한 제프 베이조스는 2021년 3분기에 일선 경영에서 물러나고 앤디 재시를 후임 회장(CEO)으로 세웠다. 앤디 재시는 2003년 AWS(아마존웹서비스) 부문 사업을 창업해 클라우드 서비스로 급속 성장시키며 2020년 135억 달러의 수익을 올림으로써 큰 이익을 거둔 전문경영인이다. 제프 베이조스는 자신의 판단은 자꾸 틀리는 반면 부하인 앤디 재시의 플랜이 최근 수년간 옳았다고 판단해 57세의 나이에 스스로 총수 자리에서 물러난 것이다.

구글 창업자인 래리 페이지와 세르게이 브린도 2019년에 순다르 피차이에게 총수(회장) 지위를 넘겨주고 후선으로 물러났다. 래리 페이지가 46세였을 때였다. 이유는 아마존의 제프 베이조스와 같았다. 트위터의 창업자 잭 도시 역시 파라그 아그라왈에게 왕좌를 내주고 비켜났다.

미국 최대 기업 창업자의 후선 퇴진에 있어 가장 극적인 사례는 마이크로소프트의 빌 게이츠일 것이다. 그가 용퇴의 전통을 세웠다고 해도 과언이 아니다. 빌 게이츠는 마이크로소프트를 창업한 지 25년 만에 45세의 나이로 동업자 스티브 발머에게 자리를 넘기고 본인은 자선사업만 하겠다며 퇴진했다. 그러나 필생의 라이벌이었던 애플의 스티브 잡스가 스마트폰, 아이팟 등을 개발해 인류의 삶을 바꾸며 회사가치가 수직 상승하는 동안 마이크로소프트는 PC를 윈도 시스템으로 지원하는 것 말고는 특별한 혁신을 못 해 기울어갔다.

2014년 마이크로소프트 주가는 37달러에 불과했다. 이때 사티아 나델라를 CEO에 발탁했다. 사티아 나델라는 회사를 송두리째 바꿔놓아 주가는 340달러까지 로켓처럼 치솟았다. 그는 사업 내용을 PC 지원에서 세상 모든 기업의 사업을 돕는 클라우드 서비스로 완전히 교체했다. 지구상의 모든 개인과 조직이 더 많은 성취를 할 수 있도록 돕는 기업으로 탈바꿈한 것이다. 지금은 총매출의 75%가 클라우드에서 발생한다. 그가 CEO로 취임하기 전까지 마이크로소프트의 문화는 서로 잘난 엘리트의식에 젖어 동료들에게 총질하고 헐뜯는 풍토였다.

사티아 나델라의 저서 《히트 리프레시》에 나오는 열 가지 원칙은 볼수록 음미할 만하다. 단순한 것이 진리다, 크고 작은 상징적 변화를 만들어라, 수치로 산정하고 검토하라, 소통하라 소통하라 또 소통하라, 겸손하라 그리고 지속하라 등. 마이크로소프트 내부 직원들은 빌 게이츠가 회사를 설립한 게 기적이었다면 그보다 더 큰 기적은 사티아 나델라를 CEO로 발탁한 것이라 말한다고 한다.

애플의 창업자 스티브 잡스는 가족에게 경영권을 넘기지 않고 팀 쿡에게 물려줬는데, 그는 스티브 잡스를 뛰어넘는 경영 성적을 거둬 지구상에서 최초로 시가총액 3조 달러를 돌파하는 기록을 세웠다. 영국의 〈파이낸셜타임스〉는 팀 쿡의 공로를 다음과 같이 평가했다. "스티브 잡스의 혁신은 아이폰, 아이패드 같은 1개의 제품으로 산업 전체를 뒤집어버릴 수도 있음을 보여줬다. 그러나 쿡은 이 모델로 만족하지 않고 서비스 분야를 키워 기업이 투자자의 눈에 인식되는 방식에 혁명을 가했다."

팀 쿡의 재임 기간 동안 애플의 연간 수입은 1,080억 달러(2011년)에서 3,650억 달러(2021년)로 팽창했고 순이익은 260억 달러에서 950억 달러로 로켓처럼 뛰었다. 앱스토어에서 8억 명의 소비자가 디지털 미디어에 수수료를 지불함으로써 아이폰에만 의존하던 회사 매출을 다양화했다. 이 방식으로 회사 주가수익률(PER)은 10년 전의 3배나 뛰어올랐다.

단일 장애점 이론

미국의 신생 거대 기업 가운데 창업자(총수)가 그대로 지휘봉을 잡고 있는 경우는 테슬라의 일론 머스크, 메타(페이스북)의 마크 저커버그

외에는 없다. 마이크로소프트, 애플, 아마존, 구글, 트위터 등은 모두 창업자가 전문경영인보다 자신의 결정이 모자람을 알고 후선으로 퇴진했다. 오너라고 계속 최고경영자 위치에 머물러선 안 되며 가장 능력 있는 경영자가 지휘하는 게 너무도 자연스러운 관행인 것이다. 그 이유에 대해 트위터의 창업자 잭 도시만큼 적절하게 표현한 전문가는 없을 것이다.

잭 도시는 단일 장애점(Single Point of Failure)이라는 컴퓨터 전문용어에 비유했다. "기업 경영에서 창업자가 필요한 이유는 많지만 궁극적으로 단일 장애점이 없어야 한다. 단일 장애점은 컴퓨터 용어로 시스템 구성요소 가운데 하나가 작동하지 않으면 전체가 중단되는 현상이다. 한 회사가 창업자나 오너의 영향에서 자유롭게 홀로 설 수 있는 것이 중요하다." 기업 경영에서 회장(CEO) 자신이 단일 장애점이 된다면 후퇴할 수밖에 없으므로 빨리 자리를 비켜줘야 한다는 의미다. 잭 도시는 2021년 말 45세의 나이에 "매우 슬프지만 다음 장으로 넘어갈 준비가 됐다"며 엔지니어 출신 파라그 아그라왈에게 CEO 자리를 넘기고 경영 일선에서 물러났다.

코로나19 사태와 러-우 전쟁의 영향으로 반도체, 이차전지, 5G, 바이오 등의 분야에서 글로벌 합종연횡이 이뤄지고 있다. 국내 그룹들도 이런 분야에서 20년 전에 투자했어야 하건만 이제 와서 "왜 우리 그룹은 사전 대비를 하지 않았냐"고 부하들을 야단치는 총수가 있다면 그 자신이 단일 장애점일 것이다.

미국 굴지의 첨단기업 창업주들은 40대 중반, 50대 초반의 나이에도 자신이 단일 장애점이 된다고 생각하면 즉각 물러나 글로벌 경쟁에서 계속 선두에 설 수 있었다. 국내에선 현대중공업 정몽준, 코오롱 이웅렬 두 사람만이 전문경영인 체제를 세웠다. 그 외 대부분은 연령과 무관하게 총수 체제를 굳건히 하는데, 과연 소득 10만 달러로 가는 길에 도움이 될까.

총수들의 연봉: 한국 vs 미국

2021년 재벌 총수들은 연봉을 얼마나 받았을까? 이재용 삼성 회장은 무보수 경영을 이어가고 있고, 최태원 SK 회장 53억 4,000만 원, 정의선 현대차 회장 87억 7,600만 원, 구광모 LG 회장 87억 9,000만 원, 조현준 효성 회장 79억 7,500만 원, 신동빈 롯데 회장 146억 8,700만 원, 박문덕 하이트진로 회장 78억 2,500만 원, 류진 풍산 회장 77억 6,200만 원, 김택진 엔씨소프트 대표이사 184억 1,400만 원(2020년) 등을 수령했다. 이 같은 총수들의 연봉 수준에 대해 매스컴이나 경영학자들이 별도의 평가를 내리는 것은 보지 못했다.

미국 굴지 기업인들의 연봉 수준은 얼마나 될까? 아마존의 제프 베이조스 연봉은 8만 1,840달러로 우리 돈으로 약 1억 1,000만 원 정도다. 더욱 놀라운 사실은 20년째 한 푼도 올리지 않고 있다는 점이다. 래리 페이지, 마크 저커버그, 일론 머스크, 잭 도시 등 대주주의 연봉은 달랑 1달러다. 스티브 잡스도 생전에 1달러 연봉으로 유명했다. 기업가는 회사 경영을 잘해서 배당을 받으면 되는 것이지 기업 돈을 축내가며 수백억씩 빼내는 건 명예롭지 못하다고 본다. 가장 많이 받아가는 경우가 워런 버핏이었는데 38만 9,000달러로 5억 원이 조금 넘는 정도다.

그 대신 전문경영인의 연봉은 실적에 따라 한국과 비교가 안 되게 높다. 시가총액 1위 팀 쿡의 연봉(2019년)은 1억 3,300만 달러(약 1,862억 원)였는데 급여(약 177억 원)보다는 성과급이 압도적이었다. 미국 S&P 500대 기업 전문경영인 연봉 1위는 디스커버리의 D. 재슬러브 1억 2,940만 달러(약 1,811억 원), 2위 린데그룹의 스티븐 에인절 6,610만 달러(약 925억 원), 3위 디즈니그룹의 로버트 아이거 6,560만 달러(약 918억 원) 등이었다.

한국이 선진국이라면 이에 걸맞게 총수들의 연봉에 대한 규준을 세울 때도 됐다고 본다. 국내의 어떤 그룹 회장은 퇴직금으로 700억 원이 넘는 돈을 챙겨갔는데 그 원칙에 대해 물어보니 "이사회 규정을 그렇게 고쳤다"는 굉장히 편리한 답변이 돌아왔다. 회장이 뽑은 경영진과 사외이사들이 그냥 통과의례식으로 해버리면 그만이다. 그룹 총수가 계열사 여기저기에 등록해놓고 곗돈처럼 받아가는 현상도 기이하거니와 매출액, 순익이 5년 전보다 줄었는데도 연봉은 꼬박꼬박 올려서 150억 원가량 챙기는 모습은 좀 민망하다.

미국에서는 코로나19 시대 언택트 경제에 따른 특수로 지분가치가 상승한 기업가에게 일회성으로 60%를 거두자는 버니 샌더스의 법안이 상정된 적도 있었다. 노블레스 오블리주 정신을 그렇게 표현한 것이다.

부족한 기술,
국가가
키워라

돌이켜보면 1957년 소련이 세계 최초 인공위성인 '스푸트니크' 발사에 성공했을 때, 미국은 큰 충격과 공포에 휩싸였다. 소련이 인공위성 대신 핵폭탄을 미사일에 장착해 쏜다면, 미국 본토를 초토화할 수 있기 때문이다. 과학기술의 열위가 국가 안보의 위협으로 다가온 것이다. 이 때문에 미국 정부가 과학기술 경쟁 우위를 되찾기 위해 서둘러 NASA와 국방부 산하 국방고등연구계획국을 설치하며 대규모 R&D 투자에 나섰고, 이는 1969년의 달 유인 착륙과 1982년의 스텔스 전투기 개발 성과로 이어졌다.

미국에 2차 스푸트니크 충격을 준 것은 양자기술이다. 2016년 중국이 세계 최초 양자통신위성인 '묵사호' 발사에 성공했기 때문이다. 양자역학적 특성을 이용해 정보를 전송하고 연산하는 것인데, 2019년 구글의 양자컴퓨터가 기존 슈퍼컴퓨터로 1만 년 걸려 풀 문제를 200초 만에 풀어내서 꿈의 양자기술이 바로 눈앞에 다가왔음을 대중에게 실감케 했다. 안정적인 양자컴퓨터가 실용화될 경우 2차 대전 이후 전 세계가 암호로 사용해온 RSA 코드를 무력화할 수 있다. 양자기술은 대표적인 비대칭 경제안보기술로 이를 특정 국가가 독점하면 상대국 경제·안보에 수소폭탄급 이상의 위협을 줄 것이다. 이에 따라 미국과 중

| 전략기술 육성·관리를 위한 주요 국가들의 정책 |

미국	중국	EU	독일	일본
인공지능·기계학습, 자율주행	7대 과학기술	원재료	정보·통신기술 (미소전자)	AI기술
고성능 컴퓨팅· 반도체, 첨단컴퓨터	인공지능	배터리	2세대 양자기술	바이오기술
양자컴퓨팅· 정보 시스템	양자정보	의약품원료	재료혁신	재료
로봇공학, 자동화, 첨단제조	집적회로	수소	생명공학	Beyond 5G
자연재해·인재 방지	뇌과학	반도체	생산기술·프로세스	슈퍼컴퓨터
고도 통신기술	유전자·바이오	클라우드·에지기술	환경기술	양자기술
바이오기술· 유전체학, 합성생물학	임상의학·헬스케어		지속 가능한 에너지기술	반도체
사이버보안, 데이터저장장치, 데이터관리기술	우주심해극지 탐사		분석·측정기술	우주 시스템
첨단에너지	8대 산업			에너지·환경 (탄소중립·순환경제 등)
기타 중요 기술 분야 관련 재료과학·공학	고급 신소재			건강·의료 등
	주요 기술장비			
	지능형 제조·로봇			
	항공엔진			
	베이더우항법시스템			
	신에너지자동차			
	첨단의료기기·신약			
	농업기계장비			
끝없는 프런티어 법안 중 핵심기술 중점 분야	14차 5개년 규획 (2021~2025)	EU 전략적 의존성과 역량 (2021. 5)	기술주권을 가진 미래 형성 정책보고서 (BMBF, 2021)	제6차 과학기술 혁신기본계획 (2021~2025)

출처: 한국과학기술기획평가원

195

국을 중심으로 전 세계가 기술 패권 경쟁에 뛰어들었다.

미국은 2022년 7월, 대중국 기술경쟁력 우위(Technological Leadership) 확보와 경제 및 산업 안보 역량 제고를 위한 '반도체와 과학법'을 상원에서 최종 통과시켰다. 이를 근거로 미국의 기술경쟁력 우위 확보를 위한 향후 4년간의 '국가 과학기술 전략'과 '경제안보·과학연구 혁신 전략'을 대통령 과학기술정책실이 입안해 의회에 보고하고, 2023년부터 5년간 중장기 전략기술 개발과 첨단산업 역량 제고에 총 2,800억 달러(약 365조 원)의 R&D 예산을 투입키로 했다. 특히 국립과학재단 산하에 기술혁신국을 설치하고, AI, 양자기술, 합성생물학, 첨단로봇 등 10대 핵심기술 영역(Key Technology Focus Area)에 163억 달러(약 21조 원)를 집중 투입한다.

일본도 국회에서 과학기술 기반 경제안전보장을 표방하는 '경제안전보장추진법'을 통과시켜 2023년 초부터 시행 예정이다. 2021년 11월 이미 설치한 2,500억 엔 규모의 경제안전보장기금을 활용해, AI, 바이오, 양자 등 특정 중요기술 개발을 위한 민관 협력 투자를 확대한다. 또한 미국의 국방고등연구계획국을 모델로 민군 겸용 첨단기술의 분석 및 실용화 등을 지원하는 '경제안전보장에 관한 조사연구기관'을 2023년에 설립하고 전용 R&D 프로그램도 만들 계획이다.

미래 기술을 잡아야 나라가 산다

우리나라의 기술 수준은 어떠한가? 우리 정부가 지정한 국가필수전략기술 분야 기술 수준 분석을 살펴보면 반도체, 이차전지, 5G·6G 등 주력 산업 분야는 선진국과 거의 대등한 수준에 이르렀으나, 우주(미국 대비 57.2%), 양자(69.5%), 합성생물학(75.4%) 등 미래 산업 분야는 대단히 낙후된 상태다. 김명식 영국 임페리얼대 교수는 "양자 분야에서 독자적으로 〈네이처〉나 〈사이언스〉급 학술지에 논문을 게재할 사람이 한국엔 없을 것 같다"고 지적했다.

| 필수전략기술 분야 국제 기술 수준 비교 |

지표/기술	한국	중국	일본	EU	미국
인공지능	80.2	82.3	85.9	93.5	100
5G·6G	93.4	96.3	89.5	95.7	100
합성생물	75.4	73.6	81.7	91.1	100
반도체	89.6	80.8	93.5	90	100
이차전지	92	80.3	100	91.3	91.7
수소	75	70	100	95	95
첨단로봇·제조	80	73.8	91.7	100	96
양자	69.5	85.4	85	94.6	100
우주	57.2	80.8	82.7	89.8	100
사이버보안	85.8	85.5	86.5	93.3	100

출처: 한국과학기술기획평가원(2018년 기준)

향후 국가경쟁력에 결정적인 영향을 미치지만 민간이 투자하지 못한 전략기술은 국가가 우선 투자해 집중적으로 키워내야 한다. 우선 기술 블록화로 기회의 문이 닫히기 전에 국가가 키워야 할 급소기술(Choke Technology)을 시급히 선정하는 일부터 착수해야 한다. 이에 대응하기 위한 핵심 임무(National Mission)를 식별한 후, 기술 개발과 인력 양성, 실증 인프라 구축 등에 민간기업과 함께 전력투구해야 한다.

또한 기술정보 기능을 키우고 과감한 국제 협력을 통해 한국이 뒤떨어진 기술을 전략적으로 확보해가야 한다. 다만 기술별로 관련 산업 생태계나 기술 수준 등이 달라서 크게 세 가지 유형별 맞춤 지원 정책이 필요하다. 우선 반도체, 디스플레이, 첨단통신 등 한국 기업이 세계를 선도하는 시장 주도(Market Driven) 분야에서는 민간기업이 주도하면 된다. 정부는 AI 및 차량·전력 용도의 시스템 반도체, 설계·패키징 기술, 마이크로 LED 등 중요 세부 기술별로 인력을 양성하고 소재·부품·장비 기업을 육성하는 혁신 생태계 조성의 현명한 조력자 역할을 해야 한다. 2010년부터 2년간 정부와 기업이 함께 300억 원을 R&D 투자한 'OLED 사업화 기술 개발' 프로젝트로 인력 양성을 포함해 패널·장비·조명의 종합 지원 생태계 구축에 성공한 사례를 참조할 만하다.

양자기술, 우주, 합성생물학 등 산업 기반이 미흡해 공공이 주도할(Public Driven) 분야에서는 정부가 기업, 대학, 연구소와 함께 중장기 기술 개발 로드맵을 만들어 비전을 민간과 공유하며, 인력 양성, R&D, 국제 협력 등을 전 방위로 지원하는 비전 제시자의 역할을 할 필요가 있다. 1970년대 과학기술 불모지에 KIST를 포함한 국가연구소를 세우고 해외에서 파격적인 조건으로 인재를 유치했던 빠른 추격자의 경험을 살려야 한다.

이 밖에 자율주행차, 도심항공교통(UAM)과 같이 민관이 협업해 관련 시장 창조에 협력할(Co-Creation) 분야도 있다. 시장 잠재력이 뛰어나 관련 기업의 관심도 높으나 통신, 도로·항공 인증 등 정부의 역할이 중요해 민관이 머리를 맞대고 역할을 분담하며 관련 기술 개발과 산업

대한민국, 선진국의 조건

을 동시에 키우는 협업 전략이 필요하다.

1592년 임진왜란 시 왜군이 서양의 철포(鐵砲)를 구입해 개량한 조총 부대를 만들어 쳐들어 왔을 때 속수무책으로 국토를 유린당한 조선의 쓰라린 역사가 있었다. 일본과 비슷한 시기에 서양 철포를 보고도 개발 기회를 놓쳤던 조상들의 과오를 반복해선 안 된다. 현대의 우리에게 전략기술 확보가 국가의 안위를 위해 얼마나 중요한 일인지 실감케 한다. 다가오는 산업·경제·안보 전쟁에서 살아남기 위해, 바로 지금 국가가 나서서 양자, 합성생물, 우주 산업 등의 부족한 전략기술을 키워내야 한다.

꿈의 기술, 핵융합발전

최근 미국 에너지부가 핵융합에너지 실험에서 새로운 전기를 마련했다고 발표했다. 로렌스리버모어국립연구소팀이 192개의 레이저를 써서 핵융합 반응을 유도했는데, 투입 에너지보다 산출 에너지가 더 많은 순에너지(Net energy gain)에 도달했다는 것이다. 이 발표는 향후 기후변화 시대를 이겨낼 청정에너지로 핵융합의 잠재력을 증명했다 할 수 있다.

핵융합에너지는 인류의 에너지 부족 문제를 한꺼번에 해결할 첨단 에너지기술로 일명 '인공태양'이라 불린다. 1939년 태양의 에너지원이 핵융합 반응이라고 규명된 이래 수소폭탄 개발의 일환으로 각국이 비밀리에 연구를 수행해오다, 1958년 구소련 과학자들이 초전도 방식의 '토카막(Tokamak)'이라는 장치로 수소 플라스마를 고온 상태에서 안정적으로 가두는 기술을 개발하면서 전 세계가 핵융합을 이용한 전력 생산에 큰 관심을 기울이게 됐다. 초고온 상태에서는 물질의 원자핵과 전자가 분리되는 플라스마 상태가 되는데, 이때 가벼운 원자핵들은 고속으로 나아가다가 서로 충돌해 합해지면서 무거운 원자핵으로 변하고 여기서 발생하는 질량 결손이 막대한 에너지로 방출된다. 50원짜리 동전 1개의 질량이 4g인데 모두 핵융합에너지로 변환되면 인구 8만 명이 1년 동안 쓸 수 있는 전기에너지와 맞먹는다.

태양은 대부분 가벼운 수소로 이뤄져 있는데 그 중심부는 약 1,500만 도가 넘는 높은 온도로 자연 플라스마 상태가 돼, 수소 원자핵끼리 충돌하면서 헬륨 원자핵으로 변하는 핵융합 반응이 지속되며 막대한 에너지가 생긴다. 이것이 수십억 년 동안 태양계에 강력한 빛을 보내는 에너지 원천이었다. 이를 차용하는 것이 핵융합발전의 원리인데 지구상에선 중력 차이로 1억 도를 유지해야 한다.

핵융합은 연료 확보의 용이성과 안전성, 발전 효율 면에서도 뛰어나 꿈의 에너지라 불린다. 발전 연료로 중수소와 삼중수소를 사용하는데, 중수소는 바닷물을 전기 분해해서 얻을 수 있고, 삼중수소는 핵융합로에서 리튬과 중성자를 반응시켜 만들 수 있다. 소량의 리튬은 바닷물에 약 2,300억 톤이나 녹아 있어서 핵융합 연료가 고갈될 염려는 없다. 또한 핵융합발전은 원자력발전과 달리 방사능 폐기물이 없으며 화석연료처럼 온실가스와 공해물질을 배출하지 않는다는 장점이 있다. 아울러 핵융합로에 이상이 생기면 플라스마가 스스로 식어서 핵융합 반응이 멈추도록 설계돼 안전도가 뛰어나다. 같은 양의 연료로 핵융합은 원자력발전의 7배 이상 에너지를 생산할 수 있다.

지난 1985년 미국과 구소련이 평화적 목적으로 핵융합에너지를 활용하기로 합의하면서, ITER(International Thermonuclear Experimental Reactor), 즉 '국제 핵융합 실험로'의 개념 설계 및 건설·운영 사업이 시작됐다. 미국, 러시아, EU, 중국, 인도, 일본 등 34개국이 참여해 총 17조 원이 투입되는 인류 역사상 가장 큰 규모의 국제 공동연구 개발 사업으로 추진 중이다. 2021년 말 기준 ITER 건설 공정은 75.8%에 달하며 2035년경 에너지증폭률(Q) 10배 달성을 목표로 한다. 한국은 2003년부터 ITER에 이사국으로 참여했고 한국형 핵융합 실험로인 KSTAR를 가동해 실험데이터를 ITER에 제공함으로써 기술적으로 크게 기여하고 있다. 우리나라 Q지수는 현재 1.25 수준에 머물러 있으며 ITER가 Q10을 달성하는 2035년경 '핵융합 전력 생산 실증로'를 건설한다는 구상이다.

미국, 영국, 독일, 일본 등 주요국들은 한국의 KSTAR처럼 자체 실험로를 운영한 결과 기술 수준, 자금 투입, 전문 인력 양성 등에서 국가별 차이가 크다. 특히 미국 등은 스페이스X가 민간 우주선을 발사하듯, 민간 스타트업인 토카막에너지(영국), TAE(미국), CFS(미국), 제너럴퓨전(캐나다) 등 각 사가 전문 인력 150명가량을 뽑아 소형 핵융합발전 실험에 나서기 시작했다. 한국은 아직 민간 스타트업 분야에서 싹이 안 보인다.

국가 차원에서 영국은 2040년까지 핵융합발전소 상용화를 선언했고, 미국은 2035~2040년 핵융합발전소에서 나오는 전력을 생산할 파일럿 플랜트를 건설한다는 목표를 세웠다.

| 핵융합 기술 수준 |

국가	기술 수준			연구 단계 역량	
	수준(%)	격차(년)	그룹(점수*)	기초(점수**)	응용개발(점수**)
한국	75	6	추격(2.67)	우수(4.11)	보통(3.44)
중국	80	5	추격(3.22)	우수(4.00)	우수(3.78)
일본	90	3	선도(3.89)	우수(4.44)	우수(4.33)
EU	100	0	최고(3.89)	탁월(4.89)	탁월(5.00)
미국	98	1	선도(4.00)	탁월(4.89)	우수(4.22)

* 기술 수준 그룹(4그룹)을 선도/최고(4점), 추격(3점), 후발(2점), 낙후(1점)로 해 평균값을 계산
** 연구 단계별 역량 구간(5구간)을 탁월, 우수, 보통, 미흡, 부족으로 해 평균값을 계산

출처: 기술 수준 평가 에너지 · 자원(2022년 기준)

도표에서 보듯 기술 수준은 가장 앞선 EU가 100일 때 일본 90, 중국 80, 한국 75로 우리는 중국보다 낮은 실정이어서 분발이 요구된다.

핵융합발전소는 건설비가 원자력발전소보다 2~3배 더 소요될 전망이지만 일단 성공하면 신재생을 제외하고 전 세계 원전, 석탄, LNG 등을 완전 대체할 수 있는 꿈의 에너지원이 될 것이다. 핵융합기술 투자는 미국이 단연 앞서 나간다. 2021년 기준 민간 스타트업 투자 규모는 41억 달러(약 5조 8,000억 원)에 달하는데 빌 게이츠(마이크로소프트), 제프 베이조스(아마존), 구글 등이 사업에 뛰어들었다. 미국은 정부 차원에서 핵융합 프로그램 예산 28억 달러(약 4조 원)가 2021년에 의회를 통과했다. 중국은 연구 플랫폼(CFETR) 건설에 약 60억 위안(약 1조 1,098억 원)을 쏟아붓는 중이다. 우리나라는 최근 5년간(2017~2021년) KSTAR에 쏟

대 한 민 국 , 선 진 국 의 조 건

아부은 돈이 2,026억 원, ITER 실험로 참여 4,512억 원, 핵융합 원천기술, 플라스마 생태계 활성화 721억 원 등 도합 7,350억 원을 썼다. 미국 9조 8,000억 원에 비하면 겨우 7%에 불과한 셈이다. 전문 인력은 박사 382명, 석사 235명 등 617명뿐이다. ITER 센터에 근무하는 한국 기술자가 56명으로 미국(44명), 일본(38명)보다 많고 중국(88명)과 큰 차이가 나지 않는다는 게 한 가지 위안이긴 하다.

한국의 핵융합 기술력은 1억 도 초고온 플라스마 상태를 30초간 유지한 성과가 상당하다는 자평이다. 이것을 300초 이상 유지해야 경제성이 있는데 2024년경 달성 가능하다고 한다. ITER는 500초 유지가 목표치다. 우리 정부는 제4차 핵융합에너지 개발 진흥 기본계획(2022~2026년)을 수립하고, 차세대 원전기술 확보 차원에서 SMR, 4세대 원자로, 핵융합, 원전 연계 수소 생산 등에 대한 R&D 집중 추진을 국정과제로 선정했다. 그러나 기술 투자, 인력 양성을 보면 꿈의 태양이 한국에 서광을 비출지 자신이 안 선다. 미국이 핵융합발전소를 완공하는 2035년에 한국은 핵융합발전소 건설 여부를 결정하겠다니 너무 뒤처진 느낌이다. 새 정부는 전략기술 측면에서 핵융합기술 개발 로드맵을 재점검하고 관련 연구 개발 투자를 강화해야 한다. 특히 우리나라가 강점을 가진 AI, 디지털 트윈 등 미래 기술과의 접목을 통한 연구 개발 혁신 역량 강화가 중요하다.

필자가 영국 유학 시절 옆집 할아버지가 〈스프링거(Springer)〉라는 전문 과학잡지를 보여주며 핵융합이 꿈의 기술이라는데 잘 아느냐고 묻던 기억이 난다. 과학기술은 항상 인류가 가보지 않은 미지의 길, 프런티어를 개척해간다. 그 길에 도전과 실패가 이어지겠지만 국가와 국민이 인내심을 갖고 인내자본(Patient Capital)의 역할을 해야 할 것이다.

슈퍼히어로 양자컴퓨터

2030년이 되면 지금 컴퓨터 세상의 질서는 뒤집어질지도 모른다. 현재 은행 결제, 인터넷 로그인, 메신저 대화 내용 등과 같은 민감한 정보들은 한 차례 대대적 업데이트가 이뤄지지 않으면 무방비 상태로 뚫리는 일이 벌어질 수 있다. 현 수준의 인공지능으로 풀 수 없는 암호체계가 금방 뚫리는 일이 매우 쉽게 일어날 가능성이 높다. 인공지능으로는 도저히 풀리지 않는 바이러스의 진화나 이에 대한 새로운 백신 개발 가능성 같은 수억 가지 변수를 가진 방정식 문제도 몇 초 만에 풀릴 수 있다. 이 모든 것은 양자컴퓨터라고 하는 새로운 기술이 일상에 들어오면 벌어질 사건들이다. 물리학자이자 양자컴퓨터 연구자인 김정상 듀크대 교수는 "일반컴퓨터가 사람과 같은 급의 능력을 가졌다고 치면, 양자컴퓨터는 슈퍼맨이라고 보면 된다"며 "앞으로 10년 안에 양자컴퓨터가 본격적으로 상용화되면 기존 컴퓨터 산업은 큰 전환점을 맞을 가능성이 높다"고 말한다. 이는 프랑스 리옹고등사범학교의 석학이자 미국 백악관과 미국 기술표준원이 양자 방어를 위해 선택한 표준을 제안한 데미안 스텔레 교수 또한 공감하는 내용이다.

양자컴퓨터는 순식간에 한 나라의 IT 시스템을 뒤집어버릴 정도로 강력한 힘을 갖고 있다. "실리콘컴퓨터가 인간 정도의 수준이라면 양자컴퓨터는 슈퍼히어로의 수준"이라는 말이 나오는 이유다. 물론 현재로서는 양자컴퓨터의 활용 범위가 제한적이며, 간난한 연산에서는 기존의 컴퓨터보다 성능이 떨어지는 경우도 있다. (예를 들어 양자컴퓨터 회사 아이온큐가 클라우드 서비스를 통해 제공하는 전산 서비스가 간단한 덧셈마저 틀리는 경우가 있다는 사실에 공매도 세력이 공격 포인트로 활용한 일이 있었다.) 하지만 양자컴퓨터의 발전 속도는 매우 빠르다.

미국의 과학잡지 〈사이언티픽 아메리칸(Scientific American)〉은 2020년 9월 "양자컴퓨터는 당신 생각보다 훨씬 빨리 올 수 있다"라는 제목의 칼럼에서 이렇게 주장했다. "미국의 국립연구소, 민간기업, 기업 부설 연구센터, 그리고 학계에서 양자컴퓨터를 사용한 데이터가 빠르게 축적되고 있다. 이 데이터들이 양자컴퓨터의 발전 속도를 더 빠르게 할 것이다."

출처: IONQ

* 진공 상태를 유지해주는 외형 하드웨어(왼쪽)와 아이온큐 시스템에 사용되는 큐비트(오른쪽).
** 아이온큐는 '초전도 큐비트' 방식인 IBM, 구글과 달리 '원자이온트랩' 방식의 양자컴퓨터를 개발하고 있다.

실리콘밸리에서는 현재까진 양자컴퓨터가 미숙한 단계지만 10년 내에는 완전한 상용화가 이뤄질 것이라는 데 의심하는 이들이 거의 없다. 인텔, AMD 등과 같은 회사의 시대는 끝나고, 양자컴퓨터의 핵심 기술을 장악한 회사가 그들을 대체하리란 전망이다. 그 이유는 약 10년 정도는 돈이 되지 않더라도 정부와 민간이 끊임없는 연구를 통해 발전시킬 것이란 기대 때문이다. 미국 정보부 산하의 정보고등연구기획국은 이미 2010년부터 양자정보 원리를 활용하여 실용적 양자컴퓨터를 만들기 위해 전 세계 인재들을 모았다. 미국뿐 아니라 유럽, 호주 등 우방국들 인재를 다 끌어모았다. 5년간 진행되는 프로젝트 과정에서 미국 정부가 전 세계 천재 물리학자들의 머리에 심어주는 데 성공한 문장 하나가 있다면 바로 이것이다. "양자컴퓨터는 상용화할 수 있다."

정보고등연구기획국의 프로젝트에 영향을 받은 과학자들이 연구실 인재들을 계속 양성했고 학계의 관심을 이끌었다. 그 덕분에 콜드퀀타, 알파인퀀텀테크놀로지스(AQT), 아이온큐 등의 양자컴퓨터 회사들이 탄생했고 구글, IBM, 마이크로소프트 등과 같은 대기업에서도 양자컴퓨터 연구를 이어나갔다. 또한 IT 대기업들뿐 아니라 골드만삭스, JP모건, 폭스바겐, 보쉬, 에어버스, 다우, BP 등의 유수 기업들이 양자컴퓨터기술을 직접 개발하고 있다.

오늘날 양자컴퓨터 스타트업만 전 세계 200곳이 넘는다. 양자컴퓨터에 미래가 있다고 생각하는 국가와 투자자들이 이 분야에 투자하는 자금이 200억 달러가 넘는다. 덕분에 양자컴퓨터를 연구하기 위한 거대한 생태계가 만들어졌다. 2021년 기준 양자컴퓨터 산업의 규모는 마켓스앤드마켓스의 조사에 따르면 500억 원 정도밖에 안 되는 미약한 규모다. 하지만 2022년 다양한 기술적 난제를 극복하며 7,500억 원으로 급증했고, 오는 2030년에는 10조 원 이상으로 팽창하리라는 전망이다. 특히 최근 미국의 로렌스리버모어연구소의 핵융합반응 실험 성공을 계기로 우리 정부와 내기업도 더 적극 대시해야 한다.

절묘하게도 미중 간 기술 패권 경쟁은 양자컴퓨터 산업에 큰 도움으로 작용하고 있다. 양자센서 기술을 활용한 두뇌지도 작업을 진행하는 박홍근 하버드대 교수는 "어떤 영역은 중국이 (양자 연구에서) 앞서는 부분도 있고, 미국이 앞서는 부분도 있다"며 "그러나 두 국가의 학자들은 절대로 연구 결과를 공유하지 않는다"고 말했다. 양자컴퓨터가 핵처럼 절대적 힘을 쥘 수 있는 패권의 무기로 인식되기 때문이다. 예를 들어 양자컴퓨터는 기존에 전 세계적으로 널리 쓰이는 암호체계인 RSA나 ECC를 순식간에 무력화할 수 있는 강력한 힘을 가진 존재다. 국가 기반이라 할 수 있는 금융 시스템을 마비시키거나 에너지를 차단해 혼란을 야기할 파워가 있다. 극단적인 경우 자국의 무기를 조작해 자국민을 향해 총구를 겨누게 할 수도 있다. 한마디로 미국은 중국이 양자기술 개발에 힘을 쏟는 한 스스로도 양자기술 개발에 힘을 쏟지 않으면 안 되는 상황이다. 미국은 그래서 2018년 말 의회가 국가 양자촉진법을 통과시켰고, 2020년에는 백악관에서 전문가들로 구성된 양자기술 대통령 자문위원회도 출범시켰다.

중국 역시 마찬가지다. 중국은 2008년 후반부터 천인계획(千人計劃)이라고 하는 고위급 인재 채용 프로그램을 동원해 서구에서 교육받은 과학자들을 본국으로 돌아오게 했다. "외국에서 꽃을 따서 중국에서 꿀을 만든다(外國采花, 中華釀蜜)"라는 속담처럼, 2000년대 후반 돌아온 과학자들 중에는 양자기술에 투자해야 한다고 주장한 이들이 많았고, 이후 중국은 꾸준하게 양자컴퓨터 분야에 투자했다. 천인계획은 만인계획으로 확장돼 1만 명 이상을 끌어들였다.

| 2010년 시작된 미국 정부 양자컴퓨터 프로젝트 결과 |

주최기관	IARPA(정보고등연구기획국: 미국 정보부 산하 연구 개발 지원 기관)
프로그램명	IARPA MQCO
목적	여러 개의 큐비트로 연결된 양자컴퓨터 실현
예산	비공개
기간	2010~2015년
주요 참가기관 (총 6곳, 당시 참가자들의 현재 활동)	· 듀크대(양자컴퓨터 스타트업 '아이온큐' 주도) · UC산타바버라(구글 양자컴퓨터 개발 협력 중) · IBM 왓슨리서치센터(IBM 양자컴퓨터 개발 중) · 위스콘신대(양자컴퓨터 스타트업 '콜드퀀타' 주도) · 코펜하겐대(마이크로소프트와 협력 중) · 인스브루크대(양자컴퓨터 스타트업 'AQT' 주도)
결과	· 수백 명의 양자컴퓨터 전문 인력 양성 · 양자컴퓨터 상용화에 뛰어드는 기업 다수 창출

특히 2013년 에드워드 스노든이 미국의 사이버 도청 능력을 폭로하면서 중국의 경각심은 더욱 커졌다. 중국 과학기술부(MOST)는 2016~2020년 국가 5개년 규획에 양자정보 방어를 위한 예산을 집중 투입했다. 그 결과 오늘날 중국은 전 세계에서 가장 발달한 양자 기반 암호 네트워크를 가진 것으로 평가된다. 즉 미국이 아무리 사이버 도청을 시도하려 해도 뚫을 수 없는 강력한 암호로 방어가 되는 인터넷 광섬유 케이블망이 이미 상하이~허베이~베이징 등 2,000km 구간에 깔려 있는 것이다.

2016년에는 중국이 양자 기반 인공위성을 쏘아 올려 베이징~빈에 이르는 8,000km 위성 대화를 양자암호기술로 연결하는 기술을 선보였다. '중국의 아인슈타인'으로 불리는 판지안웨이의 작품이었다. 이

성과를 발판 삼아 중국은 급기야 2021년부터 시작된 14차 5개년 규획(2021~2025년)에서 대대적 양자정보기술 발전 방안을 발표했다. 과학기술부, 산업정보기술부, 국가발전개혁위원회, 중국국립자연과학재단, 중국과학원, 재무부, 국방부, 교육부, 중국공상은행, 중국건설은행, 중국인터넷투자펀드, 중국개혁기금, 모든 지방정부 등을 전부 이 방안에 포함시켰다. 그리고 이런 목표를 설정한다. "외국(미국을 지칭)의 특허 봉쇄를 돌파하고, 기술 독점을 깨기 위한 모든 방법들을 지원하고 도움을 제공한다."

| 세계 각국의 양자컴퓨터 전략 |

미국	양자촉진법 통과(2018년 말), 양자기술 대통령 자문위원회 출범(22명)
중국	양회(2021년) 통해 양자컴퓨터 집중 육성 계획 발표
EU, 영국, 프랑스, 독일, 네덜란드, 오스트리아	정부·산업·학계 양자 전략 추진 중

전산망을 통해 거의 모든 자원이 관리되는 현실세계에서 양자컴퓨터는 그것들을 전부 무력화하거나 조종할 수 있는 엄청난 힘을 가질 수 있다. 이런 사실 때문에 미국과 중국은 양자컴퓨터 개발과 동시에 양자컴퓨터 방어기술도 함께 개발 중이다. 핵무기와 핵우산 두 기술을 동시에 개발하는 것과 비슷한 논리다. 그리고 마치 핵무기발전이 원자력발전 기술을 고도화했던 것처럼, 양자컴퓨터의 민간 활용 가능성도 커지고 있다. 거대한 산업이 형성되려 하는 것이다.

한국도 손 놓고 있을 수는 없다. 특히 근본적인 기초과학이 전제돼야 하는 산업이기에 패스트폴로어 전략이 통하지 않을 가능성이 높다. 양자센서 분야를 연구하는 이동헌 고려대 교수는 "어느 정도 성과가 이뤄진 뒤 따라잡기에는 그 간극이 다른 산업에 비해 클 것"이라고 말했다. 윤석열 정부 초대 과학기술정보통신부 수장이 된 이종호 장관은 "앞으로 5년이 양자컴퓨터 생태계를 구축하는 데 매우 중요한 분기점이 될 것"이라며 "지금 신속하게 기술 추격에 나서지 않으면 재도전의 기회는 없을지도 모른다"고 말했다.

한국정보통신산업연구원의 보고서(2021년 3월)에 따르면 한국은 미국에 비해 약 4년 정도 양자기술에서 격차가 벌어져 있다. 첨단 분야에서 4년간 차이라면 하늘과 땅 차이다. 한국과학기술정보연구원(KISTI)이 2016년부터 5년간 발행한 관련 논문을 분석한 결과, 피인용

| 5개국 양자정보기술 특허 분석 |

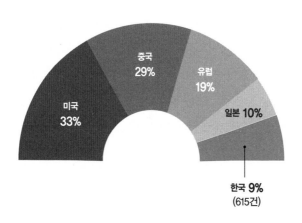

출처: 아스타뮤제

된 한국의 양자컴퓨터 전문 인력은 총 264명에 그쳐 미국 3,526명, EU 3,720명, 중국 3,282명 등 경쟁국의 10분의 1에도 미치지 못한다. 특허청에 따르면 한국이 지난 10년 동안 출원한 양자컴퓨팅 기술 관련 특허 역시 615건으로 미국(2,223건), 중국(1,978건), 유럽(1,296건), 일본(665건)보다 적다.

한국의 정부는 2022년 6월 양자컴퓨팅 연구 인프라 구축 사업을 시작한다고 밝히고 2026년까지 490억 원을 투입한다고 밝혔다. 참고로 미국 정부는 2018년에 1조 5,000억 원을 투입한다고 밝혔고 중국은 17조 원을 투자하겠다고 밝혔다.

— 김성수 과학기술정보통신부 연구개발투자심의국장

반도체
패권 전쟁

2017년 1월, 트럼프 행정부 출범에 맞춰 대통령 직속 과학기술자문회의(PCAST)는 의미 있는 하나의 보고서를 발표했다. 첨단산업 중 핵심 분야인 반도체 산업에서 미국의 경쟁력이 심각하게 저하되고 있고 중국이 위협적인 기세로 부상하고 있으니 중국의 반도체 기업과 기술 기업에 대한 수출입 및 증권투자를 금지해야 한다는 내용이었다. 이는 중국에 대한 일종의 경고였다. 이 보고서는 반도체 패권 전쟁을 알리는 포성으로, 작성자의 이름에 당시 구글 회장인 에릭 슈밋의 이름도 들어 있었다.

PCAST는 두 가지 부문에서 중국의 위협을 적시했다. 첫째, 중국제조 2025 및 13차 5개년 규획을 통해 반도체 산업에 총 1,500억 달러(약

대한민국, 선진국의 조건

170조 원) 규모의 막대한 정부 보조금을 지급하는 것이다. 둘째, 제로섬 전술로써 중국 시장에 진입하는 해외 반도체 기업의 기술 이전 강요와 지식재산 탈취, 그리고 해외 업체 인수를 목적으로 중국 업체들이 담합 및 가격 조작을 함으로써 사냥감 기업의 경영 상태를 악화시키는 행태다.

PCAST는 중국의 기도를 저지하고자 미국의 반도체 첨단상품 및 기술 수출을 제한하고, 대미외국인투자위원회(CFIUS)의 감시로 중국이 미국 기술 기업을 인수합병(M&A) 못 하게 막을 것을 주장했다.

미 국방부는 2020년 6월 중국 인민해방군 소유 관계가 확인된 정보, 통신, 우주, 항공, 전기·전자, 스마트폰 등의 주요 기업들을 국방수권법(1999년)을 근거로 블랙리스트에 올렸다. 미국 기술을 사용하는 반도체 장비 업체가 제품을 중국에 공급할 경우 미국 당국의 허가를 받게끔 한 조치다. 이에 화웨이, 중국의 반도체 굴기의 상징이자 최대 파운드리 업체인 SMIC(중신궈지)와 D램 업체인 푸젠진화, 칭화유니, 허페이창신 등이 걸려들어 D램 업체들이 망가졌다. 이 밖에 싱가포르계가 경영하던 반도체 기업 브로드컴의 중국 인수도 좌절됐다. 버락 오바마 정부 때도 독일계 반도체 장비 기업인 아익스트론의 캘리포니아 자회사를 중국이 인수하려 했으나 좌절시킨 바 있다. 또한 최근 2022년 말경 독일 정부도 엘모스의 생산시설과 ERS일렉트로닉스의 중국 매각 계획에 급제동을 걸었다.

미국·EU, 중국·러시아 간 제2차 냉전이 본격화되면서 반도체는 글로벌 공급망 재편 대상 중 최상위를 차지하고 있다. 바이든 대통령은

"앞으로 미국 반도체 공급망은 바로 여기 미국이 될 것"이라고 선언했다. 코로나19가 한창일 때 중국의 자동차 반도체칩 공장 가동이 중단되면서 생산 차질로 중고차 가격이 폭등했고 이로써 2022년 인플레이션의 방아쇠가 당겨지는 광경을 목격했다. 대만의 TSMC와 한국의 반도체 생산에 절대적으로 의존했다가 중국이 대만을 점령하고 한반도에 만약의 사태가 발생함으로써 반도체 공급의 차질을 우려한 미국이 반도체를 '바로 미국에서 생산'하겠다고 강조한 것이다. 이를 본 EU와 일본 등도 반도체 생산 능력 증대 전략으로 돌아섰고, 중국도 미국의 기술 제공 봉쇄에 맞서 반도체 자립에 사활을 걸고 나섰다. 바야흐로 반도체는 전 세계의 경제 판도를 바꾸는 '게임 체인저'로 부상 중이다.

중국 견제에 사활을 건 미국

중국의 위협을 견제하는 것만으로는 부족했던 미국은 자체적으로 반도체지원법(Chips for America Act)을 제정해 향후 10년간 최첨단 반도체 공장 건설 및 운용에 연평균 400억 달러를 지원토록 했다. 미국은 일본, 대만, 한국과 함께 반도체 공급망 동맹인 '칩4(Chip4)'를 결성해 장차 본격적으로 중국을 고립시켜갈 것이다. 반도체지원법은 중국에 투자하는 기업을 미국 보조금 지원 대상에서 제외한다는 '가드레일'을 조건으로 붙였는데, 이로써 현재 중국에서 반도체 공장을 운영하는 삼성과 SK하이닉스도 첨단시설 가동이 어려워졌다. 삼성과 SK하이닉스의 핵심 간부들은 필자에게 "5~10년 안으로 중국 내 반도체 공장의 문을 닫아야 할 것"이라고 말했다.

대한민국, 선진국의 조건

2021년 2월 24일, 조 바이든 대통령은 취임 후 꼭 한 달 만에 반도체, 배터리, 희토류, 바이오의약품 등 4개 품목에 대해 100일간 공급망 조사를 지시하는 행정명령 14017호에 전격 서명했다. 미 국방부는 TSMC나 삼성 반도체 공장 등 첨단무기를 제조하는 데 절대적으로 필요한 아시아지역 반도체 공급 업체들이 중국과 가까운 곳에 집중돼 있어 미국 공급망이 취약하다고 지적했다. 중국이 대만을 점령하는 최악의 경우를 대비해 미국 내 반도체 공장 건설이 시급하다는 것이다.

TSMC는 애초 120억 달러 규모의 파운드리 공장을 짓기로 했다가 당초 계획보다 3배 이상 늘어난 400억 달러 규모의 공장을 애리조나에 짓기로 했다. 그리고 공장 기공식에 바이든 대통령, 애플, 엔비디아, AMD 등의 최고경영자들이 대거 참석하면서 대성황을 이뤘다. 때마침 올 3분기 세계 파운드리 시장 점유율은 TSMC 56.1%, 삼성전자 15.5%로 두 기업 간 격차는 40.6%포인트로 벌어졌다는 발표가 있었다.

인텔의 팻 겔싱어 CEO도 200억 달러를 들여 파운드리 사업 진출을 선언했다. 동시에 수출통제규정(EAR)을 통해 중국의 반도체 굴기를 저지하는 데 역점을 두고 있다. 미국 상원 의회는 2022년 7월 반도체지원법을 통과시켜 520억 달러를 지원키로 하고 바이든 대통령이 이에 서명했다. 또한 미국은 전 세계에서 유일하게 7나노 이하 초미세 공정 구현에 필요한 장비를 생산하는 네덜란드 기업인 ASML에게 극자외선 노광 장비를 중국에 수출하지 말도록 했다.

2022년 6월, 당시 이재용 삼성전자 부회장은 네덜란드에서 마르크 뤼터 총리를 만나 원활한 EUV 공급을 약속받았다. 곧이어 윤석열 대통령도 스페인 마드리드에서 열린 NATO 회의에서 뤼터 총리와 회담을 갖고 재차 같은 당부를 했다.

미국의 압박에서 벗어나려 애쓰는 중국

중국은 2015년 5월 8일 발표한 '중국제조 2025'에서 2020년까지 반도체 자립률을 40%로, 2025년에는 70%까지 끌어올리겠다는 목표를 설정했다. 그러나 2020년 실제 자립도는 15.9%에 머물렀으며 2025년 70% 달성 목표도 힘겨워 보인다. ASML의 EUV 장비를 사지 못하면 단기간 기술 개발 달성은 불가능하다. 목표 달성에 차질을 빚은 중국은 상당히 초조하다. 3연임을 결정지은 직후, 시진핑 주석은 반도체 자급자족을 위해 '베이징오픈소스반도체연구원'에 알리바바, 텐센트 같은 빅테크가 참여하여 공동으로 노력하도록 독려하고 나섰다.

중국은 반도체 설계 분야에서 전 세계 마켓셰어의 9%를 차지하는데 장차 23%까지 확대될 전망이다. 중국의 팹리스 업체는 2,810개로 한국(120개)의 23배이다. 메모리 반도체 분야에서 양쯔메모리(YMTC)의 점유율은 3.4%로 힘을 얻고 있다. 파운드리 분야에서 세계시장 점유율 10.2%를 차지한 중국은 처음으로 두 자릿수 점유율을 기록했는데 SMIC, 화홍그룹, 넥스칩 등이 세계 10위권에 이름을 올렸다. 이 밖에 중국은 차량용 반도체 및 AI 반도체 분야에도 강점을 보이고 있다.

이 모든 노력에도 불구하고 7나노 이하 첨단기술 제조 장비인 EUV 장비 수입과 서방 반도체 기업과의 M&A가 차단되면 고전을 면치 못할 것이다. 2022년 인도네시아 발리섬에서 개최된 제17차 G20 정상회의에서 미중 정상회담을 했던 바이든 내통령은 "시진핑 주석이 화가 좀 나 있더라"라는 발언을 했다.

중국은 '칩4동맹'이 본격 가동되기 전에 한국을 떼어놓고자 필사적이다. 중국 자오리젠 외교부 대변인은 "미국 정부가 한국에 반도체 공급망 동맹 참여를 독려하는 것은 협박 외교"라며 강하게 비난했다. 〈인민일보(人民日報)〉는 "한국의 메모리 반도체 수출액 690억 달러 가운데 대중국 수출이 48%에 달하는데, 만약 중국이 한국의 반도체 공급망을 신뢰할 수 없게 된다면 한국의 중국 시장 점유율에 직접적인 영향이 갈 것"이라고 은근히 겁박했다. 제2의 사드 사태를 암시한 것이다.

재도약을 노리는 일본

현재 반도체 소재·장비 분야에서 세계 경쟁력을 갖춘 일본은 독보적인 위치를 점유하고 있다. 왕년의 반도체 제조강국 지위를 되찾으려는 듯, 일본의 내로라하는 기술 기업 8개 사 공동으로 차세대 반도체 업체인 라피두스를 설립했다. 라피두스는 슈퍼컴퓨터와 AI에 이용되는 차세대 반도체 생산 기술 개발을 목표로 한다. 토요타, 소니, 소프트뱅크, 키오시아, NTT, NEC, 덴소, 미쓰비시UFJ은행 등이 설립에 참여했는데, 삼성 반도체에 얼마나 절치부심하고 달려드는지 짐작이 간다. 일본 정부도 라피두스에 아낌없이 지원하겠다고 선언했다.

또한 일본은 TSMC 공장을 구마모토현에 유치하는 조건으로 공장 건설비의 절반가량인 4조 5,000억 원을 보조금으로 지원키로 했다. 2024년 생산이 목표다. 이와 별도로 미일 경제정책협의회는 2나노 양산을 목표로 공동연구센터를 설립키로 합의했다.

반도체 생산에 박차를 가하는 EU

바이든 대통령이 취임한 지 한 달 후인 2021년 2월 24일에 반도체 공급망 확대를 지시하자 EU도 유럽 내 반도체 생산을 2022년 기준 전 세계 10%에서 2030년까지 20%로 끌어올리겠다고 선언했다. 생산시 설에 430억 유로(약 57조 원)를 지원하는 데 합의했다. 독일의 자동차부 품 기업인 보쉬는 30억 유로(약 4조 원)를 투자해 차량용 반도체 기업으 로 전환키로 했다. 스위스 ST마이크로일렉트로닉스도 40억 유로(약 5조 원)를 들여 차량용 반도체 공장을 건설키로 했다.

미국의 인텔은 향후 10년간 독일 등 유럽에 반도체 설비 투자로 800억 유로(약 106조 원)를 투자한다고 발표했다. 반도체 시장 규모의 크 기는 매년 10% 이상 꾸준히 늘어나서 2030년에는 1조 달러를 상회할 것으로 추산된다.

세계시장에서 갈 길 바쁜 한국

전 세계 메모리 반도체(D램) 시장의 70%를 삼성과 SK하이닉스가 차 지하고 미국의 마이크론테크놀로지가 23%를 점유해 사실상 한미 반 도체 회사가 메모리 반도체 공급망을 거의 100% 쥐고 있는 상황이다. 미국의 저지로 중국의 반도체 자립이 10년 이상 지연된다면 삼성전자 와 SK하이닉스는 수백조 원의 이득을 볼 수 있다. 한국이 세계적으로 경쟁력 선두에 있는 제품은 메모리 분야에 국한되며 이재용 삼성전자 회장은 파운드리 분야에서도 2030년에는 대만 TSMC를 제치고 세계 1위로 올라서겠다는 포부를 밝혔다. 반도체 시장은 자동차와 더불어 세계에서 가장 큰 산업이다. 한국은 수위를 다투는 반도체 대전에서 승리하는 데 국운이 걸렸다 해도 과언이 아니다. 그러나 미국의 견제를 받는 중국이 반도체 굴기에 사활을 걸고 있고 EU와 일본, 대만도 치열한 승부수를 띄울 게 자명하다. 무엇보다도 미국이 직접 반도체 제조에 뛰어듦으로써 향후 한국의 경쟁 여력이 더 어려워지리라는 게 중론이다.

윤석열 정부는 5년간 컴퓨터 운영에 절대적으로 필요한 반도체 육성에 340조 원을 쏟아부어 반도체 초강국으로 만들겠다는 청사진을 밝혔다. 10년간 반도체 전문 인력 15만 명 양성, 시스템 반도체(전력용, 차량용, AI용 등) 점유율을 3%에서 10%로 향상, 반도체 연구 개발 분야 주 64시간 근로제 허용, 소부장 자립률 50% 달성 등을 목표로 제시했다.

그러나 2022년 말 국회는 반도체 투자 세액공제율을 6%에서 겨우 8%로 올려 미국 25%, 대만 25%, 중국 100%와는 엄청난 비교 열위를 자초했다. 양향자 반도체특위원장은 "기업이나 인재가 대거 해외로 이탈할 것"이라고 비판했다.

우리나라 전체 수출액 가운데 반도체가 차지하는 비중은 대략 20% 수준이다. 2021년 반도체 수출 규모는 1,280억 달러였는데, 그해 수출 총액 6,444억 달러 대비 정확히 19.8%였다. 최고 기록은 2018년 20.9%를 달성할 때였다. 전 세계 반도체 생산 시장 규모는 2022년 기준 6,135억 달러에 이를 전망이다. 메모리 반도체 1,554억 달러(25.3%), 시스템 반도체(비메모리 반도체) 4,580억 달러(74.7%) 등으로 구성된다. 한국은 메모리 시장인 4분의 1 시장에서만 핵심 플레이어이며 비메모리 반도체 분야에서는 매우 취약하다.

전체 반도체 시장에서 미국의 생산 규모는 12% 정도지만 비메모리 반도체와 설계에서는 절대 강자라 이 분야 시장 전체에서 50.8%를 점유한다. 한국의 생산 규모는 20% 수준으로 2위, 대만과 일본이 각각 3, 4위를 달리고 있다. 반면 중국은 자체 내수 조달 정도에 머물고 있다.

메모리 반도체는 오퍼레이션을 담당하는 D램과 기억처리를 맡는 낸드(NAND)로 나뉜다. 비메모리 반도체는 '로직IC'로 지칭되며 시스템 반도체가 그 안에 포함된다. 시스템 반도체를 설계한 팹리스 업체로부터 제조를 위탁받아 주문생산 하는 것을 '파운드리'라고 하는데 대만의 TSMC가 56.1%, 삼성전자가 15.5%(2022년 3분기 현재)를 점유함으로써 사실상 TSMC가 위세를 떨치는 분야다. 파운드리 시장 규모는 500억 달러 정도로 메모리 반도체의 3분의 1에도 못 미친다.

한국의 비메모리는 DB하이텍, 삼성전자의 LSI 등인데 합쳐봐야 300억 달러가 채 안 된다. 로직에는 설계 판매를 담당하는 컴퓨터중앙처리장치 CPU(인텔, AMD), 그래픽카드 GPU(인텔), AI(엔비디아), 센서(소니), 자동차용 반도체 등이 있다. 비메모리 회사 가운데서도 자체 공장 시설을 갖춘 기업은 인텔, ST마이크로일렉트로닉스, 텍사스 인스투루먼트(TI) 인피니언(독일 차량용 반도체 전문), 일본의 르네사스 등이 있다. 삼성전자와 SK하이닉스 같은 메모리 반도체 업체들은 자체 공장(IDM)

을 갖추고 있다. 반면 공장 없이 설계만 하여 제조를 의뢰하는 팹리스 업체로 엔비디아와 퀄컴 등이 있는데, 이들은 발군의 실력을 지녔다.

국회 반도체특위 위원장을 맡은 양향자 의원은 "비메모리 분야가 메모리보다 훨씬 빠른 속도로 성장하고 있으므로 한국도 향후 이쪽에 더 치중하지 않으면 전 세계 반도체 패권 쟁탈전에서 점점 뒤처지게 될 것"이라고 말했다. 그러나 반도체 대전에서 한국 업계는 메모리, 파운드리 분야 정도만 접근할 뿐이고 미국 업체들이 석권하는 CPU, GPU, AI 등에는 경쟁력을 갖추지 못했을뿐더러 설계 분야도 마찬가지로 경쟁력이 없다. 차량용 반도체가 부족해 현대자동차를 비롯한 전 세계 자동차 업체들이 전전긍긍하지만 국내 업체의 기술보다 훨씬 시간과 비용이 많이 들고 다품종소량생산이어서 한국의 경쟁력이 거의 없다.

중국의 반도체 굴기 성공 확률은?

2021년 1월 15일, 트럼프 대통령은 퇴임 일주일도 안 남은 시점에 샤오미 등 중국 9개 업체를 블랙리스트에 추가했다. 샤오미는 중국군과의 연결이 의심된다는 이유였다. 중국상용항공기공사는 미국 투자 금지 조치를 내렸다. 미국은 민주당이든 공화당이든, 어느 정부가 들어서도 중국에 대한 경제, 특히 기술 봉쇄 전략을 똑같이 취하고 있다. 패권이 걸린 투키디데스 함정의 비극이다.

중국이 10년, 20년 뒤에 반도체 산업에서 미국의 봉쇄를 뚫고 기술자립에 성공할 수 있을까. ASML의 피터 베닝크 CEO는 "중국이 15년 내에 반도체 완전 자립이 가능할 것"이라고 했으나, TSMC의 모리스 창은 "10년 내에 중국이 반도체 소부장, 완제품까지 다루는 생태계를 구축하긴 어렵다"며 비관적인 관측을 냈다. 그렇다면 중국은 한국을 따라잡을 수 있을까? 그렇게 되면 한국의 수출 비중 20%를 점유하는 반도체의 경쟁력이 사라져 한국 경제 전체가 위협받을 것이다. 이에 대해 삼성 반도체 고위직을 지낸 한 인사는 "D램 분야에서 중국과의 격차는 3~5년인데 이는 좁히기 어려운 기술 간격"이라고 말했다.

양향자 의원은 "미국 스탠퍼드대나 MIT에서 공부하고 삼성 반도체에 와서 일했던 기술자들이 대거 중국 업체로 돌아갔는데 이것이 가장 큰 위협이다. 중국이 언젠가는 한국을 따라잡을 것"이라고 예측했다. 한국이 반도체 대전에서 승리하는 길은 무엇일까. 영리한 토끼가 3개의 굴을 준비하듯 우리에게도 세 가지 길이 남아 있다. 첫째로 D램 시장에서 초격차를 계속 유지하는 길이고, 둘째로 미국과 반도체 동맹을 맺어 기술력과 시장을 빌리는 길이고, 셋째로 비메모리 분야에서 실력을 쌓아 시장점유율을 높이는 길이다.

삼성을 다운시킨
TSMC
모리스 창

TSMC의 모리스 창이 후계자로 임명했던 차이리싱을 경질하고 2009년 회장 자리에 복귀했다. 그때가 78세였는데 공교롭게도 삼성 반도체를 세운 이병철 회장이 작고한 딱 그 나이였다. 모리스 창이 새로 벌인 일은 그때까지 애플 아이폰에 AP 반도체를 독점 공급하던 삼성을 따돌리고 TSMC의 파운드리 제조로 애플 주문을 가로채버리자는 작전이었다. 10년 마일검! 2014년 모리스 창의 작전은 완전히 성공해 주식가치가 이내 삼성전자를 넘어서고 2017년 인텔마저 따라잡아 전 세계 반도체 1위 기업으로 우뚝 섰다. 그런 다음 모리스 창은 3나노 반도체 공장을 짓는 계획이 완성되는 걸 보고 이번에는 완전히 은퇴했다.

애플 뺏고 왕좌에 오른 TSMC

오늘날 TSMC가 파운드리 반도체를 제작해주지 않으면 전 세계 IT 기업이 올스톱하게 되며, 중국은 TSMC라는 보물을 차지하기 위해 2027년 대만을 침공할 것이라는 시나리오가 제기되곤 한다. 바이든 행정부 내에서는 중국이 TSMC를 차지하기 위해 대만을 침공할 경우 TSMC 공장을 폭파해버리고 반도체 인력을 미국으로 데려와야 한다는 일명 '초토화 전략'이 거론된다. 모리스 창은 어떻게 두려운 적수 삼성을 역습하는 데 성공했을까.

《TSMC 반도체 제국》에 따르면 2011년까지 TSMC는 이미 핸드폰 프로세서에서 위탁생산 맹주로 정평이 났지만 유독 애플의 주문은 빠져 있었다. 당시 애플은 경쟁 업체인 삼성전자에서 벗어나고 싶었으나 로직 분야에서 워낙 기술이 독보적이라 방법이 없었다. 바로 이때 애플은 TSMC 연구원들에게 비밀각서를 받고 100명으로 구성된 연구개발팀을 트로이목마처럼 몰래 들여와 애플의 제품을 양산하는 데 필요한 공정을 구축하는 작업을 시켰다. 가장 큰 걸림돌은 삼성이 로직, 메모리에 사용하는 지적재산권의 핵심을 쥐고 있는 것이었다. 여기에다 삼성은 "TSMC가 뛰어들면 바로 고소할 것"이라고 호언장담했다. TSMC는 검증을 훨씬 강화해 끝내 애플의 지적재산권 인증을 통과하는 데 성공했다. 대만 중부과학단지에 TSMC 15공장을 완공해 생산 능력을 미친 속도로 늘려 2014년 애플의 핸드폰과 아이패드에 A8 프로세서 대량 장착이 가능하게 됐다. 졸지에 애플 오더가 끊긴 삼성은 TSMC에 4G LTE 칩을 발주해 제작해 달라는 미끼를 던졌는데, 'TSMC

대한민국, 선진국의 조건

측은 삼성이 공장 기밀을 염탐할까 봐 미끼 오더를 물지 않았다는 비화를 책자는 소개한다.

마침내 단일 제품으로는 사상 최대의 수주를 둘러싸고 애플, 삼성, TSMC 3개 사가 각축을 벌인 끝에 2014년 A8 프로세서 오더는 TSMC의 품으로 들어갔다. 대형 스마트폰인 아이폰6는 애플이 스마트폰 왕좌를 굳히는 데 중요한 전환점이었는데 여기서 TSMC 반도체가 수주전에 성공함으로써 삼성을 제칠 기반을 다졌다는 것이다. 모리스 창은 "TSMC가 없었더라면 이 세상에 스마트폰이 그렇게 빨리 나오지 않았을 것이다. 수십억 지구인의 생활방식을 바꿔 놓았다"고 자랑했다.

"고객과 경쟁하지 않는다"

임진왜란 때의 울돌목 전투와도 같은 이 수주전에서 승리함으로써 TSMC는 명성을 얻어 전 세계 파운드리 시장의 56%를 가져가고, 삼성은 16%로 간격이 벌어졌다. 이렇게 보면 애플은 TSMC를 세계 1등으로 키워준 수훈 갑이며 삼성에 배신을 때린 격이 되고 말았다. 비즈니스 세계의 비정함이다. 애플 외에도 퀄컴, 엔비디아, 브로드컴, 텍사스인스트루먼트, 자일링스 같은 업체들이 TSMC의 오더 명부를 형성한다.

이재용 삼성 회장은 "2030년까지는 삼성전자가 TSMC를 따라잡아 1등으로 복귀하겠다"는 포부를 별렀다. 그러자 TSMC는 "2022년 반도체 설비에 최대 440억 달러(약 52조 원)를 투입하겠다"고 응수했다. 3나노 제품 양산에 이어 2나노 공장 건설 착수에 돈을 들이겠다는 것이다.

TSMC 외에 인텔은 280억 달러(약 34조 원), 마이크론테크놀로지는 120억 달러(약 14조 원) 투자 계획을 각각 밝혔다.

삼성전자는 미국 텍사스의 파운드리 전용 2공장 건설에 170억 달러(약 20조 원) 투자를 발표했다. 2021년 삼성전자 투자 규모는 43조 6,000억 원이었다. 삼성전자가 파운드리 시장 마켓셰어에서 TSMC를 따라잡으려면 투자 규모가 더 커야 할 텐데 D램, 모바일 분야도 각각 투자를 늘려야 하므로 파운드리 분야에만 돈을 쏟아부을 수 없는 형편이다. TSMC가 되레 삼성전자보다 파운드리 투자금액이 더 많아 2030년에 역전하기는 쉽지 않아 보인다.

2022년 6월 삼성전자는 3나노 반도체(GAA방식) 양산 첫 소식을 알려 대한민국을 기쁘게 했다. 두 달 뒤 TSMC도 3나노(핀펫방식) 양산 성공을 발표했다. 3나노 시대도 두 회사가 앞서거니 뒤서거니다. 그런데 애플과 인텔은 삼성에 오더를 주지 않고 TSMC 반도체를 그대로 쓰겠다고 했다. 파운드리 시장 출하량에서 애플의 주문은 무려 53%에 달할 정도로 절대적이다. TSMC의 매출액 96조 원 가운데 23조 원이 애플에서 들어오는 오더인데 2016년까지는 TSMC, 삼성에 나눠 주문하더니 그 후론 TSMC 독주 체제다. 그 이유는 '캡티브마켓(Captive Market)'의 역설이라고 설명한다. 삼성전자는 자사 반도체를 장착하는 갤럭시가 캡티브마켓이다. 애플은 세계 1, 2위를 다투는 삼성 쪽에 핵심 설계도가 넘어갈까 봐 주문을 주기 싫다는 심리다.

향후 2나노 이하에서 삼성이 확실히 기술 격차를 키우면 그때 가서는 애플, 인텔이 삼성에 주문을 낼지 모른다. 그런데 삼성전자와 TSMC는 똑같이 "2025년에 2나노 양산에 들어갈 깃"이라고 신인했다.

TSMC는 발표 때마다 슬로건처럼 "고객과 경쟁하지 않는다"라는 표현을 붙인다. 이것이 바로 모리스 창의 천재적인 아이디어다. 머리를 쓰는 기업가 정신이 국가를 살리고 대만의 1인당 소득이 한국을 추월하게 만드는 원동력이 됐다.

귀신섬을 보물섬으로 만든 기업가 정신

1931년생인 모리스 창은 미국 텍사스인스트루먼트에서 3인자까지 올랐다가 1985년 조국의 부름을 받고 귀국해 반도체 회사를 세워달라는 부탁을 받았다. 이병철 회장이 삼성 반도체를 설립한 1983년보다 4년 후인 1987년 56세에 TSMC를 설립했다. 모리스 창은 반도체 설계자들(Fabless)이 기막힌 아이디어는 있는데 막대한 공장을 지을 돈이 없는 경우 이 주문을 받아 생산해주자는 착상을 했다. 당시만 해도 IDM방식, 즉 반도체 회사가 설계, 제품, 패키징, 테스트를 모두 하던 시절이었다. 일본 반도체 업계는 모리스 창의 사업 착상이 말도 안 된다고 생각했다고 한다.

TSMC의 영업 철칙은 제품 생산 의뢰 업체의 영업 비밀을 철저히 보장하는 것이었다. 모리스 창은 직원들이 작업 시간에는 카메라 달린 폰, USB 메모리 장치, 개인 메일함 사용하는 것을 금지하고, 화장실 갈 때도 카드를 찍도록 했다. 철저하게 고객 기밀을 유지한다는 믿음이 생기자 엔비디아, AT&T, 퀄컴, 미디어텍, 브로드컴, 리얼텍 같은 고객들이 믿고 맡겼다. 그리고 삼성에서 파운드리의 최대 큰손 애플을 뺏어가는 일생일대의 전투에서 승리했다.

TSMC의 매출액은 100조 원이 아직 안 되므로 삼성전자의 300조 원에 비하면 3분의 1 수준이지만 시가총액은 TSMC가 650조 원일 때 삼성전자는 420조 원쯤 된다. 아시아 기업 가운데 TSMC는 중국 텐센트 다음 2위고, 3위 삼성전자, 4위 토요타 등의 순이다. 대만은 한국처럼 큰 제조업이 없고 중소기업이 지지부진해 자꾸만 경제 침체가 계속되면서 대만 자체가 젊은이들 사이에 '귀신섬'으로 불렸다. 그러나 이젠 TSMC 덕분에 미중 패권 전쟁의 보물섬으로 떠오르며 1인당 소득이 17년 만에 한국을 뛰어넘는 다이아몬드로 반짝이고 있다. 1명의 기업인 모리스 창의 아이디어가 삼성전자를 한 방 먹이고 세계 반도체 업계를 주름잡고 있다. 슘페터가 말하는 기업가 정신을 그림으로 그려놓은 모델이다.

2030년 이재용 회장의 삼성전자가 정말로 TSMC를 꺾는다면 한국이 소득 10만 달러까지 가는 데 걸리는 시간도 단축될 것이다. 삼성전자는 2027년 1.4나노를 양산하겠다는 비장한 선언을 했다. TSMC에 얻어터진 걸 되갚아줄 수 있을까.

5장

인구가 결정한다

총론

2021년 합계출산율이 0.81명으로 신기록을 경신했다. 1960년에는 6.16명이었으나, 1984년 2명이 깨지더니 2016년 1.17명을 기점으로 하여 2018년 0.98명으로 1명이 깨진 후 5년째 거침없이 하락하고 있다. 통계청은 합계출산율이 2022년 0.77명, 2023년 0.73명, 2024년 0.7명까지 하락했다가 2025년부터 반등해 2046년에는 1.21명이 될 것으로 전망하고 있으나 왜 다시 반등하는지는 설명하지 못한다. 이는 OECD 국가 평균(1.61명)에 훨씬 못 미치는 수준으로 한국의 바로 위인 스페인(1.23명)보다도 매우 낮다. 더욱이 한국은 출생아 수 감소에 더해 사망자 수가 늘어나고 있어 한국전쟁 중에도 감소하지 않았던 인구가 2020년(5,184만 명)을 정점으로 감소 추세로 돌아섰다.

일부 비관론자들은 이런 추세가 계속되면 2750년 한국의 인구는 완전히 소멸될 것이라는 영국 옥스퍼드대 연구 결과를 인용하면서 미래를 비관하고 있다. 《2018 인구 절벽이 온다》의 저자인 미래학자 해리 덴트는 세계 각국에서 베이비붐세대가 본격적으로 은퇴하면서 유효수요 부족에 따른 디플레이션이 오게 되는 상황을 심각하게 경고한다. 그는 같은 시기에 한국에도 위험한 상황이 닥칠 수 있다고 말한다.

이와 정반대의 주장을 하는 전문가도 있다. 앨런 와이즈먼은 그의 저서 《인구 쇼크》에서 4.5일마다 100만 명씩 증가하는 세계 인구가 지구라는 한정된 공간에서 지속 가능하기 어렵다고 주장한다. 인구는 기하급수적으로 증가하나 식량은 산술급수적으로 증가하므로 인구와 식량 간 불균형이 발생한다고 했던 토머스 맬서스와 맥을 같이한다.

| 2020년 인구 추계 그래프 |

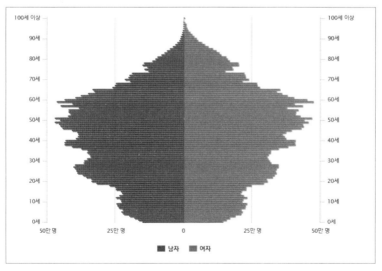

출처: 통계지리정보서비스

| 2070년 인구 추계 그래프 |

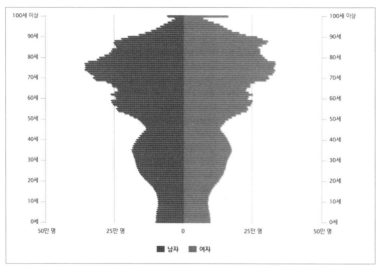

출처: 통계지리정보서비스

우리나라는 생산가능인구가 2020년에 정점을 찍은 뒤 2021년부터 줄어들기 시작해 2060년에는 현재보다 1,700만 명 안팎이 줄어든 2,066만 명이 된다는 게 통계청의 전망이다. 2022년 출생아 수는 25만 명에도 못 미칠 것으로 보인다. 1960년대 말과 1970년대 초반 최대 100만여 명 태어났던 시기에 비하면 4분의 1 수준이다. 통계청 가정대로 출산율이 1.21명 수준으로 회복 가능하다면 2070년까지는 4,000만 명에 가까운 인구를 유지할 수는 있다.

그러나 연간 30만 명이 태어난다 해도 이 세대가 가임여성 시기에 이르면 현재 출산율로는 출생아가 12만 명(가임여성 15만×0.81)으로 뚝 떨어지고 총인구는 장기적으로 2,000만 명대로 줄어들게 된다.

대한민국, 선진국의 조건

인구수는 국력을 의미하기도 한다. 2022년 11월 15일 세계 인구는 마침내 80억 명을 돌파했다. 한국은 5,200만 명으로 인구 순위로 29위지만 2070년에는 59위로 밀려나고, 남북한을 합해도 현재 20위에서 39위가 될 것으로 통계청은 전망한다. 1인당 GNI가 3만 달러를 넘는 국가 중 인구가 5,000만 명이 넘는 이른바 3050클럽은 미국, 독일, 일본, 영국, 프랑스, 이탈리아, 한국 등 7개국이다. 한국의 인구가 5,000만 명 밑으로 감소하면 3050클럽에서도 탈락하고 강대국 축에 못 끼게 될 것이다.

출산율 하락은 대한민국의 지속 가능성과 관련해 한때 국가적 공포 분위기가 조성되기도 했지만, 최근에는 집단적 무감각 상태로 접어들고 있는 것 같아 더욱 우려스럽다. 윤석열 정부는 개혁 과제로 노동, 국민연금, 교육 등 3대 개혁에 금융, 서비스를 합쳐 5대 개혁을 열거하면서 저출산 문제는 소홀히 취급하는 듯해 걱정이다. 인구는 늘어날 수도 있고 줄어들 수도 있다. 그러나 현재와 같은 출산율의 지속적 하락이 가져올 한국의 미래에 대한 과학적이고 실증적인 분석 없이 불안감만 가중되는 것은 바람직하지 않다.

우리는 이 책에서 한국의 인구 감소와 인구구조 변화가 가져올 파장과 그 원인을 분석하고, 외국의 사례를 통해 우리나라에 주는 시사점을 살펴보고자 한다. 아울러 한국 인구 문제의 해결 가능성을 점검해 1인당 국민소득 5만 달러 국가로 진입하는 데 필요한 한국의 국가 인구 전략을 종합적으로 제시하고자 한다.

총인구보다
인구구조가
더 심각

　　2018년 제4차 국민연금 재정계산에서 2057년 적립기금 고갈이 전망됐다. '적게 내고 많이 받는' 연금구조에서는 적립기금이 펑크 날 수밖에 없고, 특히 합계출산율이 0.81명에 불과하며 2070년 기준 노인인구비율이 46.4%에 이르는 초고령국가에서 국민연금은 지속 가능하지 않다. 그나마 국민연금의 2057년 재정 고갈은 35년 후의 일이지만 공무원연금 등 직역연금은 벌써부터 펑크가 나 국민 세금(재정)으로 메꿔 주고 있다.

　　연금충당부채는 공무원연금 904조 6,000억 원, 군인연금 233조 6,000억 원으로 2021년의 명시적 국가채무 967조 2,000억 원보다 많다. 장차 국고 보전이 없으면 현 수급자에게 연금을 지급할 수 없는 데다 매년 적자 규모가 커지고 있다. 사학연금 역시 2049년께 적립기금이 고갈될 전망이어서 3대 직역연금 모두 수술이 시급한 실정이며, 국민연금과의 형평성을 맞추는 것도 함께 풀어야 할 과제다.

공적연금에 재정 문제만 있다면 오히려 해법은 간단할 것이다. 4대 공적연금의 존재에도 불구하고 전 국민의 노후소득보장 기능이 충분하지 않은 게 공적연금의 딜레마다.

2020년 노인빈곤율은 38.9%로 OECD 국가 중 가장 높다. 2022년 1월 기준 국민연금 가입자는 2,214만 명으로 취업자 수 대비 78.8%지만, 고용률은 67%에 불과한 데다 가입자에 포함된 납부예외자를 빼면 미래에도 노인 상당수가 공적연금 사각지대에 놓인다. 노인빈곤을 해소하기 위해 도입된 기초연금은 2008년 월 10만 원에서 박근혜 정부 월 20만 원, 문재인 정부 월 30만 원, 윤석열 정부는 월 40만 원을 약속하고 있다.

금액을 높여도 풍족하지 못한 데다, 보험료를 열심히 납입한 국민연금 가입자의 연금 평균액이 월 57만 원 수준이라는 점에서 국민연금과의 형평성 문제도 있다. 2022년 기초연금 예산액은 20조 원이지만 월 40만 원으로 증액되면 27조 원이 되고, 2060년에 GDP 대비 4% 상당이 소요되는 재원의 조달 방안을 찾아야 한다. 기금 운용도 문제다. 2021년 말 949조 원이던 국민연금기금은 2022년 주가, 채권 값 폭락으로 상반기에 77조 원의 손실이 발생했다.

OECD의 경고

OECD는 〈한국 연금제도 검토 보고서〉를 공개했다. 이 보고서는 OECD가 각국의 연금제도를 심층 분석하고 개선 방안을 제시하는 연구 시리즈로, 2014년 아일랜드에 대한 보고서를 시작으로 여덟 번째로 나온 것이다.

OECD 보고서의 주요 권고 사항은 다음 아홉 가지다. △국민연금의 보험료율을 가능한 한 빠르게 상당히 올려 적립기금이 유지되게 하라. △의무적 연금 가입 기간을 연금 지급 개시 연령 전까지로 연장하라. △직종별로 상이한 연금 체계를 단계적으로 일원화하라. △국민연금 부과 기준 소득의 상한을 높여라. △국고를 투입해 연금제도 내 재분배 요소를 확보하라. △소득 파악 등을 통한 국민연금 가입을 제고하라. △법정 퇴직 연령과 연금 지급 개시 연령을 기대수명에 연동하라. △은퇴 후 소득에 대한 국민연금 감액을 폐지하라. △실업 및 출산 크레디트(연금 가입 기간을 얹어주는 제도) 기간을 연장하라.

한국 연금제도에 대한 OECD 시각은 국내외에서 이미 제기돼온 문제의식과 대부분 일치하며, 대개의 권고 사항이 우리 현실에 부합한다. OECD는 국민연금의 소득대체율이 낮고(43% 수준) 노인빈곤율이 매우 높아 노후소득보장 수준이 무척 열악하다고 지적하면서, 2050년 이후 세계 최고 수준에 이르게 될 노년인구 부양의 한계에 대한 우려에 기초해 연금 보장성 확대보다는 재정 안정화의 필요성에 무게를 둔 개선 방안을 제시했다.

늙어가는 한국

우리나라는 연금 재정위기에 대비한 연금 개혁이 필요하지만, 노후소득보장이 제대로 안 된다는 게 큰 문제다. 한국은 더 이상 젊은 국가가 아니다. 현재 노인인구비율은 17.5%로 고령사회에 이미 접어들었고, 2025년에는 노인인구가 1,000만 명을 돌파해 그 비율이 20.3%에 이르게 된다. 이런 상황에서 OECD 회원국 평균의 2배 수준이나 되는 38.9%(2020년 기준)에 달하는 노인빈곤율은 해결해야 할 과제다. 국민연금 도입이 다소 늦은 데다, 엄격한 보험료 납입을 전제로 하는 기여 방식의 연금제도는 광범위한 연금 사각지대를 만들었다.

노동 시장의 이중성과 낮은 여성고용률 그리고 이른 은퇴 연령 등을 볼 때, 노후소득 불안 문제는 앞으로도 계속될 가능성이 크다고 OECD 보고서는 지적했다. 그런데도 적게 내고 많이 타가는 불균형적인 연금구조로 인한 재정수지 적자 전환, 그리고 저출산·고령화에 따른 노인 부양 부담 증가에 의한 2057년 국민연금 적립기금 고갈에 대응하기 위한 연금 보험료율 인상과 연금 지급 개시 연령을 늦추는 개혁을 빨리해야 한다.

더욱이 경제성장률이 해마다 떨어지는데, 기업과 가계가 연금 개혁 부담을 수용할 수 있을지도 불확실하다. 어려운 경제 여건에서 노후소득보장을 더욱 충실히 하면서 장기적인 연금 재정의 안정성을 도모해야 하는 상반된 정책 목표는 지난한 과제다.

연금 개혁을 보는 국민의 시각은 동일하지 않다. 재정 안정과 노후

소득보장이라는 연금 개혁 목표에는 여야가 동의했지만, 2개의 서로 상반될 수 있는 정책 목표에 대한 무게중심은 다르다. 연금 개혁 논의가 시작되기 이전에는 보수, 진보 가릴 것 없이 "연금 개혁을 왜 하지 않느냐"고 질타하지만 더 내고 덜 타가는 구체안에는 민주당이 반대한다.

그러나 한국의 노인빈곤율이 OECD 최상위권이며, 장차 국민연금 기금 고갈, 공무원연금 등 직역연금의 재정 적자 심화 문제 등에 대한 국가적 시급성을 감안할 때 연금 개혁은 더 이상 미룰 수 없는 과제다. 국민들도 이를 잘 인식하고 있다.

280조 원
허공에 날린
저출산 대책

우리나라는 2006년부터 16년 동안 저출산 해결을 위해 무려 280조 원을 퍼부었지만 출산율이 지속적으로 떨어져 출산 장려 정책은 완전히 실패한 것으로 확인된다.

출산율이 떨어지는 직접적인 이유는 만혼화, 즉 결혼을 늦게 하는 경향, 좀 더 심하게는 결혼을 기피하는 풍조에다 설사 결혼했다 하더라도 자녀를 하나만 갖는 데 있다. 2021년 기준으로 초혼 연령은 남자가 평균 33.4세, 여자는 31.1세로 10년 전보다 남자 1.5년, 여자 2년이 늦어졌다.

결혼이 늦어지는 이유는 높은 대학 진학률과 대학에 입학했다 하더라도 취업 준비, 살 집 마련 등을 이유로 졸업을 늦추고, 결과적으로 사회 진출 연령이 늦어지며 사회 기반을 잡을 때까지 결혼을 미루기 때문이다. 그 결과 여성의 출산 연령대도 높아지고 있다.

통계청 자료를 보면 20대 여성이 낳은 아이의 비중은 1981년 80.3%에서 2021년에는 20.7%로 낮아졌다. 특히 20대 전반(20~24세) 여성의 출생아 수는 1만 500명으로 1981년의 33만 5,331명과 비교하면 3.1% 수준으로 줄어들었다. 반면 30대는 14.7%에서 73.5%로 높아졌다. 30대 전반(30~34세)의 출생아 수는 1981년 10만 2,251명에서 2021년에는 11만 5,300여 명으로 오히려 늘어났다. 2021년 산모의 평균 초산 연령은 32.6세로 1981년의 24.1세보다 8.5세가 높아져 30대 여성이 출산 주력층으로 자리 잡아가고 있다.

여기서 생각해야 할 것은 2021년 출생아 수 26만 500명의 의미다. 이 수치는 한때 인구가 많이 늘어날 때의 출생아 100만 명 대비 4분의 1밖에 안 된다. 향후에도 이 수치가 50만 명으로 늘어나기는 쉽지 않을 것이다.

그나마 출생아 수가 26만 명으로 채워지는 것도 베이비붐세대의 자녀세대가 본격 출산 연령이기 때문이다. 다시 말해서 출산율이 세계 최저 수준이지만 그마저도 출산율 산정 시 분모가 되는 모수가 많기 때문에 이 정도라도 유지되고 있다는 점을 감안하면 인구 문제의 심각성을 알 수 있다.

| 우리나라 합계출산율(1981~2021년) |

출생아 수 단위: 1,000명

연도	출생아 수	합계출산율	연도	출생아 수	합계출산율
1981	867	2.57	2002	496.9	1.178
1982	848	2.39	2003	495	1.191
1983	769	2.06	2004	477	1.164
1984	675	1.74	2005	438.7	1.085
1985	655	1.66	2006	451.8	1.132
1986	636	1.58	2007	496.8	1.259
1987	624	1.53	2008	465.9	1.192
1988	633	1.55	2009	444.8	1.149
1989	639	1.56	2010	470.2	1.226
1990	650	1.57	2011	471.3	1.244
1991	709	1.71	2012	484.6	1.297
1992	731	1.76	2013	436.5	1.187
1993	716	1.654	2014	435.4	1.205
1994	721	1.656	2015	438.4	1.239
1995	715	1.634	2016	406.2	1.172
1996	691	1.574	2017	357.8	1.052
1997	675.4	1.537	2018	326.8	0.977
1998	641.6	1.464	2019	302.7	0.918
1999	620.7	1.425	2020	272.3	0.84
2000	640.1	1.48	2021	260.6	0.81
2001	559.9	1.309			

* 합계출산율(TFR, Total Fertility Rate): 여성 1명이 평생 동안 낳을 것으로 예상되는 평균 출생아 수를 나타낸 지표로서, 연령별 출산율(ASFR)의 총합이며, 출산력 수준을 나타내는 대표적 지표다.

출처: 통계청

살기 힘들어 낳지 않는다

우리나라와 유사한 저출산 문제를 겪고 있는 나라는 과거 개발연대에 '아시아의 4마리 용'으로 불리던 대만, 홍콩, 싱가포르 등의 국가들이다. 일본은 현재 세계 최고령 국가로 저출산이 심각했지만 합계출산율이 1.34명(2020년) 수준이어서 한국만큼 심각하지는 않다. 중국은 장기간의 산아 억제 정책 영향으로 저출산(2021년 1.16명)과 고령화(2021년 14.2%) 위기가 빠르게 가시화되고 있다. 동아시아 국가에서 저출산이 심각한 것은 유교 문화에 기초한 가부장 중심 사회가 급격히 해체되는 과정이라는 공통점도 있지만, 인구가 조밀한 산업화 국가라는 점이 동일하다.

부존자원이 한정된 상황에서 생존 경쟁이 치열해 일상의 삶이 팍팍한 현실이 저출산 분위기를 증폭하고 있다. 특히 한국의 저출산 원인 가운데 수도권 과잉집중을 지적하는 학자들이 많다. 전 인구의 50.3%가 서울, 인천, 경기에 거주하면서 인구 과밀화가 심화돼 주거비용 같은 생계비용이 높아지는 등 출산 여건이 열악해지는 것도 원인으로 지적된다. 즉 출산율이 낮은 홍콩, 싱가포르 등 도시국가가 처한 현실과 동일한 문제가 생기는 것이다. 여기에 1인당 GDP가 높아지면서 워라밸(Work and Life Balance) 풍조가 확산하며, 결혼과 출산이 의무가 아닌 선택이 돼 출산율 회복이 지연되고 있다.

자녀 출산 여부는 100% 개인의 선택에 달린 문제다. 한때 출산율을 낮추기 위해 국가적 산아 제한 정책을 시행했고, 결과적으로 1984년에 합계출산율이 2명 이하로 하락했지만 이것이 산아 제한 정책의 효과인지 여부는 명확하지 않다.

필자가 세계 149개국의 합계출산율과 1인당 GDP 데이터의 관계를 분석한 결과 1인당 GDP와 합계출산율이 역의 관계가 있는 것으로 분석됐다. 1인당 GDP, 즉 경제적 소득 수준이 높은 국가일수록 합계출산율이 낮아지는 추세를 보였다. 소득 수준이 낮은 국가는 합계출산율이 3명 이상으로 높았지만, 1인당 GDP가 1만 달러를 넘어서면 극히 일부 국가를 제외하고 대부분 국가의 합계출산율은 국가별 편차는 있으나 2명 이하 수준에서 머물렀다.

국가와 함께 키우기

잘사는 국가 중심으로 더 세부적으로 비교해보면 이스라엘은 1인당 GDP가 5만 달러를 넘었지만 출산율은 3.1명으로 매우 특이한 모습을 보였다. 노르웨이, 스웨덴, 핀란드, 프랑스, 영국 등 유럽 국가는 출산율이 1.8명 내외고, 동아시아의 한국, 대만, 싱가포르, 홍콩 등은 극히 낮으며, 이탈리아, 스페인, 그리스 등 남유럽 국가는 그 중간에 위치한다. 이렇게 지역별로 다르게 나타나는 특징은 물질적 경제 수준으로 통제가 되지 않는 문화적 요소가 작용하는 것으로 볼 수 있다. 종교적 색채가 강한 이스라엘은 출산율이 높았고, 가족적 색채가 강한 동아시아와 남부 유럽은 낮았다.

이스라엘의 출산율 3.1명은 OECD 국가 중 최고 수준으로 경이롭다. 이에 대한 여러 가지 분석이 있지만 가장 중요한 요인으로는 종교적 요인을 꼽는다. 이스라엘은 다양한 민족과 종교로 구성되나, 출산기피가 죄악으로 인식되는 교리가 강한 정통 유대교 성향이 큰 사람들 중심으로 출산율이 감소하지 않고 증가한다는 것이 그 중요한 근거다.

현지 교민들의 설명을 들으면 과거 중동전을 여러 차례 치르면서 자녀 1명 정도는 전사한 경험이 있어, 셋을 낳아야 2명이 보전된다는 의식이 강하다고 한다. 또한 유대인 인구는 70% 정도인데 나머지 이슬람이나 소수민족이 애를 많이 낳아 자칫 인구 분포에서 역전당할지 모른다는 위기의식도 작용한다고 한다.

이스라엘은 여성에게도 2년간 국방의 의무가 있는데, 출산이 예정된 경우에는 이를 면제해주는 것이 출산율에 긍정적인 영향을 미친다는 주장도 있으나 검증이 필요하다. 보육에 대한 국가 책임이 정립돼 있는 것도 출산을 기피하지 않게 만드는 요인이라고 판단된다. 그렇지만 이스라엘의 안정적인 경제 성장도 주목할 필요가 있다. 출산 여부의 의사 결정은 미래에 대한 희망적 시각이 중요하다는 점에서 이스라엘의 높은 국가경쟁력과 낮은 청년실업률이 출산율을 높이는 데 한몫하는 것으로 판단된다.

스웨덴 등 북유럽 국가는 여성의 경제활동 참가율이 높음에도 불구하고 출산율은 안정적이었다. 이렇게 볼 때 출산율을 높이려면 유럽국가 중 스웨덴 등의 사례를 면밀히 분석해봐야 한다. 스웨덴 등 출산율이 상대적으로 높은 국가들은 대체로 복지 지출 중에서도 가족 관련 지출이 매우 컸다. OECD 국가의 GDP 대비 가족 관련 재정 지출 비율의 평균은 2% 선을 조금 웃도는 반면 우리나라는 1.2%에 머무른다. 따라서 가족 관련 재정 지출을 늘리는 것이 중요하다고 판단된다. 자녀 양육과 교육의 부담이 개별 가족 부담이 되면, 여성의 경제활동 참가율이 높아지는 상황에서 출산율은 급격히 낮아질 수밖에 없다. 국가와 사회가 출산에 따른 경제적 부담을 나눠 지는 것이 북유럽의 사례며, 우리나라 입장에서는 벤치마킹이 필요한 당면과제라 할 수 있다.

그렇지만 출산율 제고를 위해 재정 지출을 한다고 하더라도 어떻게 하느냐가 더 중요하다. 가족 관련 재정을 현물과 현금으로 분류해 살펴보면, 우리나라의 현물 지출은 2018년 GDP 대비 1.01%로 OECD의 0.95%(2017년)를 초과했다. 반면 우리나라의 현금 지출은 0.2%로 OECD 평균 1.16%에 비해 크게 낮았다.

따라서 재정을 확대할 때 현물보다는 현금 형태의 지출에 집중할 필요성이 있음을 보여준다. 통상적으로는 현물 서비스의 중요성이 강조되고 우리도 이에 따라 재정 지출을 늘려왔지만, 지출 방향의 전면적 전환이 필요한 것인지에 대한 심층적인 조사와 연구가 필요하다.

이민정책으로
메꿀 수 있나

통계청에 따르면 우리나라 인구는 2020년 5,184만 명을 정점으로 감소하기 시작해, 2030년에는 5,120만 명, 2070년에는 3,766만 명으로 감소할 전망이다. 2020년 3,738만 명이었던 생산가능인구(15~64세)는 매년 40만 명씩 감소해 2070년에 1,737만 명으로 줄어든다. 인구 감소를 억제하기 위한 다각적 정책에도 불구하고 최근 6년간 출산율은 더욱 하락했다. 2021년에는 합계출산율이 세계 최저 수준인 0.81명까지 하락했고, 이듬해에는 0.7명대로 주저앉았다.

상황이 이렇게 되자 출산율 제고 정책을 넘어 이민정책을 적극 추진해야 한다는 주장이 제기되고 있다. 2021년 우리나라에 체류하는 외국인은 196만 명으로 장기체류자 157만 명, 단기체류자 39만 명으로 구성된다(불법체류자 39만 명 별도). 이는 2000년 체류 외국인 49만 명과 비교할 때 거의 5배가 증가한 규모다.

체류 외국인이 빠르게 늘어나고는 있지만 체계적인 해외 인력 관리 정책을 추진하는 것 같지는 않다.

통계청의 2021년 '이민자 체류 실태 및 고용 조사' 결과 국내 상주 외국인 133만 명을 체류 자격별로 보면, 재외동포(4만 4,000명), 영주(1만 4,000명), 유학생(6,000명), 결혼이민(6,000명)은 증가했고, 방문취업(-3만 8,000명), 비전문취업(-3만 6,000명)은 감소한 것으로 나타났다. 15세 이상 최근 5년 이내 국내 상주 귀화 허가자는 4만 9,000명으로 주로 혼인과 재외동포 귀국에 의한 것으로 분석된다.

우리나라는 부족한 노동력 보충을 위해 고용허가제, 외국인 계절근로자 프로그램, 방문취업 등 한시적 외국인 유입 정책을 운영해왔다. 경제활동인구 총수가 적다기보다는 힘든 단순노동 일자리를 중심으로 외국인 인력을 받아들이다 보니 유입되는 외국인 중 고학력자, 숙련근로자, 전문직 종사자의 비중은 매우 낮다. 정부는 제3차 외국인정책기본계획(2018~2022년)을 수립해, 이민의 양적 확대 중심에서 질적 고도화를 병행한 적극적 이민정책으로의 전환을 도모했으나 효과는 분명하지 않다.

국내에서 이민정책에 관해 많은 연구를 한 김동욱 서울대 교수는 "인구 감소가 현실화되고 있는 현시점에서 고학력, 숙련 기술의 젊은 외국인 인재를 유치해 성장동력을 확보해야 한다"고 주장한다.

김동욱 교수는 생산가능인구 대비 10% 규모의 우수 인재를 이민으로 받는다면 잠재성장률은 2040년에 1%포인트, 2060년에 1.3%포인트 증가할 것으로 분석했다. 이를 위해 귀화 자격 요건을 완화하고, 호주 등과 같이 우수 인재에게 가산점을 부여하는 방식의 점수제 활용을 제안했다.

이민 업무를 총괄하기 위한 이민청 설립이 시급하다는 주장도 내놨으나 윤석열 정부는 여론 역풍을 우려해 일단 유보한 상태다. 이런 우수 인재 중심의 이민정책이 선뜻 활성화되지 않는 것은 이민에 대한 다소 부정적인 여론 때문이다. 2021년 한국조사연구학회가 2,207명을 대상으로 외국인·이민정책에 대한 국민인식조사를 한 결과 "이주민 수가 지금보다 줄어야 한다"는 37.6%, "지금 수준이어야 한다"는 36.2%, "늘어야 한다"는 26.1%로 나타났다.

OECD 통계에 따르면 총인구에서 이민자 비중은 호주 29.2%, 캐나다 21.3%, 독일 16.2%, 미국 13.5%, 영국 14%, 프랑스 13.3% 등의 순이다. 호주, 캐나다가 압도적으로 높은 가운데 유교 문화권인 한국은 2.6%로 낮다.

심각한 저출산이 20년 가까이 진행되고 있는데도 우리 국민의식이 이민에 부정적인 이유는 무엇 때문일까? 아무래도 외국인에 대한 배타적 단일민족의식과 더불어 일자리를 빼앗긴다는 심리도 작용하는 것 같다. 2022년 8월 기준 청년실업률은 5.4%지만, 체감 청년실업률은 20%가 넘는 실정이다.

또한 OECD 국가 평균에 비해 10%포인트가량 낮은 여성고용률도 해결해야 할 과제고, 50대 중반이면 현직에서 물러나야 하는 중고령자의 부담도 현실적 애로다. 저출산에 따른 노동력 공급 부족은 청년, 여성, 중고령자 등의 유휴인력에 여유가 있을 2030년대 중반까지는 피부로 못 느낄 수 있다.

유능한 외국인 인력을 적극 유입하자

좁은 국토 면적과 낮은 식량자급률, 부존자원 부족 등은 국민들이 외국인 이민을 부담스러워하는 원인이 되고 있다. 일본도 마찬가지다. 특히 도시국가 수준의 높은 인구 밀도는 사람들을 끝없는 경쟁사회로 밀어넣어 행복감을 느끼기 어렵게 만드는 사회 문제의 근본 원인으로 지적된다. 저출산 문제를 이민 확대로 해결하기에는 아직 시기상조라는 판단은 이런 경제사회적 배경과 관련 있을 것이다. 그래서인지 윤석열 정부는 이민청 설치가 공약사항임에도 정부조직 개편에서 결행하지 못하고 재외동포청을 설치하는 데 그쳤다.

글로벌 시대에 자연스러운 국가 간 인구 이동을 각종 법으로 제한하는 것은 장기적으로 국가경쟁력 제고에 마이너스다. 필요한 인력이라면 외국인이라도 국내에 들어와서 일할 수 있어야 하고, 우리 국민도 필요한 나라가 있다면 이동할 수 있어야 한다.

물론 현재는 탈세계화 경향으로 인구 이동이 다소 둔화되는 양상이지만, 궁극적으로 중요한 것은 유능한 인력이 국내에 유입될 수 있는 경쟁력 있는 경제사회 시스템 육성이다. 미국의 경우 실리콘밸리의 주요 기업 CEO 가운데 인도 출신이 많고 공학 분야에서 노벨상 수상자의 이민 출신 비율이 높다. 그 덕에 4차 산업혁명 시대에 일본 등 아시아와 유럽을 무찌르고 앞서 나가고 있는 것이다.

국가 경제의 안정적 지속 성장이 이뤄지고 구성원의 행복도가 높아지면 필요한 인력은 국내에서든 해외에서든 채워지기 마련이다. 그런 의미에서 체류 외국인이 최근 감소한 것은 코로나19 원인도 있겠지만, 혹여 외국인에게 한국 경제사회 시스템에 대한 매력도가 떨어진 것은 아닌지 점검이 요구된다(김동욱 교수는 한국으로의 이민 매력도는 미국, 호주, 캐나다, 뉴질랜드에 훨씬 못 미친다는 외국인 여론조사를 소개한다).

우리에게 필요한 우수한 외국인을 유입하려면 이민을 포함한 체계적인 외국인 관리 정책의 보완이 필요하다. 캐나다와 호주가 이민 문호를 개방하면서도, 각국에 필요한 인력을 중심으로 엄격하고 탄력적으로 관리하는 것은 시사하는 바가 크다. 호주가 연간 16만 명을 받아들여 현재 2,600만 명의 인구에서 4,300만 명으로 늘어날 시점에 한국 인구는 2,500만 명으로 줄어든다는 연구 결과가 보도된 바 있다.

한국은 2030년대 중반까지는 노동인력 부족을 못 느낄 수도 있다. 그런데 출산율을 높이지 못한다면 100년 후 남한 인구는 2,095만 명(중위경로)으로 줄어들고 저위경로로는 1,214만 명까지 감소한다는 게 통계청의 추계다. 이렇게 되면 대한민국 존속이 위협받는다.

한국은 총량적으로 인구를 보충하기 위해 몇 명의 외국인 이민이 필요하다는 도식적인 접근을 해서는 안 된다. 중장기적 관점에서 인구 전략을 수립하고, 산업 현장에서의 구체적인 수요에 기초해 우리 국가에 필요한 인력인지 여부를 식별할 수 있는 효과적인 이민 관리 시스템 구축이 필요하다.

대한민국, 선진국의 조건

한국 인구
미래 희망의
조건

한국의 출산율은 지금 극단적으로 낮지만 결혼한 사람을 기준으로 한 출생아 수는 1.27명 정도로 출산율만큼 낮은 건 아니다. 즉 만혼화로 인한 출산율 저하 현상인 템포효과(Tempo Effect)는 만혼화가 정점에 이르면 해소되므로 합계출산율이 1.27명까지는 반등할 가능성이 존재한다.

저출산으로 생산가능인구가 감소해 경제성장률이 하락할 것이라는 우려가 존재하나 우리나라는 아직 그 단계가 아니다. 2020년에 생산가능인구가 정점을 찍고 2021년부터 감소한다지만, 우리나라 15~64세 고용률은 2022년 2월 기준 67.2%로 일본(77.6%)과 비교할 때

10.4%포인트 정도 낮다.

한국 인구 문제의 심각성은 초저출산과 베이비붐세대 고령화가 중첩된다는 점에 있다. 베이비붐세대가 근로 연령층일 때에는 풍부한 노동력 공급으로 경제 성장에 큰 기여를 했으나(인구 보너스), 노년인구로 전환함에 따라 인구 부양 부담으로 작용하고 있다(인구 오너스).

생산가능인구 100명당 부양할 노년인구 부양비는 2020년 21.8명에서 2036년 50명을 넘고, 2070년 100.6명으로 2020년 대비 4.6배가 될 전망이다. 총부양비는 2020년 38.7명에서 2056년에 100명을 넘어서고 2070년에는 117명으로 증가한다. 저출산과는 별도로 은퇴한 베이비붐세대 인구가 노년기로 들어가는 2020년 이후 2060년까지의 인구 부양 부담 극복이 과제라 할 수 있다.

숨은 노동력, 아직 희망은 있다

우리나라 청년실업률은 6.9%로 높은 수준이고, 여성고용률은 OECD 국가 중 낮은 그룹에 머문다. 중고령 남성은 일할 능력이 충분한데도 노동 시장에서 퇴출되는 상황이다. 따라서 현존하는 청년, 여성, 중고령층의 유휴 노동력 버퍼(buffer)가 해소되는 2030년대 중반이 돼야 노동 공급 부족으로 인한 경제성장률 하락도 가능하다. 더욱이 인공지능 진화 등으로 기계에 의한 인간 노동 대체가 빠르게 진행되면 일자리가 급감할 것을 온통 걱정하면서 저출산에 따른 노동력 부족을 우려하는 상황이기도 하다.

저출산과 청년실업률의 관계도 진지하게 검토할 필요가 있다. 인구 구조적으로 우리나라와 20년 정도 시차를 가진 일본은 20여 년 전 심각한 저출산 문제로 국가 전체가 야단법석이었지만 2022년 2월 청년실업률 3.9%로 우리나라의 절반 정도로 떨어졌다. 이로 볼 때 20여 년 전 일본에 나타났던 저출산이 현재의 낮은 청년실업률과 무관하지 않은 것으로 유추할 수 있다.

유럽에서 저출산 국가로 분류되는 독일의 최근(2022년 2월 기준) 청년실업률이 5.7%로 전체 유럽 국가 중에서 가장 낮은 것도 동일한 맥락으로 해석 가능하다. 물론 출산율이 낮은 국가 모두가 청년실업률이 낮은 것은 아니다. 스페인, 이탈리아는 독일보다 출산율이 낮지만 청년실업률은 각각 29.5%, 28.7%로 매우 높다. 이는 독일의 경우 경제성장률이 유럽에서 최상위 그룹이며 노동 수요가 높은 데 비해, 스페인과 이탈리아는 상대적으로 경제성장률이 낮고 일자리가 부족한 데서 기인한다. 이 같은 사실은 청년층 실업을 줄이고 일자리를 늘리기 위해서는 높은 기업경쟁력에 기초해 높은 경제성장률을 유지하는 게 가장 긴요함을 단적으로 보여준다.

통계청 전망에 의하면 2070년의 총인구는 3,766만 명, 노인인구비율은 46.4%다. 노인인구비율은 2050년대 초 현재 1위인 일본을 넘어서 세계 최고령국가가 될 전망이다.

인구고령화는 평균수명의 연장과 출산율에 의해 영향받는데, 평균수명은 이미 세계 최고 수준에 접근해 있고, 낮은 출산율이 결정적이

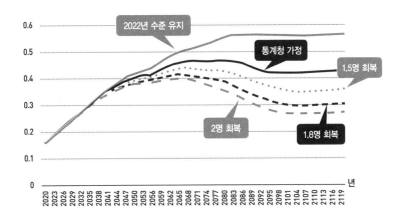

| 출산율 가정에 따른 노인인구비율 |

출처: 통계청

다. 필자의 인구 모델에 의해 추정한 결과에 따르면, 2023년부터 합계출산율이 2명 수준으로 회복되면 2070년 인구는 5,340만 명으로 늘어나고 노인인구비율은 32.7%까지 낮아질 수 있다.

그러나 합계출산율 2명은 불가능한 숫자다. 통계청은 출산율이 2046년까지 1.21명 수준으로 점차 회복해 안정된다는 가정하에서 인구 추계를 하고 있지만, 통계청 가정 2022년 출산율(0.77명)이 회복되지 않는다면, 총인구 3,361만 명, 노인인구비율은 52%까지 높아질 수 있다. 현실적으로 통계청 가정 출산율 목표치를 1.5명으로 높이면, 총인구 3,989만 명, 노인인구비율은 43.8% 선으로 낮아진다. 프랑스처럼 한국의 출산율을 1.8명으로 높이면 총인구 4,272만 명, 노인인구비율은 40.9%로 낮아지고, 장기적으로 30% 선으로 안정화가 가능하다.

합계출산율이 높아진다 해도 향후 50년간 인구 감소와 인구 부양

대한민국, 선진국의 조건

부담이 획기적으로 해소되지는 않는다. 합계출산율이 향후 1.8명까지만 회복될 수 있다면, 인구 4,000만 명, 노인인구비율 30% 수준이 유지된다는 점에서 대한민국도 아직 희망은 있다.

장기적으로 저출산에 따른 노동력 공급이 걱정이지만, 단기적으로는 청년실업 문제 등 좋은 일자리 부족 등이 더 심각하고, 57.7%(2021년 기준)에 불과한 낮은 여성고용률, 충분한 능력이 있음에도 원하지 않는 은퇴를 강요받는 중고령층이 있다. 따라서 저출산에 따른 노동력 공급이 급속히 감소되는 2030년대 중반까지는 청년, 여성, 중고령층 등을 중심으로 노동 공급 여력이 있다는 점도 위안이 될 수 있다. 인구 문제로 절망하는 것은 아직 이르다. 우리가 지금부터 어떻게 하느냐에 따라 저출산·고령화에 따른 소득 5만 달러 달성의 장애물도 극복이 가능하다.

인구와
선진국

우리나라는 1인당 국민소득 3만 5,000달러를 넘어본 국가다. 1만 달러 돌파 후 IMF 외환위기를 맞았고 와신상담한 끝에 이뤄낸 3만 5,000달러지만, 이제 4만 달러 시대를 넘어 5만 달러 시대를 열 수 있을 것이냐가 관건이다. 인구 감소와 고령화·저출산 문제는 5만 달러로 가는 경로에 걸림돌이 되고 있다.

2016년 1.17명을 기점으로 6년째 거침없이 하락하는 합계출산율을 높일 대책은 없는가?

윤석열 정부는 2023년부터 만 0세 아동에 대해 월 70만 원, 그리고 만 1세까지는 월 35만 원을 지급하는 부모급여를 도입하고, 2024년에는 이를 각각 월 100만 원, 50만 원으로 인상할 예정이다. 여기에 국내 노동력 부족을 원활히 해소하기 위한 이민청 설립을 검토하고 있다. 이전 정부에서 하지 않았던 새로운 정책을 구사하지만 인구 문제 해결을 위한 시의적절한 대책인지에 대해 더 고민이 필요하다.

저출산으로 노동력 공급 부족이 심각한 문제라 하지만, 지금 우리나라가 노동력 공급 부족 국가인지부터 짚고 넘어가야 한다. 2022년 7월 기준 우리나라 실업률은 2.9%로 낮은 편이나 청년실업률은 6.8%로 낮지 않다. 더욱이 우리나라 여성고용률은 OECD 국가 중 낮은 그룹에 머문다. 중고령 남성은 일할 능력이 충분한데도 노동 시장에서 퇴출되는 상황이다. 따라서 현존하는 청년, 여성, 중고령층의 유휴노동력 버퍼가 해소되는 2030년대 중후반이 돼야 노동 공급 부족으로 인한 경제성장률 하락도 가능하다.

더욱이 인공지능의 진화 등으로 기계에 의한 인간 노동 대체가 빠르게 진행되면 일자리가 급감할 것을 온통 걱정하고 있으면서 저출산에 따른 노동력 부족을 우려하는 것은 모순이기도 하다.

물론 지방 중소기업과 농어촌지역 등에서 일손 부족 문제가 심각하기도 하지만 이는 현재와 같은 동남아 노동인력 일시 활용으로 해결할 수 있다.

따라서 노동력 공급 부족 문제는 발등의 불이 아닌 향후 15년 내외 이후에 닥칠 문제라고 할 수 있다. 지금은 청년들에게 양질의 좋은 일자리를 충분히 제공할 것이냐가 국정과제며, 이민청 설립은 당장 서두를 일이 아닐 수도 있다.

우리나라 적정 인구 규모에 대해서도 검토해봐야 한다.

인구수는 국력을 의미하기도 한다. 2021년 기준 국가별 인구는 중국 14억 4,421만 명, 인도 14억 632만 명, 미국 3억 3,291만 명, 일본 1억 2,536만 명, 독일 8,390만 명, 영국 6,820만 명, 프랑스 6,542만 명, 이탈리아 6,036만 명이다.

1인당 GNI가 3만 달러를 넘는 국가 중 인구가 5,000만 명이 넘는 국가는 미국, 독일, 일본, 영국, 프랑스, 이탈리아, 한국 등 7개국에 불과하다. 그러나 문제는 5,000만 명 넘는 사람들이 살고 있는 국토 면적과 부존자원의 크기다. 남한의 면적은 10만km²에 불과하고 그것도 70%가 산으로 구성돼 인구 밀도로는 세계 최상위권에 해당하는 국가다.

식량자급률은 2020년 기준 19.3%로 OECD 국가 중 최하위다. 게다가 부존자원으로 넉넉한 것은 석회석 정도고 석유 한 방울도 생산되지 않으며 경제성 있는 광물자원도 거의 없다. 이런 환경에서 1인당 국민소득 3만 5,000달러를 달성한 것도 기적이지만 우리보다 약간 낮은 1인당 국민소득을 기록하는 스페인의 자연환경과 비교하면 왜 우리 국민은 1인당 국민소득 3만 5,000달러에도 국민의 행복도가 높지 않은지 단박에 이해할 수 있을 것이다.

따라서 인구가 급속히 줄어드는 것도 문제지만 적정 인구의 개념은 있는 법이다.

인구 감소기에 맞는 개편 작업 시급

단시일 내에 출산율을 높일 방안이 없다면 출산율 하락과 노인인구 증가에 따라 이미 기정사실화된 미래에 대한 적응 대책을 세우는 것이 시급하다. 저출산 현상을 막연히 근심하고 걱정하기에 앞서 저출산·고령사회에도 지속 가능한 국가 시스템으로 대한민국을 한시바삐 재편하는 것이 선결과제다.

인구구조가 전환되면서 인구 확대기에 적합하게 만들어진 경제사회구조를 인구 감소기에 적합하도록 개편하는 작업을 서둘러야 한다.

대표적으로 주택, SOC, 학교 등 사회 인프라, 교원 수를 비롯한 공무원 수, 병력 규모 등이 모두 조정돼야 할 것이다. 관성의 법칙으로 확장세가 유지되는 부분은 고쳐야 한다.

또한 인구 변화에 직접적으로 영향받는 국민연금 등 공적연금과 국민건강보험, 노인장기요양보험 등 사회보험도 인구 중립적인 제도로 개혁하는 것이 시급하다. 실타래처럼 얽혀 있는 기득권으로 설명되는 경제적 렌트를 여하히 성공적으로 조정할 수 있는가가 대한민국의 지속 가능성을 높이기 위해 핵심적으로 극복해야 할 과제다. 저출산 대책이라 하면서 이런저런 선심성 예산을 쓰는 것은 손쉬운 일이다. 그러나 인구구조 변화에 적응하기 위한 개혁 정책은 지난한 과정이다. 그럼에도 불구하고 미래를 위해 현세대가 반드시 해내야 한다.

저출산 문제 해결이 어려운 이유는 저출산에 대한 인식 차이에서 발생한다. 국가적으로는 저출산 → 인구 감소 → 인구 고령화 → 노동력 감소 → 경제성장률 하락으로 이어지는 사슬이 문제로 지적되지만, 개인적으로는 출산에 따른 육아와 교육비는 차치하더라도 일과 여가 양측면에서 희생할 것이 더 많아 출산의 메리트가 떨어진다고 생각한다.

이는 출산과 자녀 양육을 이미 완수한 중고령세대와 앞으로 출산을 담당해야 하는 청년세대의 견해 차이이기도 하다. 출산과 양육에 드는 비용을 사회화해서 개인 비용 부담을 없애주면 되겠다고 할 수 있으나 국가 예산으로 투입되는 비용도 청년세대가 납부하는 세금으로 귀착되기에 '왼쪽 주머니 돈 빼서 오른쪽 주머니에 다시 넣어주는 격'이다.

저출산 문제는 출산의 주체인 청년세대 처지에서 '역지사지'해야 한다. 출산과 양육이 투입되는 비용 이상으로 편익을 주지 못하면 출산율의 극적인 회복은 이른 시일 안에 기대하기 어렵다.

따라서 출산율이 회복되려면, 출산 주체 세대 입장에서 출산이 비출산보다 더 선호되는 환경이 만들어져야 한다. 출산에 따른 비용은 줄이고 편익은 늘리는 것이다. 출산, 육아, 교육 관련 과중한 비용의 부담 주체가 개인과 가계에서 사회와 국가로 빠르게 전환돼야 한다. 특히 여성의 적극적 경제활동을 제약하는 각종 제도적 요소와 기업환경을 개선하고, 가정에서도 육아 및 교육 부담을 남성과 여성이 공동 책임지는 분위기로 바꿔야 한다. 가족 단위가 개인 단위에 비해 세금 및 사회보험료 부담과 복지급여 수급 등에서 불이익을 보지 않게 만드는 것도 필요하다. 미국의 경우 소득세 납부세율에서 기혼자가 독신 가구주에 비해 상당한 혜택을 받는 구조다.

근로인구의 감소에도 불구하고 4차 산업혁명이 진전함에 따라 일자리가 감소될 것인지 늘어날 것인지도 관건이다. 무엇보다 높은 청년 실업이 선결적으로 해소돼야 하고, 최근 주택 가격 상승에 따른 주거비 부담 상승도 어떤 방식으로든 완화돼야 한다. 또한 정부의 보육 지원 효과를 높이기 위해서는 시설 중심에서 아동 중심 지원으로 조속히 전환돼야 한다. 부족한 보육시설에 대한 민간 투자를 늘리기 위해서는 보육료 등 각종 규제의 과감한 완화 또는 폐지를 검토해야 한다. 물론 이 모든 것이 가능하려면 지속적인 경제 성장과 재정건전성이 뒷받침 돼야 한다는 것은 당연한 전제조건이다.

6장

정책, 정치가 결정한다

총론

"어떤 국가가 흥하는가. 어떤 국가가 망하는가. 이는 좋은 정책과 제
도를 쓰느냐에 달렸고, 그것을 결정하는 일은 정치인들의 몫이며, 그
정치인은 국민의 손으로 뽑는다." (《국가는 왜 실패하는가》, 대런 애쓰모글루)

그 사례로 가장 많이 등장하는 국가는 남한과 북한으로, 라이너 지
텔만의 《부유한 자본주의 가난한 사회주의》 책에도 별도 챕터로 소개
된다.

제도와 정책이 국가 명운을 가르는 사례는 선진국, 후진국, 그리고
로마 시대 때부터 문재인 정부의 탈원전에 이르기까지 고루 나타난다.
중세 스페인의 알함브라칙령(1492년), 근세 프랑스 낭트칙령 폐지(1685년)
에서 볼 수 있듯 재능 있는 유대인이나 개신교도들을 추방한 이후 두

대한민국, 선진국의 조건

나라가 만회하기 어려운 피해를 입었음을 역사는 증명한다.

한 세기 전인 20세기에 산업 발전이 고도화돼 빈부격차가 드러나자 여러 국가들이 벌인 멍청한 짓들을 나열하면 다음과 같다. (《미래를 말하다》, 폴 크루그먼)

(1) 기간 산업 기업들의 국유화와 그에 따른 노조의 득세

(2) 고소득층의 소득세, 법인세를 갑자기 인상(부자 증세)

(3) 일자리를 늘린다는 명분으로 공무원, 공기업 채용을 늘리고 국가부채가 급증

(4) 서민 생활을 보호한답시고 정부가 생필품 가격을 통제하는 국가 역할 확대

영국을 예로 들어보자. 2차 대전이 끝나자 전쟁을 승리로 이끈 윈스턴 처칠은 선거에서 패배하고 노동당의 클레멘트 애틀리 총리가 들어서 은행, 항공, 석탄, 통신, 철도, 운하, 트럭운송, 전기, 가스, 철강 등 닥치는 대로 국유화를 단행했다. 영국 산업의 5분의 1이 공기업으로 바뀌었다. 1970년이 되자 영국 경제는 유럽 꼴찌로 추락했다. 막강한 공기업 노조 때문에 연간 2,000회의 파업이 발생하고 공산주의자들의 투쟁적 좌파노조가 장악했으며 1972년 에드워드 히스 정부는 생필품 가격 통제에 이르렀다. 탄광노조위원장(스카길)은 마거릿 대처 총리와 1년간 맞짱을 뜨며 노동자들이 사업장에 출근하지 못하게끔 방해하고 협박했다.

대처는 뚝심 있게 버티며 법인세 소득세율을 83%에서 25%까지 인

하했다. 기업의 노조 가입 의무화도 폐지했다. 대처는 "민영화는 타락해가는 파괴적 사회주의를 제거하기 위한 핵심 조치 중 하나"라면서 공기업 60%를 민영화했다. 브리티시텔레콤, 항공사, 국영 석유 회사, 롤스로이스, 선박, 우체국, 지방 공기업 등을 민영화했다.

1976년 국가 부도 직전이었다가 1989년에는 GDP 대비 1.9% 흑자를 기록했고 국가부채는 1980년 GDP 대비 54.6%에서 1989년 40.1%로 낮아졌다.

독일로 넘어가보자. 통일독일은 2003년 1년간에 걸친 금속노조 파업으로 영국과 비슷한 과정을 거치며 '유럽의 병자'라는 닉네임이 붙었다. 게르하르트 슈뢰더 총리는 2003년 3월 14일 연방 하원 연설에서 "더 이상 성장을 분배할 수 없다. 정말로 지속적인 발전, 새로운 정의를 원한다면 사회보장지원금을 제한 내지 폐지해야 한다"고 역설했다 (어젠다 2010).

스칸디나비아의 천국 스웨덴에선 기업인에게 무려 102% 소득세를 물리자 최대 재벌 이케아그룹 회장이 해외로 이민을 가버리는 사태가 벌어졌다. 이처럼 충격적인 사태가 발생하자 스웨덴 사회당은 자신들이 틀렸음을 70년 만에 인정하고 강령을 바꿔 상속세, 증여세를 폐지 (2005년)하는 극약처방을 했다. 스웨덴은 한국 운동권의 로망, 복지천국으로 불렸는데 1990년도에 완전히 한국을 능가하는 시장경제로 탈바꿈했다. 그 후 다시 성장을 회복해 소득 6만 달러 돌파를 눈앞에 두고 있다.

남미의 칠레와 베네수엘라는 집권 정치인이 어떤 제도, 정책을 선택하느냐에 따라 국가가 180도 바뀜을 증명하는 가장 극적인 사례다.

베네수엘라는 1960년대까지 눈부신 성장을 거듭해 1970년대 라틴 아메리카에서 가장 부유한 세계 20대 경제강국이었다. 1인당 GDP는 스페인, 그리스, 이스라엘을 능가하고 영국에 필적했다. 우고 차베스가 1992년 군사 쿠데타에 실패하고도 1998년 대통령에 당선돼 좌파 '볼리바르공화국'을 세웠다. 석유 회사(PDVSA)를 국영화하고 미국 엑슨 모빌 등 해외 지분을 강제 매각토록 해 여기서 나는 수익의 90%를 흥청망청 써댔다.

때마침 유가가 10배나 폭등해 미국, 중국의 가난한 계층에 40% 싼 값으로 석유를 뿌려댔다. 유럽과 북미 좌파들은 "차베스야말로 진정한 사회주의자며 베네수엘라는 유토피아"라고 치켜세웠다. 바버라 월터스는 "차베스가 이 세상에서 가장 똑똑한 사람"이라고 열광적으로 부르짖었다.

차베스 사망 이후 니콜라스 마두로가 후계자가 돼 물려받았다. 국가의 힘으로 사회주의를 구현한답시고 부와 소득의 공정한 분배, 노동 조건 개선, 산업의 국유화, 노사 관계 원활화 등의 명분을 내세워 낙농업, 커피 생산, 슈퍼마켓, 비료, 제화 등을 모조리 국유화했다.

때마침 유가가 폭락(2016년 배럴당 27달러)하면서 생필품 배급제로 인해 물가가 225% 폭등해 국민 생활은 파탄이 났다. 실제 인플레는 800%에 달해 돈을 제때 찍지 못하게 돼 보잉 747기로 해외에서 수입해왔다.

대졸 엘리트 전문 인력 500만 명이 해외로 돈 벌러 나가고 영아 사망률은 시리아보다 높은 수치였다. 국민 73%가 굶주림으로 체중이 8.7kg 감소했다. 완벽한 인간지옥을 구현했다.

칠레는 1970년 9월 골수 마르크스주의자 살바도르 아옌데 대통령이 당선돼 바로 기업, 광산, 은행 등의 국영화를 단행하고 미국 운영 업자들을 추방했다.

모든 재정은 국가 빚과 돈을 찍어(통화 증발) 충당했다. 1972년 인플레는 605%였다. 엄청난 시위가 일어났다. 1973년 아우구스토 피노체트가 쿠데타를 일으켜 아옌데를 자살케 하며 정권을 교체했을 때 국영기업 비중은 80%였다.

피노체트의 통치는 독재정치였지만 경제는 자유를 택했다. 특히 경제 분야는 시카고대의 저명 교수 밀턴 프리드먼을 고문으로 하여 정책을 도움받았다. 프리드먼의 충고대로 국영 기업 민영화, 규제 탈피, 국가 지출 감소, 해외 투자 유치 등을 단행했다. 국가가 더 적게 개입할수록 사회의 부는 더 빨리 증가한다는 의견대로 국영 기업을 아옌데 치하 때 400개에서 45개로 축소하고 가격 통제를 철폐했다. 그 대신 부가세(20%)를 도입했다.

시카고 보이스(밀턴 프리드먼의 제자들)가 가르쳐준 대로 했더니 대처, 레이건의 기적이 칠레에서 일어났다. 1981년 인플레는 9.5%, 경제성장률은 5.5%로 증가하고 세금도 증가했다. 1988년 피노체트는 대선에서 패배해 군부에서 민간으로 정권이 이양됐지만 "경제자유화가 성공하면 정치자유화도 뒤따른다"는 사례를 남미에서 처음으로 만들어냈다. 2010년 남미 국가 최초로 칠레는 OECD 회원국에 가입했고(1인당 국민소득 1만 4,000달러) 국제사회는 '남미의 코리아'라 칭송한다.

한국이 20대 대선에서 도입할 뻔했던 기본소득, 그리고 세계 최고의 상속세율(60%)에 대해서도 진지하게 생각해봐야 한다. 공기업 민영화를 반대하는 노란봉투법도 시대를 역행하는 것이다. 기본소득은 전 세계가 전혀 실시하지 않는 포퓰리즘의 극치며 여기에 투입될 연간 60조 원을 기술 개발에 써야 후손들의 미래가 열린다. 홀륭한 조세제도는 최고의 국가경쟁력임을 알아야 한다.

한국 산업
별의 순간,
반도체를 잡다

2021년도 한국의 수출액 6,444억 달러 가운데 반도체가 1,280억 달러를 차지했다. 거의 20% 수준이다. 그보다 3년 전인 2018년에는 1,267억 달러를 수출해 21%로 역대 수출 기여율이 최고조에 달했다. 바이든 미국 대통령이 코로나19 이후 아시아를 처음 순방하면서 삼성 반도체 공장을 찾는 광경을 보고 한국을 부러워하는 나라가 많았을 것이다.

IT, 자동차, 인공지능, 로봇 등 4차 산업혁명 시대에 반도체는 최고의 필수품이다.

미국이 중국의 기술 굴기를 봉쇄하기 위해 최고로 심혈을 기울이는 분야도 바로 반도체다.

한국에 반도체 산업이 없었더라면 글로벌 공급망을 재편하는 과정에서 미국 등 서방이 한국에 경제동맹을 맺자고 청하지도 않았을 것이다. 한국의 무역수지는 반도체 없이는 수년 전에 이미 천문학적인 적자의 수렁에 빠졌을 것이고 원·달러 환율은 1,500원을 훌쩍 넘겼을 것이다.

"한국이 세계 10위권 경제 규모에 1인당 소득 3만 5,000달러를 넘는데 가장 중요한 역할을 한 경제 정책이나 제도 개선이 무엇인가?"라는 질문을 여러 명의 전직 경제장관들에게 던져보았다. 장관들이 보내온 답안에는 초고속 인터넷, 중화학공업 육성, 경제 안정화 조치, 금융실명제 등 여러 가지가 꼽혔는데 그 가운데는 반도체 산업 육성을 꼽은 사례도 많았다.

숱한 사례 중 반도체 개발을 어떻게 시작했는지를 조사해보니, 당시 반도체 하면 국내에서 아무도 깜깜하게 모르던 시절, 한 기업인의 집념과 이를 뒷받침해준 대통령이 마침내 한국에 '별의 순간'을 잡아준 쾌거를 발견하고 여기에 소개한다.

경제장관들이 추천한 그 외 다른 정책들은 이 글의 후미에 첨언하고자 한다.

반도체 황무지 일궈낸 기업인 이병철의 집념

이병철 삼성그룹 회장이 1980년대 초반 반도체를 시작한 주인공임은 대부분 알고 있을 것이나 어떤 계기로 어떻게 헤쳐나갔는지 자세히 아는 사람은 드물 것이다. 삼성의 이학수 전 부회장 소개로 이병철 회장 시절 비서실에서 반도체 사업을 챙겼던 이형도 씨(1943년생, 삼성전기 부회장 역임)를 어렵게 찾아 비화를 들을 수 있었다.

이 회장은 세계 경제의 흐름을 파악하기 위해 연말엔 늘 일본이나 미국을 방문했다.

1980년 봄 도쿄 체류 중 일본 경제 정책을 담당했던 이바나 박사가 이 회장을 찾아와 일본 산업의 일대 방향 전환을 얘기해줬다. 중화학 중심의 일본 기간 산업은 과잉생산 과다경쟁으로 앞길이 안 보이고, 덤핑 수출을 한다고 미국 등 세계 각국에서 증오의 대상이 돼 현 상태로는 미래가 없다고 판단했다는 것이다.

일본은 반도체, 컴퓨터, 신소재, 광통신, 유전공학, 우주 산업 등 첨단기술 분야로 대대적인 산업 전환을 시작했다고 이바나 박사는 설명했다. 이 회장은 설명을 듣고 깜짝 놀랐다. 그래서 미국으로 건너가 주요 산업 현장을 돌아보며 첨단 산업 쪽으로 전환하는 추세를 직접 확인할 수 있었다. 당시만 해도 한국에선 반도체를 아는 사람이 거의 없었다.

귀국 후 반도체 산업 진출에 대해 검토해보니 장애물이 한둘이 아니었다. 워낙 투자비용이 많이 들고, 후발주자 한국이 과연 미국, 일본과의 경쟁에 뛰어들어 승산이 있을지 위험 부담이 너무 큰 데다, 고도의 기술 두뇌와 인력 확보, 훈련은 가능할 것인지….

그는 2년여간 미국, 일본 전문가의 의견을 수렴한 후 정부의 적극적인 뒷받침만 있으면 승산이 있다고 결심을 굳혔다. 그해 10월 반도체, 컴퓨터 사업팀을 조직했다.

이듬해 1983년 3월 15일 삼성이 반도체 사업에 뛰어들겠다고 선언한 뒤 9월 공장 1라인 설치를 시작해 대장정의 막을 올렸다. 이때 이병철 회장의 나이는 73세였다고 회고록 《호암자전》(1985년 발간)에 쓰고 있다.

반도체 산업 육성에서 가장 걸림돌이 된 것은 기술과 땅이었다.

삼성에 미국 마이크론, 일본 샤프가 기술을 제공했고 10년 전 인수한 한국반도체 기술진과 더불어 미국 유학을 하여 스탠퍼드대, 인텔, 자일로그 등에 근무하는 한국인 박사급 인재들을 속속 영입했다. 공장 부지는 서울에서 1시간 이내에 30만 평 정도는 돼야 고급 인재를 끌어모을 수 있다는 판단이 들었다. 마침 기흥에 정부가 갖고 있던 땅을 사용하도록 전두환 대통령이 흔쾌히 허락했다.

공장 1라인 착공에 들어가기 전 1983년 7월 미국 샌타클래라에 기술 개발 및 판매 촉진 현지법인을 설립해 미국에 있는 인재들을 끌어들였다. 인재 확보에 대한 집념이 어떠한지 알게 해주는 대목이다. 당시 하나의 일화가 있다. 이병철 회장은 권력을 잡은 군부 세력으로 전두환 대통령과 친한 권익현 씨를 찾아가 삼성 반도체 건설 지원을 부탁했다. 얘기를 들은 전 대통령이 경제 지식이 풍부한 박봉환 장관에게 묻자, "반도체 산업은 꼭 해야 한다"고 답변해 땅과 자금(산업은행 등)을 제공하게 됐다고 한다. 삼성 반도체가 64K D램을 생산할 1라인을 1984년 3월 말에 완공하자 미국의 인텔, 일본의 유수 업체들이 경탄을 금치 못했다(《호암자전》 373쪽). 1984년 8월 256K D램 공장을 착공, 1985년 3월 말에 준공했다.

이 회장은 회고록을 마치면서 1, 2라인에 이어 향후 6개 라인까지 증설하고 공장 부지도 30만 평으로 늘리며 1메가 D램 생산의 포부를 밝혀놓았다. 삼성 측에 현재 이 글을 쓰는 2022년 9월 상황을 물으니 6라인 후 7, 8, 9…14라인까지 건설했으며 총 42만 평(기흥)으로 늘어났다고 한다. 또 화성 48만 명, 평택 88만 평 등 3개 부지 총 178만 평에다 온양 13만 평, 화성 DSR 10만 평까지 모두 201만 평에 이른다.

《호암자전》에 소개한 내용보다 상세한 얘기를 듣기 위해 당시 비서실에서 반도체 사업을 전담했던 이형도 씨와 좀 더 얘기를 나눴다.

> Q. 필자: 반도체를 해야겠다고 생각할 때부터 결단 내리고 1라인을 착공할 때까지 시간이 얼마나 걸렸나?
>
> A. 이형도: 5년은 걸렸다. 현재에 비해 당시 삼성은 중공업, 석유화학, 항공 등 신사업을 잔뜩 벌여놔 여윳돈이 없었다. 반도체를 모르는 정부를 공부시켜가면서 지원을 받아내자니 시간이 더욱 많이 걸렸다.
>
> Q. 필자: 가장 결정적인 성공요소는 뭐였나?
>
> A. 이형도: 전두환 대통령이 기흥의 정부 땅 30만 평을 반도체 공장에 쓰도록 해준 것이다. 큰 도움이 됐다. 요즘 같으면 인허가, 특혜 어떻고 하여 힘들었을 일이다. 공장 짓는 데 하루 24시간 작업했으니 요즘 주 52시간제로는 어려웠을 것이다.
>
> Q. 필자: 일본 반도체 업체에서 은퇴한 인력을 써서 기술을 얻었다

는 말은 맞나?

A. 이형도: 그건 거의 영향이 없었다. 미국 대학에서 박사학위를 받고 현지 업체에서 일한 경력자들의 도움이 가장 컸다. 유학파들의 애국심이 삼성 반도체를 일군 셈이다.

Q. 필자: 일본 반도체 업체들은 1990년대에 거의 망하고 말았는데 그 이유는?

A. 이형도: 삼성에 패한 것이다. 일본 전문경영인들이 과감한 결정을 못 해 1메가 D램(1986년) 때부터 삼성에 패했다.

이병철 회장은 73세의 고령에도 잠자는 몇 시간을 빼고는 항상 책을 손에 놓지 않았다고 한다. 단 한 사람의 기업가 정신이 오늘날 삼성 반도체를 일군 원동력이다. 당시 한국에서는 정부, 업계 어느 누구도 반도체를 몰랐고 관심도 없었다. 기업인 이병철의 공로다.

한국을 키운 정책들

역대 정부에서 출중한 능력으로 명성을 날린 경제부총리, 기재부 장관, 산업부 장관 등에게 한국을 선진국 반열에 올린 주요 정책을 추천해 달라고 의뢰해 받은 결과를 열거한다. 의견을 준 분은 이규성, 진념, 이헌재, 김인호, 최종찬, 권오규, 박재완, 현오석, 최중경 전 장관 등이다.

│ 한국의 역대 정부 주요 정책 사례 │

역대 정부	주요 정책
이승만	농지 개혁, 한미상호방위조약, 사학 진흥(20년 만에 문맹 퇴치)
박정희	한일 관계 정상화, 포항제철 및 원전 건설, 경제 안정화 종합대책, 수출 드라이브
전두환	반도체 산업 육성, 물가 안정, 국민연금, 올림픽 유치
노태우	인천공항, KTX 건설, 중국 · 러시아 수교(북방 정책), 의료보험
김영삼	금융실명제, 부동산실명제, 하나회 해체, 기업 정치자금 폐지
김대중	IMF 극복, 4대 개혁(기업 · 금융 · 노동 · 공공), 초고속 인터넷(행정전산망), 규제 개혁
이명박	4대강 살리기(홍수 방지), IFRS(투명회계) 도입

* 노무현, 박근혜, 문재인 정부는 한국의 경쟁력을 높여줄 정책을 추천받은 실적이 없다.

대한민국, 선진국의 조건

일론 머스크
키운
오바마 전략

일론 머스크가 세계 1위 부호 자리를 여러 해 차지했다. 2022년 초 머스크의 재산 규모는 2,801억 달러(약 364조 원)로 2위 베르나르 아르노 (LVMH) 1,982억 달러, 3위 제프 베이조스(아마존) 1,956억 달러를 큰 차이로 제쳤다(2022년 말에는 아르노가 1위로 부상). 일론 머스크의 부는 테슬라, 스페이스X, 솔라시티 등 3개 기업의 최대 주주에서 비롯된다.

2021년 스페이스X는 아마존의 블루오리진, 리처드 브랜슨의 버진 갤럭틱 등 3사가 경쟁을 펼친 우주관광 로켓쇼에서도 압도적인 우위로 앞날이 창창함을 과시했다. 우주선이 날아오른 고도는 블루오리진 107km, 버진갤럭틱 89km인 데 비해 인스퍼레이션 4와 손잡은 스페이스X는 575km를 솟구쳐 올라 3일간 지구를 돌며 그야말로 진짜 우주여행이 무엇인지를 보여줬다. 블루오리진, 버진갤럭틱은 10분짜리 맛보기 쇼에 불과했지만 스페이스X는 차원이 달랐다. 2022년 4월에는 민간인 4명을 태우고 국제우주정거장(ISS)을 8일간 여행하는 데 성공하기도 했다. 우주여행 상품은 버진갤럭틱이 90분짜리를 5억 6,000만 원에 팔고 있으며, 스페이스X로 우주정거장에 다녀오는 여행경비는 670억 원이라니 일반 대중에게는 그저 언감생심일 따름이다. 아무튼 돈잔치다.

테슬라의 주가 흐름을 보면 2010년 6월 29일 상장 당일 주가는 17달러였고 2020년 8월 5 대 1로 주식분할 했으므로 상장 시 매입한 투자자는 횡재한 셈이다. 스페이스X는 2002년 6월, 테슬라는 2003년 7월에 각각 설립됐으므로 일론 머스크는 사업을 시작한 지 20년도 안 돼 세계 제1의 갑부가 됐다.

일론 머스크는 2022년 트위터 인수를 둘러싸고 취소 해프닝을 벌이다가 결국 인수했는데 상장 폐지, 직원 절반가량인 3,700명 해고에 이어, 정치색 짙은 행동으로 이미지가 많이 훼손돼 결국 트위터 CEO 자리에서 물러났다.

로켓과 전기차로 세상을 흔들다

그의 사업은 그렇게 꽃길이었을까. 50대 초반인 그의 인생 역정을 한번 따라가 보자.

일론 머스크는 1971년 남아프리카공화국 출생이다. 고등학교를 마치고 1988년 캐나다로 가서 2년가량 시급 18달러를 받고 보일러 청소

대 한 민 국 , 선 진 국 의 조 건

를 하다 퀸스대에 입학한 지 얼마 안 돼 미국 펜실베이니아대 와튼스 쿨로 전학해 경제학과 물리학을 공부했다. 1995년 스탠퍼드대 박사 과정에 합격해 실리콘밸리로 진출했다. 실제 박사 과정을 다니지 않고 'Zip2'라는 인터넷 영업 광고 회사를 남동생 킴벌과 함께 차렸고는데 1999년 회사를 팔아 개인적으로 2,200만 달러를 벌었다. 캐나다 배낭 여행자에서 28세에 갑부가 되는 데 10년이 안 걸린 셈이다.

번 돈을 2개월 내에 재투자하면 세금을 감면받는 제도를 활용하기 위해 이번에는 온라인 은행업인 엑스닷컴을 설립했다. 이어 《제로 투 원》의 저자로 유명한 피터 틸이 창업한 페이팔과 통합했다. 이후 캐나 다 유학 때 만난 저스틴과 결혼해 신혼여행 기간 중 이베이가 15억 달 러에 페이팔을 인수하자 머스크는 지분을 팔아 2억 5,000만 달러(세후 1억 8,000만 달러)를 챙겼다. 아프리카 신혼여행에서 말라리아에 걸려 혼 수상태로 목숨을 잃을 뻔한 일이 있었다.

2001년 30세가 되던 해 LA로 이사해 우주광(狂)들과 어울리면서 미 국의 정신이 탐험을 향한 인류의 욕망과 뒤엉켜 있다고 믿었다. 이듬 해 모스크바를 방문, 대륙간탄도탄(ICBM) 발사체 3대를 2,000만 달러 의 싼값에 사서 개조하여 저렴히 우주를 탐사하는 사업을 하기로 결심 했다. 그러나 러시아 측이 로켓 가격을 워낙 높게 불러 직접 설계해 생 산하는 것이 싸다는 결론을 내리고 2002년 6월 스페이스X 기업을 1억 달러를 들여 정식 설립했다. 로켓 엔진과 제조를 저렴한 비용으로 개 발해 2003년 10월 최초 로켓 팰컨 1호를 발사한다는 목표로 뛰면서 워 프(Warp) 속도로 개발하고자 하루 20시간씩 일했다.

창업 이듬해인 2003년 12월 팰컨 1호 시제품을 공개하고 미 연방항공국에 전시하며 정부 지원을 타진했다. 당시 5개 엔진을 묶어 4,200kg을 우주정거장에 보낼 수 있으면 NASA와 계약이 가능한 상황이었다.

그러나 하와이와 마셜군도 사이에 위치한 콰절레인섬에서의 첫 세 번 발사에서 실패를 거듭하고 말았다. 수중에 돈은 떨어져 가고 마침내 2008년 9월 28일 운명의 네 번째 발사일. 이번에도 실패하면 자금 부족으로 스페이스X 사업은 끝장날 판이었다. 행운의 여신이 도와 4차 발사에서 성공했다. 그러나 4차 발사 성공은 일론 머스크가 사업 시작 때 한 계산보다 무려 4년 반이나 더 걸렸다. 그는 "국가가 할 일을 개인이 한 것이며 내 평생 가장 위대한 날"이라고 4차 발사에 성공한 순간을 표현했다.

세계 금융위기가 닥친 2008년엔 일론 머스크의 전기차 회사인 테슬라도 '로드스터' 주문과 생산이 원활치 않아 "테슬라의 임종을 지켜보기"라는 웹사이트 글이 난무했다.

테슬라 실패, 스페이스X 3차 발사 실패라는 기사로 매스컴이 도배되고 설상가상 일론 머스크는 첫 아내 저스틴과 이혼했으며, 테슬라 동업자 마틴 에버하드가 퇴사 후 "기술을 도용당했다"며 소송을 걸어왔다. 문자 그대로 사면초가 신세였다.

머스크는 '스페이스X, 테슬라 둘 다 살리는 건 안 되고 하나만이라도 살렸으면 좋겠다'는 생각이 간절했다. 통장 잔고도 말라붙었다. "머스크가 심장마비가 와 죽고 말 것 같았다"고 이혼 후 만난 약혼자 탈룰라 라일리는 일기에 썼다.

대한민국, 선진국의 조건

그 당시 그의 얼굴은 죽은 사람 같았다고 한다. 머스크는 사촌과 함께 설립한 에버드림을 팔아 입금된 1,500만 달러로 간신히 사지에서 벗어났다.

스페이스X가 4차 발사에 성공하자 12월 말 NASA는 스페이스X를 12차례 발사해 화물을 우주정거장에 운반해준다는 조건으로 16억 달러 계약을 체결했다. 이 돈이 수혈돼 머스크는 다 죽었다 살아났다!

당시 미국은 우주왕복선을 퇴역시켜 사람이나 화물을 우주정거장에 보내려면 러시아 우주선에 의존할 수밖에 없었는데 러시아 측은 1명당 7,000만 달러를 요구하는 횡포를 부렸다. 이젠 스페이스X가 그 일을 담당하게 된 것이다. 일론 머스크는 로켓을 재사용하는 기술로 몇 년 후면 발사 가격을 10분의 1 이하로 낮출 수 있으며 스페이스X는 연간 120억 달러 이상 흑자를 낼 수 있다는 계산이 나왔다.

오바마 대통령은 2011년 한 연설에서 "2015년까지 전기차 100만 대 생산을 목표로 에너지부(部)가 자동차 및 배터리 제조업자들에게 자금을 지원하라"고 지시했다. 청정에너지로 지구 온난화를 막는 한편, 중동 원유 수입에 국민 세금을 갖다 바쳐선 안 된다는 게 오바마의 신념이었다. 보수 언론은 테슬라의 전기자동차를 '오바마 자동차'라고 희롱했다.

테슬라는 2010년 1월 에너지부와 차관협정을 맺고 4억 6,500만 달러를 지원받았으며 크라이슬러의 경우 무려 50억 달러를 지원받았다 (한국 국회 같으면 왜 대기업에 지원하느냐며 야당이 반대했을 것 같다).

테슬라는 그해 6월 기업공개로 2억 2,600만 달러의 자본 조달을 함으로써 고급 전기차 로드스터의 후속으로 모델S를 생산하고 모델3, 모델X를 개발할 활로를 확보하게 됐다.

하지만 호사다마라고나 할까. 테슬라의 상황은 2012년 6월 22일 모델S를 최초 고객에게 인도한 이후 중고차 거래 시장, 생산 속도 저하, 차 성능에 대한 악소문 등으로 다시 한번 '죽음의 계곡'에 빠져들고 말았다. 회사 계좌에 돈이 또 말라붙었다. 일론 머스크는 구글의 래리 페이지를 만나 "몇 주를 버티기 어려우니 부자 회사가 테슬라를 사 달라"고 2013년 4월 당부했다. 인수가격 60억 달러에 그가 8년간 경영권을 갖는다는 조건이었다고 애슐리 반스의 저서 《일론 머스크, 미래의 설계자》에서 쓰고 있다. 그런데 놀랍게도 그 순간 판매가 증가하면서 테슬라는 흑자로 돌아섰다. 죽음의 계곡에서 탈출하며 일론 머스크의 평판은 성공의 대명사로 하늘 높이 치솟았다. 파산 지경에서 세계 1위 부자가 되는 데 정확히 10년이 걸렸다.

머스크를 살린 미국, 제조업을 되찾다

일론 머스크가 건설한 전기차와 민간 우주로켓 발사는 세상을 새롭게 바꿨다. 스티브 잡스의 아이폰에 이어 일론 머스크의 로켓 제조가 미국의 제조업 르네상스를 가능케 한다는 자신감을 불러일으켰다. 테슬라 이전의 전기차는 '골프 카트'나 공장 내 물건을 나르는 지게차 정도였으나 친환경 고급 자동차가 가능함을 처음으로 증명했다.

최초의 전기자동차 회사는 1888년 독일의 안드레아스 플로켄이 만든 회사였고 1900년대 초만 해도 전기차 생산 비중이 38%에 달할 정도로 대중화된 역사가 있었다. 그러나 당시 배터리 기능 향상에 실패해 전기차는 역사의 뒤안길로 사라졌으며 그 후 어떤 업체도 대중화를 시도하지 못했다. 독일 다임러-벤츠, 일본 토요타 같은 대형 메이커들도 테슬라에 배터리를 공급받고 지분 투자를 해주면서 전기차에 뛰어드는 계기가 됐다. BMW, GM도 마찬가지다. 일론 머스크는 2002년, 2003년에 세상을 바꾸겠다고 우주로켓, 전기차 등 세상에 없는 사업에 겁 없이 도전했다가 지옥의 5년을 보낸 후 2008년 입에 풀칠하기도 어려워지자 "내가 미쳤다고 생각하나"라고 주변에 묻는 신세를 마침내 극복했다.

일론 머스크는 스타트업치고는 드물게도 금융재무 지식과 물리학 지식을 겸비한 재능을 지녔다. 그에 관한 책을 보면, 로켓 제작과 발사 비용을 자기 혼자 힘으로 계산할 능력이 있었다. 실리콘밸리의 저명한 투자가 스티브 저벳슨은 "일론 머스크는 빌 게이츠와 스티브 잡스를 합쳐놓은 인물"이라고 평가한다.

하지만 머스크처럼 탁월한 기업가의 뛰어난 발명품도 역풍을 만났을 때 정부가 손을 내밀어 살려주지 않으면 죽는다. 2008년 세계 금융위기 때 GM, 포드자동차, AIG, 모건스탠리 등 금융기관들도 정부가 긴급 구제금융으로 목숨을 살려주지 않았더라면 모두 도산했다.

오바마 대통령이 전기차와 우주로켓 민영 조달을 지원하기로 결정하지 않았더라면 스페이스X는 이미 사망했을 것이다. 그리고 지금쯤 테슬라의 경영권은 구글이나 다른 자동차 회사로 넘어갔을 테고 전기차는 사라졌을 것이다. 일론 머스크는 세계 부호 1위가 아닐 것이고 미국의 제조업은 더욱더 중국으로 주도권을 넘겼을 것이다.

스웨덴
복지천국
실험의 교훈

스웨덴의 최근 50년 역사를 보면 많은 교훈을 담고 있어 연구할 가치가 충분하다. 오늘날 스웨덴은 1인당 국민소득이 6만 322달러로 세계 8위(2021년)이며 '유럽의 실리콘밸리'라 불릴 정도로 청년들의 창업 열기가 뜨겁고 국가는 열성을 다해 밀어준다.

스웨덴에서 유학하고 귀국해 '북유럽연구소'를 경영하는 하수정 소장은 "스톡홀름은 인구 대비 유니콘이 미국 다음 세계 2위로 많다. 우리 귀에도 익은 스포티파이, 클라르나, 스카이프, 모장 같은 기업들이 스웨덴에서 자라난 회사들이다. 현재 유니콘은 6개(한국 18개)지만 기존에 성장한 것까지 합치면 35개에 달한다"고 말한다.

스웨덴의 스타트업을 미국의 마이크로소프트가 인수해 대박 치는 걸 보면서 유망한 아이디어를 가진 청년들은 "창업하자!"며 뛰어들고 있다. 특히 환경오염 방지나 사회적 가치가 높은 업종에 투자를 지원하는 임팩트(Impact) 투자기금에 돈이 많이 몰려 스타트업을 지원해주고 청년 사업가들이 망하더라도 2년 동안 실업급여를 80% 수준으로 주기 때문에 용기를 내 뛰어든다고 한다. 똑똑한 청년들은 일단 내 사업에 나서 보고 대기업 취업은 그다음 순위며 공무원 시험은 맨 아래 순위라고 하수정 소장은 설명한다.

'노르스켄하우스'는 2016년 사회적기업을 지원하기 위해 설립한 기관인데 클라르나 창업자가 주도했다. 2019년 설립된 '팩토리'는 100개가 넘는 스타트업과 벤처캐피털이 모여 있는 북유럽 최대 혁신기술허브다.

좌파들의 천국, 유럽의 병자

하지만 스웨덴의 GDP 대비 조세부담률(총세금을 GDP로 나눈 비율)은 42.7%로 여전히 높고, 한국으로 치면 국민연금을 회사 측과 근로자가 5 대 1로 부담하며 급여의 30%를 회사가 내기 때문에 실질적으로 법인세를 올린 효과가 있다(한국의 국민연금은 개인 대 회사가 1 대 1로 4.5%씩 부담). 한국은 재산세, 종부세로 수천만 원 혹은 수억 원대를 징벌적으로 내야 하지만 스웨덴의 재산세는 854달러(약 120만 원) 또는 주택 가격의 0.75% 중 낮은 금액을 부담해 엄청나게 싸다. 상속증여세를 2005년에 폐지해 자본이득세로 돌렸으며 부자들에게 뜯어내던 부유세도 2007년에 폐지했다. 특히 회사를 상속받는 경우 지분을 팔지만 않으면 세금을 한 푼도 내지 않아도 되니 승계가 쉽다.

스웨덴은 1970년만 해도 전 세계 좌파들의 환상적 모델이었다. 사회주의 평등사상을 관철하기 위해 올로프 팔메 총리는 노조를 세계 최강으로 키워줬다. 팔메의 노선은 ①높은 세율, ②소득 재분배, ③국가의 대대적 개입(공무원 증원), ④규제 양산, ⑤노조와의 정권 결탁이 특징이었다(문재인 정부가 여기서 벤치마킹한 듯하다). 복지 재원을 짜내기 위해 법인세 60%, 소득세 85%, 상속세 70% 정책을 세우는 등 부자를 적대시했다.

스웨덴의 복지국가 성격이 강화된 시기는 1970~1991년 사이였다. 평등을 실현하기 위해 노동자 급여를 대폭 올리고, 일자리는 공무원이나 공공기업 취업을 대대적으로 늘려 만들었다. 스웨덴은 급속히 유럽의 병자로 전락했다.

좀 더 구체적으로 살펴보자. 1960~1990년에 민간경제 부문 종사자는 300만 명에서 260만 명으로 감소한 반면 국가의 돈으로 생계를 유지하는 사람은 110만 명에서 390만 명으로 증가했다. 공공 부문 일자리가 민간보다 130만 명이나 더 많았으니 스웨덴이 자본주의에서 사회주의로 옮겨간 확연한 증거다.

기업인에 대한 소득세율을 85%로 하고 법인세를 올리자 잉바르 캄프라드 이케아 회장은 1974년 네덜란드, 덴마크로 본사를 옮기고 이민을 갔다.

유명한 동화작가 아스트리드 린드그렌에게 102%의 소득세가 부과되고, 영화감독 잉마르 베리만도 세금으로 다투다가 파리로 이민을 가는 사건이 벌어졌다. 린드그렌은 소득보다 세금이 많은 데 정부의 사

대한민국, 선진국의 조건

과를 요구해 받아냈으나 국가에 환멸을 느껴 해외로 떠나갔다. 코로나 19 때 백신을 생산한 영국의 아스트라제네카는 스웨덴 아스트라가 세금이 버거워 영국 제네카에 팔아서 합병된 회사다.

당시 스웨덴은 큰 스포츠 중계가 있는 날은 병가를 낸 노동자가 근무자보다 많은 게 보통이었다.

모든 기업은 이익의 일정 부분을 '노동자기금'으로 의무 적립해야 한다는 법안이 상정됐을 때 이러다간 스웨덴이 망하게 생겼다고 마침내 온 국민이 들고일어나 데모를 벌였다(1984년).

1990년부터는 복지국가를 그만하라는 시민들의 데모가 더 커졌다.

드디어 1990년, 1991년 대대적인 세제 개혁이 있었다. 소득세율은 평균 33% 수준, 법인세는 여러 차례 인하되다 2013년 22%로 최종 낙착됐다. 소득세를 내는 국민이 90% 이상으로 한국인 40%가 소득세를 안 내는 것과 큰 차이가 있다. 1992년 경제학자 아사르 린드벡 주도하에 '스웨덴 경제위기 위원회'를 발족해 평가보고서를 작성했다. 국가 지출, 공무원(공기업) 채용, 국가의 시장 개입, 실업수당을 대폭 줄이라는 처방을 내렸다. 그대로 한 결과 스웨덴 경제는 다시 급성장기로 접어들었다.

스웨덴과 닮은 꼴, 한국

아사르 린드벡의 평가보고서는 한국에 시사하는 바가 크다. 강성 노조, 세금 분야에서 한국이 벤치마킹할 부분이 꽤 많다. 여기선 세제 부문을 조명해서 보고자 한다. 홍콩이 중국에 반환되면서 많은 미국,

유럽 기업들이 홍콩 소재 회사를 옮기며 가장 참고하는 대목은 바로 조세 분야, 특히 법인세, 소득세, 상속증여세율이었다. 조세제도도 국제경쟁력으로서의 의미가 강해진 것이다.

미국의 조세재단이 발표한 조세경쟁력을 보면 한국은 2017년 17위에서 2021년 26위로 9단계나 추락해 OECD 국가 중 하락 폭이 1위였다. 한국의 상속증여세는 최고 60%로 세계에서 가장 높아 외국 기업의 한국 진출(FDI)을 막는다. 선진국 평균은 30% 수준이다. 스웨덴의 법인세율(22%)은 한국(대기업 25%)보다 낮다. 일본은 직계존속에게 주택자금, 교육자금, 결혼·육아자금을 증여받으면 특례를 도입해 '생전증여'를 장려함으로써 소비를 촉진한다.

2008년 이후 소득세 과표구간을 조정하지 않아 가렴주구 현상이 발생하고 있는데 미국처럼 물가연동제를 한국도 조속히 도입하는 게 좋다. 1,200만 원 이하부터 10억 원 초과까지 무려 8단계로 세율구간을 세분한 경우는 세계 최대일 것이다. 포퓰리즘이 작용한 탓이며 세구간을 훨씬 단순화할 필요가 있다.

한국은 기부금을 낼 경우 받는 세액공제가 15%에 불과하다. 미국 50%, 영국 20~45%, 일본 40%에 비하면 터무니없이 낮아 기부에 인색한 사회를 자초하고 있다. 세액공제 비율을 더 늘려야 한다.

세금도
국가경쟁력

프랑수아 올랑드 프랑스 대통령이 2012년 부유세(75%)를 도입하자 유럽의 시가총액 1위 기업 LVMH그룹 회장인 베르나르 아르노가 국적을 벨기에로 옮긴다는 소동이 일었다. 아르노의 재산은 1,708억 달러(약 222조 원)로 주가가 폭락한 테슬라의 일론 머스크를 제치고 세계 1위(2022년 말)로 올라섰다. 스웨덴의 세계적 가구 업체 이케아는 높은 세금을 원망하며 회사를 스위스, 네덜란드로 이전한 후 아직도 해외를 떠돌고 있으며 당시 불세출의 테니스 스타 비에른 보리, 전설의 여성 보컬 아바그룹도 국적을 버리고 떠나갔다. 영화배우 제라르 드파르디외는 러시아로 국적을 옮겼다.

중국이 홍콩을 강점하자 많은 서양 기업들이 아시아 헤드쿼터를 타국으로 이전할 때 가장 먼저 고려한 사항 역시 세금이었다. 다국적기업 관계자들은 "종사자들이 본국에 보고할 때 자기 자신의 이해관계 때문에 소득세를 법인세보다 먼저 따진다"고 말한다. 홍콩 주재 서방 기업들은 중국의 눈치를 보느라 홍콩 현지 조직을 확 줄여 껍데기만 남기고 큰 볼륨은 세금이 싼 싱가포르로 대거 이전했다. 싱가포르가 홍콩 대신 아시아 금융허브로 발돋움했다는 기사가 대서특필되고 있다. 싱가포르의 소득세는 최고 17%, 법인세율도 17%로 한국의 소득세 45%, 법인세 24%에 비해 훨씬 낮다. 홍콩에서 한국으로 온 기업은 〈뉴욕타임스〉 지부 딱 한 군데였다.

단도직입적으로 한국이 도시국가 싱가포르처럼 세율을 낮추란 이야기는 아니지만 세금도 중요한 국제경쟁력임을 위의 여러 사례를 들어 말하고자 한다.

해외 기업이 몰려들면 일자리, 그에 따른 소비와 세금(법인세, 소득세)도 부수적으로 따라온다. 1980년경까지만 해도 '유럽의 가난뱅이'였던 아일랜드가 단박에 소득 10만 달러 부자나라로 탈바꿈한 것은 북미 국가의 유럽 본부를 법인세 12%라는 미끼로 대거 유치한 덕이었다. 아일랜드 같은 사례를 막기 위해 미국 주도로 OECD는 글로벌 최저한세(15%, 필라2)를 정했으며 전 세계적으로 2024년부터 적용된다. 삼성전자, 현대차가 바이든 대통령의 요청으로 미국에 거액의 투자를 할 때 세율보다는 시장 규모, 전 세계적 판매 전략을 더 많이 봤겠지만 그 밖의 나라에 진출할 때는 분명 한 나라의 세금 체계가 경쟁력 요소임에 틀림없다.

미국 조세재단의 〈글로벌 조세경쟁력〉 보고서에 따르면 한국은

2017~2021년 조세경쟁력이 5년 동안 17위에서 26위로 9단계나 하락했다. 한국의 순위 하락은 법인세, 소득세, 재산세 부문에서 유독 심했다. 그 이유는 세계적 추세와는 반대로 법인세 최고세율을 22%에서 25%로 올렸을 뿐 아니라 과표구간도 3단계에서 4단계로 복잡하게 만든 때문이다(법인세 최고세율을 24%로 1%p 인하하는 법 개정). 법인세는 소득세의 누진 체계와 달리 24개 국가가 단일 세율을 적용하고, 11개 국가는 2단계뿐이다. 한국처럼 중소기업, 중견기업, 대기업을 따로따로 4단계로 하는 나라는 없다. 더욱이 우리 대기업 세율은 OECD 평균치 21.2%보다 상당폭 높다.

눈 뜨고 코 베어 가는 한국

미국은 트럼프 정부 때 법인세 최고세율을 35%에서 21%로 큰 폭 낮춰 OECD 평균치에 맞췄다. 한국의 소득세도 문재인 정부 때 42%, 45%(지방세 포함 49.5%) 과표구간을 새로 늘려 설정했는데 이젠 국제적으로도 높은 편이다. 만약 미국인이 한국의 대기업 간부로 취직해 월급여에서 떼는 세금을 보면 큰 충격을 받고 귀국해버릴 것이다. 우리의 소득세구간은 대기업 중간간부가 주로 받는 6,000만~8,800만 원까지 적용되는 세율이 24%, 8,800만~1억 5,000만 원 35%, 1억 5,000만~3억 원 38%다(3억~5억 원 40%, 5억~10억 원 42%, 10억 원 초과 45%).

미국의 소득세율을 보자. 혼자 사는 싱글과 부부 합산에 적용하는 세율이 다르며 부부 합산의 경우 애도 낳고 하니 많이 할인해주는 공식을 쓰는데 한국도 이를 도입할 필요가 있다. 미국의 부부 합산 소득세율구간을 보면 한국의 중간간부들에 해당하는 6,000만~1억 1,200만 원까지가 12%다. 한국은 24~35%를 적용받는 구간이다. 1억 1,200만~2억 4,000만 원 구간은 22%, 2억 4,000만~4억 6,000만 원 구간은 24%다. 한국은 38~40%로 코피 터지는 구간이 미국은 24%밖에 안 된다.

윤석열 정부 들어 2022년 세법 개정안을 보면 소득세는 맨 하위 6% 적용을 받는 1,200만 원 이하를 1,400만 원 이하로, 세율 15%를 적용하는 1,200만~4,600만 원 구간을 1,400만~5,000만 원으로 시늉만 낸 데 그쳤다. 집값이 50억 원, 100억 원 하는 부유층의 종합부동산세, 양도세 부담은 절반 정도로 줄여주면서 중산층 소득세율의 가렴주구에는 눈을 감았다. 속히 바로잡아야 한다. 법인세율은 구간별로 1%p씩 일제히 인하한 것도 어색하다.

한국의 상속증여세도 주요 선진국에 비해 지나치게 높다. 최고세율 50%(30억 원 초과 시)는 OECD 평균 15%에 비해 배 이상 높다. 윤 정부 세법 개정에서 중견기업의 가업 승계 시 세금 우대 기업을 매출액 4,000억 원에서 1조 원으로 높이고자 했으나 5,000억 원으로 올리는 데 그쳤다.

그러나 상속증여세율 자체를 손대지 않은 것은 조세의 국제경쟁력을 외면한 처사다. 미국은 상속증여세의 생애주기 기본 공제액을 근래 500만 달러에서 1,000만 달러로 올렸고 현재는 인플레 추세를 감안해 1,206만 달러(약 160억 원)까지 재산을 물려줘도 세금이 0이다. 한국의 상속세 공제액은 1997년 제도 도입 이후 5억 원을 그대로 유지하고 있다. 그동안 국민소득은 1만 달러에서 3만 5,000달러로 오르고 물가, 집

대한민국, 선진국의 조건

값 등이 몇 배나 오른 것을 감안하면 한도를 올려야 한다.

스웨덴은 상속세를 70%까지 올렸다가 기업인, 유명 인사들이 국적을 버리고 해외로 떠나자 2005년 상속세를 폐지하고 대신 자본이득세를 도입했다. 주식, 부동산 등 재산을 물려받을 시점에 세금을 물리는 게 아니라 파는 시점에 취득가액과 매각 가격 사이의 차액에 대해서만 30%로 일률 과세한다. 상속으로 큰 재산을 받았다는 사실 자체로는 세금이 없으며 늘어난 가액에 대해서만 세금이 나오는 것이다.

하이에크의 섬뜩한 경고

한국의 조세부담률은 22.1%(2021년)로 OECD 평균 24.3%보다 약간 낮은 편이다. 이는 소비세 성격의 부가세율이 10%로 OECD 평균 19.3%에 비해 너무 낮은 데 상당한 원인이 있다. 유럽 국가들의 부가세율은 영국·프랑스 20%, 스웨덴 25%, 독일 19% 등으로 한국보다 배나 높은 수준이다. 재산세는 한국 조세수입의 4%를 담당하는데 OECD 평균 1.9%에 비해 배 이상 높아 단연 세계 1위다. 부동산거래세(취등록세)는 OECD 국가들에 비해 무려 5배나 비싸고 늘 인하한다면서 지자체 재정 때문에 낮춰주지 않고 버티고 있다.

윤 정부 세법 개정안 가운데 주식 투자 양도세 연기(2025년), 대주주 요건 완화 등은 잘한 일은 아니다. 한국에서 일하는 외국 기술자 세금 감면, 반도체 등 원천기술 투자 세액공제, 스톡옵션 면세 확대(2억 원), 기업 해외 이익금 국내 송금 시 익금불산입 등은 개선된 방안이다. 국민 모두가 부담하는 부가세를 올리고 재산세, 상속세는 더 낮춰주는 게 올바른 방향이다.

2022년 세제 개혁안은 법인세, 종부세, 상속증여세 등 비정상적인 부분을 상당수 정상화하려는 옳은 방향을 많이 담았다. 그러나 국회를 장악한 더불어민주당이 '부자 감세'라며 반대해 결국 반쪽도 못 건지고 말았다. 그럴수록 조세의 국제경쟁력은 약해지고, 그 결과 약자를 보호하고 부자를 혼내준다는 정책들은 대개 지옥으로 안내한다는 하이에크의 경고(노예의 길)를 외면하면 국민 전체가 손해. 다만 법인세, 종부세, 양도세 등 이른바 부자 감세의 시기 선택이 좋았는지에 대해서는 윤 정부 싱크탱크들의 생각이 좀 부족하다는 평가를 받을 수도 있겠다. 세법 개정으로 2023~2026년 4년간 13조 1,000억 원의 감세 효과가 추계되는데 기업이 6조 5,000억 원, 개인 3조 4,000억 원 등이다. 부자들이 혜택을 보도록 할 수도 있지만 돈을 번 시기에 대한 '특별한 상상력'이 요구된다.

코로나19가 엄습한 시기에 언택트 플랫폼, 게임, 반도체, 전기차, 바이오 등의 기업이나 대주주들은 '횡재'했다. 다보스포럼(2022년)에서 국제구호단체 옥스팜은 〈남의 고통으로부터 이익 챙기기〉라는 보고서를 내고 코로나19로 인해 횡재한 거부들은 2년 동안 자산이 12조 달러 이상으로 늘었다면서 일론 머스크, 제프 베이조스, 빌 게이츠 등과 해당 기업들에 횡재세(Windfall Tax)를 거둬야 한다고 목청을 높였다. 실제로 러시아의 우크라이나 침공으로 유가가 폭등하자 영국과 이탈리아는 25%의 횡재세를 한시적으로 부과했다.

미국, 헝가리 등 동구권 국가들도 가격 급등으로 석유 업체, 곡물 유통 업체에 대한 횡재세 부과 논의가 활발했고 심지어 한국 의회도 더불어민주당이 SK에너지, GS칼텍스, 에쓰오일, 현대오일뱅크 등 정유 4사가 상반기에 13조 원 이상 폭리를 취하자 횡재세를 도입하자는 제안을 했다. 이런 시점에 곧바로 대기업 법인세를 깎자는 법안 제출은 시기상조인 느낌이 있었다. 순차적으로 시기를 2~3년 두고 적용하는 게 순리가 아니었을까.

한국의 세법은 머스그레이브, 바그너 등의 조세 4원칙에 따르지 않고 '이념'을 가미해 재벌이나 대기업, 부자들을 혼내준다는 등 선악의 개념이 많이 반영돼 있다는 평가다. 그래서 서민들도 같이 부담하는 부가세를 손도 안 댄 것은 역포퓰리즘이다. 미국 등 선진국들도 세금을 아예 안 내는 비납세자 비율은 8% 이하인데 한국은 40%가 넘는 실정이다.

탈원전,
대통령 혼자 결정의
위험

탈원전이 한국의 산업과 국민 생활에 끼친 해악은 정책 결정사에서 최악으로 기록될 것이다.

주한규 서울대 원자핵공학과 교수의 계산으로는 직접적인 손실은 23조 원에 달한다. 신한울 1, 2호기 공정을 5년 늦추고 월성 1호기를 조기 폐쇄한 데 따른 손실 등을 합친 것이다. 일부 학자들은 중장기적 후유증까지 감안하면 손해 금액이 550조~1,000조 원까지 부풀어 오르는 것으로 분석한다. 한국이 아랍에미리트에 건설한 바라카 원전 4기의 유지보수 사업권은 당연히 우리가 맡아야 했는데 탈원전 정책 때문에 프랑스로 넘어간 손실만 50조 원에 달한다는 추계치도 있다. 주한규 교수의 계산대로 23조 원만 해도 얼마나 큰돈인가 하면 인천 신공항 5단계 확장 공사까지 합쳐서 들었던 금액과 정확히 일치한다.

문재인 정부 측에서는 원전을 조기에 완전히 없애는 게 아니므로 탈원전이 아닌 에너지 전환이라고 교묘하게 국민을 속였다. 그러나 학계에선 '신규 건설'을 하지 않음으로써 산업 생태계가 죽고 서울대, KAIST 원자력학과 미달 사태가 난 것이야말로 진정한 탈원전의 개념으로 본다. 문재인 전 대통령은 취임 40일 후 고리원전 1호기 폐쇄식 연설에서 "탈원전은 거스를 수 없는 시대의 흐름이며 고리 1호기 영구 정지는 탈핵국가의 출발이다"라고 했다. 탈원전이라고 못 박아 말했던 것이다.

하지만 윤석열 대통령은 신한울 3, 4호기 현장을 둘러보고 (문재인 정권의 탈원전은) '5년간의 바보짓'이라고 재규정했다. 우크라이나 전쟁 후 원유, 천연가스 값이 천정부지로 뛰자 영국, 폴란드, 체코 등 많은 유럽 국가들이 원전 건설로 선회한 것과 때를 같이해 윤석열 정부도 신속하게 원전 재개로 급선회했다. 문재인 정부가 탈원전을 선언할 무렵 전 세계에서 이탈리아, 벨기에, 독일, 대만, 스위스, 스웨덴 6개국이 탈원전을 추구했는데 문재인 정부는 일곱 번째 티켓을 끊었던 것이다.

홀로 다른 길을 간 한국

일본 후쿠시마 원전 폭발(2011년 3월 11일) 사고는 독일, 이탈리아, 대만이 탈원전 결정을 하는 데 영향을 미쳤다. 그런데 독일은 후쿠시마 이전부터 무려 5년에 걸쳐 탈원전 결심 여부를 놓고 각계각층 전문가가 공론화를 거쳐 치열하게 토론했다. 결론을 낼 무렵 하필 후쿠시마가 터져 탈원전 결심을 재촉한 측면이 있다. 러시아에서 노르트스트림 1, 2를 건설해 천연가스를 연결하는 것으로 전력 문제를 해결하려 했는데 푸틴 러시아 대통령이 NATO 제재의 보복으로 가스관을 잠가버리자 독일은 땅을 치고 탈원전을 후회했다. 대만, 스위스는 국민투표를 거쳐 최종 결론을 내렸다.

그런데 문재인 정부만 독일처럼 5년간 치열한 연구를 하지 않고 3개월 만에 '공론화위'라는 위장 친위대 같은 걸 급조해 후딱 해치워버렸다. 스위스처럼 국민의 동의를 구하는 절차도 없었다. 그 흔한 공청회, 특별법 같은 것도 하나 없었다. 그래서 의문투성이다. 민주주의적 투명한 절차, 합법적인 제도화의 관례를 위해 규명해야 할 상당한 미스터리가 숨어 있다.

탈원전은 문재인 대통령 혼자서 결정한 것인지, 다른 과정이 있었는지 훗날을 위해서라도 꼭 밝히고 넘어가야 한다. 그런 결정을 한 계기는 무엇인가? 중간에 잘못된 결정으로 판명 났다면 왜 수정하지 않았는가. 탈원전 정책 하면 청와대에서 김수현, 윤건영 등의 이름이 거명되고, 더불어민주당에서는 우원식, 양이원영 의원 등이 연관이 있다고 알려졌다. 학계에선 김익중 교수(동국대), 김좌관 교수(부산가톨릭대), 그리고 백운규 교수 등이 연루된 것으로 알려져 있는데 백운규 교수는 산업부 장관이 돼, 월성 1호기 불법 조기 폐쇄에 관여됐다. 탈원전의 뿌리를 캐기 위해 많은 탐문이 이뤄졌지만 이들 중 누가 탈원전 추진에서 문 전 대통령에게 결정적인 영향을 미쳤는지는 밝혀지지 않았다. 다만 한수원 사장을 역임한 인사나 산업부 고위직 출신들의 말을 빌리면 청와대 참모들도 문의 눈치를 보고 지휘만 했지 설계자는 아니라는 것이다. 국회의원, 교수들은 일일이 확인해봤지만 시원(始源)은 모른다.

《한국 탈핵》이란 책을 써서 문재인 대통령이 초빙해 강연도 들었다는 김익중 교수는 통화에서 필자에게 가장 많은 사실을 확인해줬다. "…대통령선거가 있기 전 후쿠시마 사고 때문에 탈원전 관심이 요란했었다. 당시 문재인 후보는 2011년 일본을 방문해 손정의 소프트뱅크 회장을 만나고, 일본 현지에서 '탈원전 공약'을 선언해버렸다. 내 책으로 문 후보를 설득했다고들 했는데 내가 막상 문 후보를 만난 것은 탈원전 공약 이후였다…." 영화 〈판도라〉는 2016년에 나왔으므로 영화 한 편 보고 탈원전 정책을 편 건 아니라는 게 확인된 것이다.

문은 한국의 원전들이 밀집해 건설된 양산 사저에서 멀지 않은 포항, 경주에서 진도 5.4의 지진이 발생하자 크게 놀라 원전시설 앞에 가서 1인 시위를 여러 차례 했다는 말도 있었다. 그때 큰 충격을 받았고 절대로 원전을 저대로 두면 안 되겠다는 '감정'을 품었다는 것이다.

대통령 취임 40일 만에 고리 1호기 영구정지 행사(2017년 6월 19일)에서 발표했던 연설문을 보면 나타난다. "지진으로 인한 원전 사고는 치명적인데 후쿠시마 원전 사고로 1,368명이 사망했고 암 환자는 파악조차 불가능하다. 고리 원전 30km 이내에 382만 명이 사는데 후쿠시마 인근에는 17만 명이 산다. 원자력안전위원회를 대통령 직속으로 하여 (탈원전을) 챙기겠다."

문의 원전 공포감이 얼마나 컸던지 연설 원고는 두 가지 거짓에 기반한다.

후쿠시마 사고 원인은 지진이 아닌 대형 파도(쓰나미)가 문제였고, 후쿠시마 원전 사고로 죽은 사람은 한 명도 없었는데 1,368명이나 죽었다는 사실과 다른 연설을 했다. 사고가 난 지 6년도 넘었는데…. 원자력안전위원회에서 월성 1호기 조기 폐쇄에 반대표를 던진 이병령 박사는 "후쿠시마 원전은 비등수형 원전이고 한국 원전은 가압수형으로 같은 사고가 나면 '수소+산소=물'의 등식으로 폭발이 아니라 그냥 물이 돼버린다"며 후쿠시마 원전과 달리 한국 원전은 전혀 위험성이 없다고 확인해줬다. 이걸 알고 김대중, 노무현 정부 때도 각각 2기와 4기씩 신규 건설을 허용했다는 것이다.

지구 온난화 문제가 부각되면서 이산화탄소 배출 감축 압력이 거세지자 신재생에너지만으로는 부족해 원전 건설로 회귀하는 흐름이 생겨났다. 설상가상 러시아의 우크라이나 침공으로 원유, 천연가스가 천정부지로 뛰어 화력발전 코스트가 오르고 신재생은 제때 발전을 못 하면서 원전 신규 건설 수요가 급증하는 추세로 바뀌었다. 대만도 차이잉원 총통이 탈원전 정책 폐기를 선언하고, 대재앙을 겪은 일본은 원전 17기 재가동 심사를 통과하며 원전발전 비중을 3%까지 줄였다가 다시 22%로 늘리기로 결정했다. 이어 일본은 후쿠시마 원전 사고 11년 만에 원전 건설로 유턴하는 GX(그린 트랜스포메이션) 기본 방침을 확정 발표했다. 우리나라는 태양광, 풍력 등 신재생발전을 하는 데 지형상 불리한 편이다. 태양광은 사막 등 일조량이 풍부한 국가에 안성맞춤이며 풍력도 조류가 강한 북위도 해상이 훨씬 유리하다. 체코, 폴란드, 사우디, 영국, 미국 등 전 세계적으로 101기의 원전 건설 계획이 진행되고, 검토되는 것까지 합치면 총 325기의 신규 건설이 예상된다.

한국은 2009년 아랍에미리트에 원전을 수출한 후 문 정부에선 전혀 수출 실적이 없었다. 탈원전을 하고 신규 건설이 없는 나라에 누가 발주를 하겠는가. 특히 문 전 대통령은 해외 순방 시 한국 원전의 우수성을 말해놓고 귀국 후 수출팀을 파견한 적은 한 번도 없었다. 청와대 회의에서 반기문 전 유엔 사무총장이 "탈원전은 옳지 않다"고 하니 문은 "유럽도 그 방향으로 가고 공론화위원회에서 결론이 이미 났다"며 말을 막았다.

주호영 야당 대표, 이철우 경북지사가 청와대를 방문해 문에게 "신한울 3, 4호기만이라도 허용해 달라"고 건의하니 "전력 예비율이 30%나 돼 남아돈다"며 마이동풍이었다. 참고로 전력 예비율은 독일 154%, 미국 41%, 프랑스 50%로 한국보다 높다.

모 청와대 고위직이 문 대통령을 독대해 "신규 원전 건설을 해야 한다는 전문가들의 압력이 높다"고 건의했더니 "그 사람들에게 정권을 잡아서 하라고 하라"며 꽉 짜증을 냈다고 한다. 전직 〈중앙일보〉 논설위원에게 이 글을 쓰면서 물으니 "이것은 명백한 팩트"라며 재차 확인해줬다.

탈원전의 후폭풍

문 정부는 고리 1호기 영구정지 이후 '탈원전 작업'을 6개월 만에 군사작전 하듯 해치웠다. 월성 1호기 폐쇄, 신고리 5, 6호기 건설 중단 여부를 묻는 공론화위원회(500명)를 가동하고(2017년 7월 24일~10월 20일), 공론화위원회가 원전 추가 건설 반대(53% 대 45%)를 이끌어내 국무회의(10월 24일)를 통해 '에너지 전환 로드맵'이란 그럴듯한 이름으로 꾸며졌다.

원전 가동률은 보수 정부 91.5%에서 문재인 정부 71.5%로 뚝 떨어지고 한전 부채는 문 정부 5년간 41조 원이 늘어 146조 원으로 급팽창했다.

문 전 대통령이 "공론화위원회에서 결론이 났다"고 하는데 이념적 성향이 비슷한 500명을 골라 얻은 답을 전체 국민 의사라고 둔갑시키는가. 그리고 이듬해 2018년 "월성 1호기는 언제 중단할 것인가?"라는 문 대통령의 한마디는 모든 불법, 탈법, 위헌의 온상이 됐다가 결국 윤석열 검찰총장을 대통령으로 당선시키는 데 일조하는 격이 됐다.

원전은 비전문가들이 쉬쉬하며 농단할 영역이 아니다. 고도의 첨단 기술 분야로서 소형모듈원전이 차세대 원전 분야로 급부상 중이다. 폭발이 일어나지 않고 규모도 그리 크지 않아 장차 핵융합기술이 터져나올 때까지 천문학적인 시장 규모로 팽창할 것이다. 바보처럼 5년을 소모하는 바람에 한때 SMART 기술로 SMR 분야에서도 선두였던 한국은 다시 뒤로 처지고 말았다. 한국의 산업사에서 이처럼 큰 재앙을 불러온 정책은 없었다. 정책에 이념을 앞세워서 빚어진 참극이며 심지어 중국 개입설마저 나돌았다.

문 전 대통령 재임 5년간 기자회견에서 한 번도 "왜 탈원전을 결심했나"라는 질문이 나오지 않은 건 유감이다. 언젠가 본인의 입으로 혼자 결정한 것인지, 왜 그랬는지 밝혀야 한다. 탁월한 역사 집필가인 바바라 터크먼은 《독선과 아집의 역사》에서 프랑스 루이 14세의 낭트칙령 폐지(1685년)로 기술자들이 대거 해외로 도피하는 것을 보고 "어떤 정책도 개인(王)이 아닌 집단이 결정해야 한다"고 규정했다.

루이 14세는 재임 기간이 역사상 가장 긴 72년이지만 통치 유산은 가장 국가에 손실을 많이 끼친 왕이란 평판을 얻었다.

한국 정치를
4류에서
2류로

국가의 흥망성쇠를 연구한 학자들은 정책, 제도, 지리를 경제 발전의 3대 요소라고 말한다. 재레드 다이아몬드는 《총, 균, 쇠》에서 아프리카의 발전이 다른 대륙보다 뒤진 이유는 지형적 특성으로 물을 가둬 놓지 못해 농업이 안정되지 못함으로써 결과적으로 도시의 산업을 일으키기 어려웠기 때문으로 분석했다. 지리적 특성으로 발전이 뒤졌다는 것이다.

미국과 멕시코 국경에 노갤러스라는 도시가 있는데 한가운데로 국경선이 지나간다. 사는 사람들의 생김새는 비슷한데 미국 땅에 사는 사람들은 멕시코인들에 비해 소득이 2배 이상 높다. 무엇이 차이를 가르는가? 그것은 지리적 요인이 아닌 제도 때문이라고 대런 애쓰모글루는 분석한다. 남북한의 차이를 보더라도 역시 제도가 무엇인지에 따라 결정적인 차이를 만듦을 알 수 있다.

어떤 정책을 구사하는가도 중요한데 가령 중남미 국가들이 미국이나 한국이 쓰는 정책을 갖다 써봤으나 전혀 효과가 없다는 사실이 밝혀지기도 했다. 왜 그런가. 재산권 보호나 부정부패를 막는 제도가 갖춰지지 않기 때문이다.

따라서 경제 발전에는 정책, 제도, 지리 중 어느 하나가 아니라 모두 필요하다는 의미가 된다.

최근 들어서는 정책, 제도, 지리라는 3대 요소만으로는 부족하고 창의적 혁신, 인적자원 육성 같은 요소들이 더욱더 중요해지는 시대가 됐다. 그렇지만 제도는 역시 중요한 요소다. 이 장의 첫 부분에 소개했듯 한국이 전후 최빈국에서 선진국으로 유일하게 도약한 데는 좋은 제도와 정책을 많이 구사한 배경이 있다. 중국은 시진핑이 3연임을 확정한 날 뉴욕 나스닥에 상장된 알리바바, 핀두어두어, 징둥(JD)닷컴 등 5대 기업의 주가가 523억 달러나 폭락했다. 시장은 3연임을 나쁜 제도라고 읽은 것이다.

사실 정책과 제도는 동전의 앞뒤 면 같은 성격이기도 하다. 세계적으로 국가의 힘을 키워준 정책(제도)을 꼽으라면 마거릿 대처 영국 총리의 노동 개혁(1979년), 네덜란드의 바세나르협약(1982년), 핀란드 산업 클러스터(1993년), 독일의 하르츠 개혁(2003년), 이스라엘 테크놀로지 육성(2003년), 스웨덴의 상속세 폐지(2005년), 중국의 제조업 2025(2015년), 그리고 최근 바이든 정부의 반도체와 과학법 등을 꼽을 수 있을 것이다.

제도는 누가 만드는가? 바로 정치인과 정당이다. 만약 20대 대선에서 이재명 후보가 당선됐더라면 지금쯤 기본소득(UBI)을 도입하는 법안을 만들고 연간 50조 원 이상이 소요되는 적자 재정을 편성하느라 여념이 없었을 것이다. 그는 대선 유세 때 중소기업가들을 만난 자리에서 "국가부채가 100% 넘으면 어때? 재정이 돈을 팍팍 써야 한다"는 발언을 하기도 했다. 그때는 미국이 금리를 순식간에 5%까지 급피치로 올릴 줄 꿈에도 몰랐을 것이다.

일본이 전 세계에서 유일하게 미국을 뒤쫓아 금리를 올리지 않아 엔화 환율이 30% 가까이 치솟은 150엔을 일시 돌파해 금융위기론이 나온 이유는 국가부채비율이 256%로 높기 때문이다. 국가부채에 동원된 국채발행고가 우리 돈으로 1경 원이 넘어 미국처럼 금리 4.5%를 올리면 450조 원을 국가 재정에서 이자 갚는 돈으로 충당해야 한다.

이재명 후보가 당선돼 공약대로 기본소득을 강행했더라면 금리를 훨씬 느리게 올릴 수밖에 없어 외화 유출이 심화되고, 달러 환율은 순식간에 1,500원 선을 뚫으며 주가가 더욱 폭락했을 개연성이 높다. 당시 기본소득 공약을 들춰보면 2023년에는 1인당 25만 원, 청년 125만 원, 2024년부터 개인 100만 원, 청년 200만 원씩 무조건 돈을 나눠주겠다고 약속했다. 5년간 252조 원이 필요한 것으로 계산됐으니 연간 50조 원 이상 국가 빚이 증가한다.

그런데 우리 국민 수준은 그렇게 하면 위기가 고조될 것을 직감하고 투표로서 이재명의 선심을 거절한 것이다. 기본소득은 미국에서 1972년 조지 맥거번 후보가 1인당 1,000달러의 데모그랜트(Demogrant)를 매월 나눠준다고 처음으로 공약했는데 이는 당시 GDP의 16%였다.

요즘 한국의 GDP 1,900조 원에 대입하면 연간 300조 원을 공짜로 뿌리겠다고 한 셈이다. 스위스도 2016년 국민소득을 매월 1인당 2,500프랑(약 300만 원)씩 주는 방안을 놓고 국민투표에 부쳤으나 부결됐다. 남미의 선동적 정치가였던 후안 페론(아르헨티나), 우고 차베스(베네수엘라)가 이런 포퓰리즘을 들고나왔을 때 유권자들은 환호했다. 오늘날 미국, 스위스, 한국과 아르헨티나, 베네수엘라의 차이는 포퓰리즘에 대한 국민의 각성이 가른 것이다.

좋은 정치를 만드는 유권자의 힘

작고한 이건희 삼성 회장은 1995년 4월 중국을 방문할 당시 장쩌민 주석을 만나고 나와 베이징 한국특파원들과 함께한 오찬 자리에서 "솔직히 말해 우리나라 행정은 3류, 정치는 4류, 기업은 2류라고 보면 될 것"이라고 말했다. 삼성 반도체 공장 하나 지으려 해도 도장이 1,000개나 필요하며 그래도 허가가 안 나온다고 탄식했다. 당시 이건희 회장은 53세로 현재 이재용 회장과 같은 나이다.

이건희 회장이 타계했던 2020년 문재인 정부 시절, 필자는 똑같은 질문을 여론주도층 30여 명에게 다시 한번 던져봤다. 돌아온 답변은 이랬다. "삼성은 모바일, 반도체에서 일본 기업을 능가하는 1류로 승격한 반면 행정은 정치의 하수인이 돼 똑같이 3류에서 4류로 떨어졌다"는 것이었다. 4류 정치에 1류 제도(정책)를 기대하는 건 연목구어다.

미중 패권 전쟁이 기술 전쟁으로 옮겨가면서 제1 타깃으로 반도체 산업 육성이 부상하고 있다. 미국, 한국, 대만, 일본이 칩4동맹을 결정하고, 미국은 2022년 7월 반도체지원법을 국회에서 통과시켜 520억 달러를 지원한다고 발표했다. 대만, 일본, EU 등도 한국과 비교도 안될 정도로 큰 금액을 지원하며 반도체 육성에 사활을 걸고 있다.

우리 정부도 대학에서 반도체 전문 인력 양성, 시설 투자 세액공제를 6%에서 20%로 확대하기 위한 '반도체산업경쟁력강화법'을 발의했으나 국회는 20% 희망을 8%로 쪼그라뜨렸다. 양향자 의원은 야당의 사보타주에 "국가 장래를 매장하는 매국노"라고 비판하지만 마이동풍이다. 반도체 특위 구성에도 거야는 응하지 않았다. 삼성전자, SK하이닉스 등이 재벌 대기업인데 그들을 왜 도와주느냐고 대번에 퇴짜를 냈다. 그것이 곧 4류 정치다. 반도체 공장에 물 공급 문제가 해결 안 돼 공장을 못 돌리는 현실은 28년 전 이건희 회장이 도장 1,000개를 찍어도 해결이 안 되는 것에서 뭐가 개선됐는가.

정치가 좋은 제도(법안)를 빨리빨리 만들어줘야 전 세계 경쟁국들과의 승부에서 뒤처지지 않을 것이다. 경제학자 케인스는 "기업인의 야성적 충동을 유지해줘라"라고 말한 바 있다.

21대 국회의 지형은 야당이 과반수를 훨씬 넘는 의석(169석)을 보유해 검수완박, 공수처 설치 등 숱한 악법을 쏟아냈다. 경제 분야에서는 주 52시간 근로제, 퇴직자도 노조 가입이 가능한 노동 3법 개정, 중대재해처벌법 등 악법을 쏟아내 기업 하기 어려운 나라로 만들었다. 국제 다국적기업이 한국에 투자를 하지 않기 때문에 좋은 일자리가 더욱 안 생긴다. 그 결과 결혼이 늦어지고 저출산으로 성장동력이 떨어지는 것이다.

한국의 현실에서 연금 개혁, 노동 개혁, 교육 개혁, 저출산 개혁, 서비스산업 개혁 등 5대 개혁은 너무나 시급한 과제다. 시간이 늦을수록 국운이 쇠퇴해져 가는 분야다. 국민 82%는 "연금 개혁이 시급하다"고 여기고 20대 청년층은 "국민연금은 떼어 먹히는 돈"으로 인식할 정도다.

야당은 국가 경제에 독(毒)이 될 노란봉투법, 양곡관리법 같은 포퓰리즘 법안을 통과시키고자 한다. 노란봉투법은 불법 파업에 대해서도 손해배상 청구를 봉쇄하는 악법 중의 악법이다. 쌀 생산은 가뜩이나 연간 15만 톤 이상 초과하고 있음에도 양곡관리법을 개정해 초과 쌀 생산분에 대해 높은 가격으로 의무 매입토록 하는 장치다. 더욱더 과잉생산돼 창고 속에 있다가 폐기 처분될 것이다. 윤석열 정부 6개월 동안 거대 야당은 다수의 폭정으로 공약으로 약속한 법안을 하나도 통과시켜주지 않았다.

조제프 드 메스트르(Joseph de Maistre)는 "모든 국민은 그 수준에 맞는 정부를 갖는다"는 명언을 남겼다. 다시 말하면 유권자 수준에 맞는 대통령과 정치 지도자를 갖는다는 뜻이다. 유권자만이 정치인을 정신 차리게 할 수 있다. 선동적인 정치인, 포퓰리스트가 정당에서 지도자 위치를 차지하지 못하게 하고, 그런 정치인이 많은 정당은 아예 퇴출시키는 힘은 국가의 주인인 국민에게 있다. 선동적이거나 국가 장래를 팔아먹는 포퓰리스트는 꼭 다음 선거에서 대가를 치르도록 유권자가 정신 차려야 한다.

4류의 정치를 1류로 만들면 좋겠지만 그게 어렵다면 2류로라도 끌어올려야 한다. 그렇지 않으면 5만 달러 문턱을 넘지 못할 것이다.

통일독일에서
배우는
교훈

"지금 이 순간부터 베를린 국경검문소 통행이 가능하다."

1989년 11월 9일 저녁 7시 동독 중앙위원회 정보 담당 권터 샤보프스키가 각본에 없는 즉석 답변을 하는 바람에 동서독 시민들이 우르르 베를린 장벽 위로 올라가 담을 무너뜨리는데도 동독 국경수비대는 어쩔 줄 모르고 바라만 보는 사이 장벽은 무너졌다. 그리고 독일 통일은 이뤄졌다.

통독의 순간은 이렇게 총 한 방 쏘지 않은 평화 속에서 갑자기 얻어진 것으로 알려져 있는데 반은 맞고 반은 틀리다. 베를린 장벽 붕괴 한 달 전부터 라이프치히를 비롯한 동독 지방도시에서 민주화 시위가 대규모로 발생해 서독으로의 자유여행 압력을 이겨낼 수 없었다. 그래서 동독 당국은 ①누구나 검문소를 통해서, ②여행 사유에 전제조건 없이, ③서독 친인척 증명서도 불필요하며, ④신청하면 즉각 허용하는 '여행법 개정안'을 갖고 기자들과 질의응답을 하는 자리였다. 개정안은 '이 순간 즉시 통행'은 아니었는데 샤보프스키가 엉겁결에 실언을 했던 것이다. 그게 통일 날짜를 앞당긴 것은 맞다. 하지만 이 때문에 통일이 된 것은 아니며 서독은 20년 이상 치밀하게 통일을 준비해왔다.

통독의 과정을 되짚어보면 1969년 빌리 브란트(사민당)가 집권하면서 동독과 폴란드, 헝가리 등 공산권에 우호적인 '동방 정책'을 시작해 1972년 '동서독기본조약'을 맺었다.

이후 연평균 600만 명의 동서독인이 국경을 넘어 교류했다. 브란트의 비서였던 기욤이 간첩인 게 들통나 실각 이후 헬무트 슈미트, 헬무트 콜 총리가 들어선 뒤에도 줄곧 통일 정책만은 변함이 없었다.

1980년대 후반으로 가면서 동구권에 민주화 바람이 거세게 불었고 소련도 미하일 고르바초프 등장 이후 동독에 일체 불간섭 원칙을 견지했다. 1980년대 후반 동유럽 자유화 바람을 타고 동독인들은 체코, 폴란드, 헝가리를 통해 서독으로 넘어가면 국적 취득이 가능해짐으로써 사실상 베를린 장벽은 무용지물이 되고 말았다.

동독은 베를린 장벽이 무너진 이듬해 1990년 3월 18일 동독지역 내에서 자유총선으로 통일 의지를 확인하고 5월 18일 동서독 국가조약을 체결했다. 화폐 교환 비율을 1 대 1로 정하고 7월 1일부터 서독 마르크화를 동독에서 유통시켰다. 9월 12일 모스크바에서 열린 동서독, 미국, 소련, 영국, 프랑스 등 2+4 회담에서 전체 독일의 완전한 주권을 인정했다(마거릿 대처 영국 총리는 독일이 유럽의 주인공이 될까 봐 마지막 순간까지 반대했다). 마침내 10월 3일 동독(DDR)이 독일연방에 가입하는 형식을 빌려 서독에 정식 편입돼 베를린 장벽이 무너진 지 11개월 만에 통일이 완성됐다. 한반도로 치면 북한에 해당하는 동독 주민들이 자유투표로 통일 의지를 확인한 게 중요하다.

통일독일 30년이 흘렀다. 류우익 전 통일부 장관이 1년 동안 독일 보슈재단 초청으로 통독 30년간의 변화를 연구한 역저《제3의 성찰: 자유와 통일》은 우리에게 많은 생각할 바를 제공한다. 통일연구원, 학계 등에서도 통독 30주년 연구논문을 대다수 발간했는데 내용을 보면 많은 공통점을 확인할 수 있다. 통일의 기쁨도 잠시 3년 이내 나타난 가장 뚜렷한 특징은 시장경쟁력이 약한 동독 기업들이 도태되고 일자리를 얻기 위해 서독으로 엄청난 엑소더스가 일어난 것이었다. 동독의 실업률은 짧은 시간 내 20%까지 치솟았다.

베를린 장벽 붕괴에서 통일 실현까지 1년도 채 걸리지 않아 불안하므로 점진적 통일을 하자는 주장은 동독이 자유투표로 조기 통일을 독촉하는 바람에 묻혔다. 이 때문에 준비 안 된 통일은 엄청난 대가를 치러야 했다. 실업자를 사회보장 장치로 부양해야 했기 때문이다. 재원을 마련하기 위해 부가세 등 세금을 올리면서 사회적 갈등이 심해지기 시작했다. 동서독인 간 경쟁력 차이 때문에 동독인은 저임금 일자리에 머무르고 재산 소유 등에 큰 차이가 있었으므로 좀체 간격이 좁혀지지 않았다. '잘난 서독인(Wessis, 베씨)', '투덜대는 동독인(Ossis, 오씨)'으로 갈린 감정적 갈등 문제는 오늘날에도 해결되지 않는 과제다.

그렇지만 통일독일 총체적으로는 인구가 8,300만 명으로 늘어나고 통독 전 동독의 1인당 GDP가 서독의 33%에서 2018년에는 85%로 EU 전체 평균치에 이르게 됐다. 당시 3만 2,108유로는 한국의 3만 5,000달러보다 높은 수준이다. 외국 자본의 동독 투자(FDI)도 크게 늘었다. 동독 출신 앙겔라 메르켈 총리는 "통일독일 30주년은 전체적으로 성공했다. 젊은이들이 새로운 시대에 잘 살아가도록 용감하게 새로운 길을 걸어가자"고 강조했다.

대처 영국 총리가 염려한 대로 독일은 유럽 GDP 1위 국가, EU의 심장으로 되돌아왔다. 통일독일은 결과적으로 성공작이다. 프랑스가 코로나19 이후 "왜 독일이 늘 프랑스를 이기느냐"고 한 말엔 미움과 불안이 담겨 있다.

인구 이동의 결과, 동독인 삶이 향상되다

통독 후 가장 먼저 일어난 변화는 동독 경제의 시장경제화였다. 동독의 실질화폐가치는 서독의 4분의 1에 불과했으나 동독인의 재산가치를 올려주려 1 대 1로 교환했다. 이것이 구매력은 높여줬을지언정 동독 기업이 생산한 제품경쟁력을 추락시켰다. 그 결과 대부분 동독 기업이 폐업하게 됐는데 1988년 145개에 달했던 대기업 수는 2012년에는 7개밖에 살아남지 못했다. 이렇게 되니 통일 후 얼마 지나지 않아 독일의 실업자 300만 명 이상이 길거리로 쏟아져 나왔다. 한국의 IMF 때 대량 실업이 100만 명이었으니까 인구 비례를 감안하면 2배에 달하는 참상이었다. 통일 전 윤택한 서독의 삶을 동경했던 동독 실업인들은 대거 서독으로 몰려 들어갔다.

1989년 동서독 인구 7,868만 명 가운데 동독 인구는 1,515만 명이었다. 2007년도에는 1,314만 명으로 201만 명(13%)이 감소했고 서독지역은 497만 명이 증가했다. 동독 주민의 서독 이전은 430만 명, 서독 주민의 동독 이전은 250만 명이었는데 이들은 서독에서 파견한 공무원, 기업인, 그리고 대학생이 주류였다. 서독으로 몰려간 동독인 중 학력이 높은 여성은 그래도 좋은 일자리를 구했지만 대부분은 저임금, 비전문 허드렛일에 매달리면서 차별대우를 받았다.

기약 없는 서독 행렬은 통독 후 7년쯤 지나자 멎어 동서독 인구 이동이 비로소 균형을 이뤘다. 2017년 이후엔 동독지역에 중소기업 설립 등의 영향으로 이동이 역전되는 추세다. 동독의 실업률은 2005년 20%까지 치솟다가 그 후 15%대로 떨어졌지만 서독의 7% 수준에 비해 여전히 높다. 동독의 인프라, 도시 개발을 하고 산업구조를 통독 전 2차 광공업 중심에서 서비스 산업을 급속 증가시켜 서독과 비슷한 추세로 변경한 때문이다. 통독 당시 2차 산업은 50%에서 25%로, 서비스는 38%에서 74%로 체질이 완전히 바뀌었다. 이런 영향으로 동독인의 1인당 GDP는 1991년 서독인의 33%에서 2008년 80%까지 올라갔다. 통독 이전보다 동독인의 삶은 3배가량 개선된 것이다.

무시무시한 통일비용

베를린 장벽이 무너지던 날 동서독인들은 담장 위에서 얼싸안았지만 곧바로 통일비용 청구서가 날아들었다. 동독의 실물경제가 대부분 무너져 내려 쓸모없이 되고 실업자들을 사회보장비용으로 먹여 살려야 했으며 낡은 도시시설 인프라를 새로 깔아야 하는 코스트였다. 남북한이 통일하면 바로 닥칠 일이다. 독일은 그나마 빌리 브란트 이후 20년 이상 통일 준비를 했기에 통일연대기금, 특별기금, 통일자금 등의 항목으로 따로 비축한 자금이 꽤 있었다. 통일연대기금은 2,100억 유로, 통일자금 822억 유로, 특별기금 510억 유로 등이 그것으로 3,432억 유로는 바로 마련할 수 있었다. 그러나 한화 450조 원에 불과한 이 돈으론 어림도 없었다.

알렉산더 피셔가 1991~2010년까지 20년 동안 서독 자금의 동독 이전 지출을 합산해보니 무려 2조 1,000억 유로(약 3,180조 원)에 달했다. 당초 정부 예상보다 2.8배가 더 든 금액이었다. 베를린자유대가 같은 기간 산출해보니 1조 6,000억 유로가 소요됐으며 동독으로 이전한 연방 재정은 GDP의 4~5% 수준이었다.

지출된 지원금은 어디에 썼을까. 검증해보니 사회보장성으로 50%, 인프라 건설 12.5%, 경제 활성화에는 고작 7%를 썼을 뿐이었다. 사회보장성이란 그냥 정부에서 어려운 계층에 나눠주는 돈이다. 3,180조 원의 절반인 1,600조 원가량을 재난지원금 주듯이 그렇게 뿌렸다는 얘기다. 이 돈은 어디서 나는가? 국가부채를 늘리거나 세금을 더 걷는 것 외에 하늘에서 떨어지겠는가.

연방정부 부채비율은 통일 이후 급속하게 3배 이상 늘어 현재는 70%에 달한다. 여러 가지 세금과 부담금을 올렸는데 부가가치세를 15%로(한국은 10%) 높이고 소득세, 법인세에 통일연대부과금 7.5%를 덧붙였다. 사회보장부담금도 올렸다. 세금을 올리면 노동자들은 임금을 더 올려 달라며 투쟁을 벌이고, 물가가 오르고 실업률이 늘어나는 등 통일비용 청구서는 결국 사회 분열을 고조하는 것이다. 세금을 못 내겠다고 버티는 주(州)도 나올 지경이었다.

극심한 동서독 계층 갈등

"우리가 너희를 여기까지 데려왔다." 걸핏하면 서독 기성층이 동독 인 들으려고 하는 말이다. 못난 너희들 먹여 살리느라고 등골 빠진다 는 푸념이다. 동독인들은 시장경제에 대한 지식이 부족한 데다 동독 시절 배운 경험은 무(無)가 되고 가진 재산도 없어 미래가 암담하며 신 분 상승 기회조차 없다. 동독인들은 심리적 좌절로 극단주의자들의 토 양이 될 정도다. 동독인 1,700만 명은 결정권이 없는 소외 집단이 돼 버렸다. 190명의 상장기업 대표, 336명의 연방 법원 판사, 60명의 연 방 정무직 가운데 동독 출신은 각 분야 3명뿐이다. 200명의 독일 대사, 500명의 독일 장군 중에서 동독인은 1명도 없다. 84개 대학 총장 중에 서도 마찬가지로 동독인은 없고 심지어 동독의 주들에서도 국무위원 의 실국장 90%는 서독 출신이다. 500대 기업의 본사는 대부분 서독에 본사를 두고 있다.

이러려고 통일했나. 졸지에 2등 국민이 돼버린 동독인들의 서글픈 한탄이다. 통독 30주년을 맞아 설문조사를 해보니 동독 출신 가운데 "나는 독일인"이란 응답률은 25%밖에 안 된다. "독일 통일이 행복하지 않다"(59%), "동독으로 되돌아가고 싶다"(9%)라는 응답률에서 보듯, 그 들은 상실감과 패배감에 젖어 오스탈기(Ostalgie), 즉 동쪽 향수를 못 잊는다.

엘리트 서독인들은 독일인인 동시에 유럽 제일인이라는 자존심이 하늘을 찌른다고 한다. 그렇지만 전체 구서독인이 다 그런 건 아니다. "장벽을 다시 세웠으면 좋겠다"(10%), "통일독일로 행복하지 않다"(10%), "통일 전이나 지금이나 같다"(44%) 등의 응답률을 보였다. 64%의 구서독인도 행복이 개선되지 않았다는 응답이다. 그래서 분단의 아픔은 최소한 분단 기간(독일은 45년)을 넘어서야 치유된다는 말이 있다.

한국의 통일비용은 얼마나 들까?

독일이 통일로 하나 되는 데 가장 큰 힘을 준 것은 동독인들이 자유 의지로 투표를 거쳐 통일을 재촉한 것이었다. 서독은 20년 이상 통일 기금도 쌓고 동서독기본조약을 통해 연간 600만 명 이상이 왕래했다. 경제적 여유가 있는 서독 거주 친인척이 동독에 사는 친척들에게 금전 적 도움도 많이 준 것으로 알려져 있다.

남한과 북한은 이런 준비가 얼마나 돼 있는가. 남한과 자유세계의 삶에 대해 알려주던 전단지가 북에 도달할 수 있는 창구마저 문재인 정부가 막아버렸다. 동독인들은 동구권 체코, 폴란드 등을 통해 서독 으로 탈출할 창구가 마련돼 있어 숱한 이탈자가 나왔는데 문재인 정권 은 어부들이 귀환하기 무섭게 무슨 중대 범죄를 저지르고 내려온 범인 인 듯 꾸며 북송시켜버림으로써 남북이 교류가 안 되게 차단했다.

동독 지배층이 베를린 장벽 붕괴를 용인할 수밖에 없었던 가장 큰 이유는 내부적으로 민주화 시위 데모 압력이 터지도록 분출한 때문이다. 거기엔 폴란드, 체코 등 동유럽 국가들에서도 민주화 바람이 불고 소련도 때마침 고르바초프가 페레스트로이카, 즉 개혁개방 정책을 썼던 배경이 있다. 역사 속에서 기적처럼 아주 찰나로 열리는 기회의 창을 서독은 20년 이상의 준비 끝에 잽싸게 이용하는 데 성공했다. 이런 관점에서 보면 북한 내부에서 민주화 시위가 거칠게 일어날 싹도 안 보이고, 동독의 소련과 북한의 중국 관계 역시 판이하다. 시진핑은 고르바초프처럼 사달이 나면 뒷짐 지고 있을 인물이 아니다. 벼락같이 개입해 덤벼들 것이다.

남북한 통일비용을 추계해놓은 것을 보면 급진적 통일일수록, 통일 시기가 더 늦어질수록 천문학적인 돈이 든다고 돼 있다. 2011년 통일부가 여러 전문 기관들에 용역을 주고 찾은 해법을 보면 2040년 북한 주민을 남한 주민의 40% 수준으로 올려주기 위해서 3,277조 원이 소요된다. 북한의 1인당 국민소득은 대략 1,300달러로 남한 3만 5,000달러의 3.7%에 불과해, 이를 36%로 높이려 해도 2,836조 원이 소요된다.

인구구조를 보면 동서독은 동독이 4분의 1이었지만 남북한은 45%로 한국이 먹여 살릴 부담이 훨씬 크다. 남북한이 무슨 이유로 인해 갑작스러운 통일을 했을 경우 동독인이 겪는 빈부, 계층 갈등보다 더 큰 갈등을 겪을 가능성이 높다고 본다. 지난 20대 대선에서 진보, 보수 간 당락이 1%포인트 미만에서 갈렸는데 인구 2,500만 명의 북한이 통일 후 참여한다면 완벽한 대선 캐스팅보트를 쥘 가능성이 높다. 진보 세력이 북한 유권자에 대해 기본소득을 비롯해 더욱 포퓰리즘으로 나갈 경우 베네수엘라식 선거 풍토가 될까 봐 걱정스럽다. "원래 하나인 것은 도로 합친다"는 빌리 브란트의 말처럼 한국은 남북한 통일로 민족 공동체를 완성해야 할 역사적 책무를 지고 있다. 민족 통일을 불행의 씨앗이 아닌 행복 증진으로 결말짓기 위해서는 충분한 사전 준비가 필요하다. 통독 30년은 그 교훈을 한국에 가르쳐주고 있다.

7장

소득 10만 달러 퀀텀점프의 길

총론

한 국가는 일직선으로 발전하지 않는다. 세계 금융위기 같은 사건이 나타나면 5년쯤 뒷걸음치기도 하고 때로는 중간 단계를 생략하고 비상한다. 특히 신기술이 나타나는 시기에는 선진국에나 후발국에나 똑같은 기회의 창이 열리므로 이를 잘 활용하는 국가가 승리한다. 코로나19가 발발했을 때 mRNA 백신과 치료제 팍스로비드를 개발한 화이자와 모더나는 전 세계에서 가장 먼저 개발에 성공함으로써 각국 시장을 지배했고 G5 가운데 일본, 프랑스는 개발에 실패해 1등 선진국으로서 자존심을 구겼다.

미국은 1980년대 일본과 독일에 자동차, 반도체, 철강, 조선 등 주

대한민국, 선진국의 조건

요 산업이 역전당해 2등국으로 밀려날 즈음 컴퓨터·인터넷혁명이란 신기술을 먼저 포착해 1등국의 위치를 되찾았다. 한국은 일본과 10 대 1의 격차를 좁힐 기미가 안 보였지만 1990년대 이후 반도체·정보통신혁명의 시기에 기회를 붙잡아 격차를 확 좁혔다. 슘페터가 주창한 창조적 혁신에서 한국이 승리함으로써 퀀텀점프를 실증해 보였다.

김대중 전 대통령은 취임 초부터 "산업화 시대는 우리가 뒤졌지만 정보통신혁명 시대에는 앞서 나갈 수 있다"고 독려했다. OECD는 2000년 5월 신경제에 관한 OECD 보고서에서 한국의 초고속 인터넷 보급률을 세계 1위로 인정했다. 당시 이상철 정보통신부 장관은 2002년 11월 초고속 인터넷 가입자 1,000만 명 돌파를 보고했고 전 산업에서 IT 산업 비중이 1997년 7.7%에서 15.6%로 높아졌다. 한국은 기회를 잡았고 일본은 놓쳤다. 한일 간 경제 규모 차이는 10 대 1에서 인구 사이즈인 2.5 대 1로 좁혀졌고 1인당 국민소득은 이제 대역전을 목전에 두고 있다.

경제 발전은 정책, 제도, 지리 등 3대 요소가 중요하지만 이것만으로는 부족하다. 가령 남한과 북한은 똑같은 한반도에 위치하고 미국과 멕시코 국경이 도시 한가운데를 가르는 노갤러스는 지리적 요소은 같지만 경제 번영은 천양지차다. 대런 애쓰모글루는 《국가는 왜 실패하는가》에서 제도가 가장 중요하다고 했지만 mRNA 발명이 제도 때문에 이뤄졌는가? 그렇지 않았다. 정답은 혁신적인 신기술을 발명하는 인재가 있는 국가가 승리하는 것이다. 이것이 1987년 노벨경제학상을 탄 로버트 솔로 MIT대 교수의 이론이다. 미국이 150년 이상 경제성장률

2~3%를 달성하는 비결도 기술 발전 아니면 설명이 안 된다는 것이다.

　로버트 루카스 시카고대 교수는 1980년대 한국과 아시아국들 고도 성장의 비밀을 규명한 바 있는데 그 이유로 "인적자본이 성장의 엔진"이라는 결론을 내렸다. 뛰어난 인재를 길러내는 이공계 대학의 육성이 매우 중요한 요소가 됐다. 현시대는 AI, 양자역학, UAM 등 역사상 유례없는 신기술의 시간이다. 특히 AI를 결합한 양자컴퓨팅의 발전과 활용은 상상도 못 할 정도로 세계의 부와 권력을 바꿔놓을 전망이다.

　미국의 회계법인 PwC는 〈2050년 세계경제전망 보고서〉를 통해 TOP 10 국가 순위를 중국, 인도, 미국, 인도네시아, 브라질, 러시아, 멕시코, 일본, 독일, 영국 등의 순으로 예측한 바 있다. 한국이 세계 18위로 밀릴 것으로 점친 이 보고서는 상당 기간 널리 유포됐다. PwC는 2050년 세계 경제 순위에서 인구 규모를 너무 높이 계산한 우를 범했으며 천연가스 등 지하자원에 의존하는 러시아가 세계 6위가 되는 일은 없을 것이다. 인도네시아나 남미 신흥 국가들은 기술의 천재들을 배출할 대학도 R&D 투자도 없다.

　미국이 세계 1등을 유지해온 비결을 되짚어보면 인도, 인도네시아, 브라질, 멕시코가 상위 수준을 점령하는 것은 실현되기 어려울 것이다. 미국의 경제력 파워는 빼어난 과학자들, 대학의 힘 그리고 정치적 리더십 때문이었다. 버니바 부시는 2차 대전이 과학 전쟁임을 간파하고 프랭클린 루스벨트 대통령에게 건의해 마이크로파 레이더와 원자폭탄 개발을 성공시켜 결정적으로 승리했다. 스탠퍼드대의 프레더릭 터먼 학장은 벨연구소의 윌리엄 쇼클리를 영입해 구글, 아마존, 애플,

테슬라, 메타(페이스북) 등이 모두 실리콘밸리에서 태어나도록 했다.

새로운 기회가 나타나면 야성적 충동으로 달려드는 모험의 문화도 매우 중요한 요소다. 북극 그린란드 만년설이 지구 온난화로 녹아내리자 희토류 6억 톤이 매장된 것을 알고 가장 먼저 달려드는 기업인의 면면을 보라. 빌 게이츠(마이크로소프트), 제프 베이조스(아마존), 마이클 블룸버그(블룸버그), 레이 달리오(헤지펀드 브리지워터), 데이비드 루벤스타인(칼라일), 리처드 브랜슨(버진그룹) 등이었다.

브랜슨 외엔 모두 미국 기업가들로, 당장 2억 달러 펀드를 결성해 2023년부터 지하 400m까지 파 내려가기로 했다. 희토류가 10조 달러(약 1경 3,000조 원)어치나 묻혀 있을 것으로 분석됐는데 만약 현실화하면 희토류를 자원 무기로 내세웠던 중국의 코를 납작하게 할 게임 체인저가 될 것이다. 한국의 기업가들 가운데 박현주 회장, 김병주 회장도 이런 경쟁에 끼어들 용기가 필요하다. 시진핑이 마윈 같은 스타들을 거세해버린 탓인지 중국 기업도 안 보인다.

반도체, 자동차, 전자 등 몇 개 제조업 품목의 수출에 의존하는 경제로는 금융위기에 취약하다. 미국발 금리 인상과 킹달러 현상으로 무역수지가 적자로 돌아서자 금방 환율이 1,500원 가까이 폭등하면서 경제위기설이 고조되는 건 한국 경제의 한계다. 이런 한계를 벗어나자면 글로벌 차원에서 한국의 경제 영역을 더 넓히는 한편 제조업과 서비스업이 동반 발전토록 해야 한다.

마침 BTS, 〈오징어 게임〉, 음악 등으로 한류가 전 세계로 진출하고 K-방산 제품이 승승장구하는 것은 퍽 고무적이다. 벤처 단지를 키워 유니콘 기업을 많이 길러내야 하는데 판교밸리가 소형 실리콘밸리 모형의 싹으로 크는 것도 좋은 현상이다. 판교 단지의 매출액은 벌써 110조 원으로 성장했다.

서비스 산업은 GDP 60~70%를 차지하는 큰 비중임에도 경쟁력이 너무 취약한데 서비스산업발전법을 국회에서 통과시켜 연구 투자와 첨단서비스를 육성해야 한다. 이 같은 과제들이 실현되면 소득 10만

| 서비스 산업 그룹별 발전 비전 |

그룹	대상 업종	발전 비전
서비스산업		효율적 자원 활용과 소비자 만족을 위한 서비스업의 스마트화, 서비스업의 스마트화에 필요한 생태계 구축
분배 서비스	도소매	쇼핑의 미니멀리즘, 엔터테인먼트화를 통한 편의성·즐거움 제고
	운수·보관업	혁신기술 기반 상생과 균형의 교통·물류 산업 강국
	통신	5G 기반 인프라 조기 구축을 통한 국민 삶의 질 향상
생산자 서비스	금융·보험	금융 참여자 모두가 만족할 수 있는 금융의 스마트화
	정보 서비스	경쟁력 강화를 통한 정보 서비스의 고도화
	사업 관련 전문 서비스	제조업의 혁신 역량 강화에 기여
	사업 지원 서비스 –여행업	융복합 플랫폼 구축을 통한 글로벌 시장 개척
개인 서비스	숙박·음식점	성장과 고용이 함께하는 숙박·음식점업의 전문 서비스화
	콘텐츠 산업	리얼하게 체험하고 생생하게 즐길 수 있는 콘텐츠 확대
사회 서비스	보건업	데이터에 기반한 사전예방·맞춤형 의료 제공
	사회복지 서비스	삶의 질을 높이는 맞춤형 복지 서비스

출처: 김인철 외, 《한국 산업 발전 비전 2030 제3권 산업편: 서비스업》, 산업연구원

달러 달성이 앞당겨질 것이다.

한국은 저출산·고령화가 세계 최고 수준이며, 민노총 등 노조가 세계에서 가장 투쟁적이어서 기업 경영은 글로벌 경쟁에서 결코 유리하지 않다.

이공계 대학의 수준을 세계 최고로 끌어올려 버니바 부시, 프레더릭 터먼 같은 과학자를 배출하는 것 외에는 승리의 길이 따로 없다. 양자컴퓨팅, 합성생물학 등에 성공하는 과학자 한 사람이 10만 명이 아니라 100만 명을 먹여 살리는 시대가 올 것이다. 신기술과 인재를 배출하고 기업이 뛸 좋은 정책과 제도를 만들어준다면 한국은 독일, 영국, 프랑스를 따라잡을 수 있다. 그렇게 되면 소득 10만 달러로의 퀀텀 점프를 대한민국 수립 100주년인 2048년까지 못 하리란 법도 없다.

일당백 아닌 **일당만의** 인재 시대

　〈오징어 게임〉을 세계적으로 히트시킨 넷플릭스의 CEO 리드 헤이스팅스가 회사를 성공하게 만든 비결을 《규칙 없음》이란 책에 담았다. 거기에 '산타모니카 실험'이란 재미있는 이야기가 소개된다. 인턴 프로그래머들이 아침 6시 30분에 컴퓨터가 놓인 룸으로 들어갔다. 그들은 120분 동안 각자의 기량을 최대한 발휘해 코딩과 디버깅 작업을 완수하라는 서류를 받았다. 이 작업 결과는 오늘날까지도 수없는 논쟁을 만들어내고 있다. 9명의 인턴 가운데 최고 실력가가 평범한 프로그래머보다 얼마나 더 큰 성과를 냈느냐에 관해서다. 연구진들은 최고 수준이 보통 프로그래머보다 2~3배쯤 잘하는 정도일 거라고 생각했다. 그런데 결과는 최고가 꼴찌에 비해 코딩은 20배, 프로그램 실행은 10배 빠르게 과제를 처리했다. 베스트 플레이어 한 사람을 고용하면 다른 프로그래머 10명을 고용하는 것보다 낫다는 결론은 큰 파문을 일으켰다. 이것이 엔지니어 분야에서 유명한 록스타(Rockstar) 원칙이다.

당신이 회사를 경영한다면 보통 수준 엔지니어 10~25명을 고용하겠는가, 아니면 거액을 주고 1명의 록스타를 고용하겠는가? 헤이스팅스는 넷플릭스를 경영하면서 베스트 프로그래머는 보통 수준 보유자의 10배가 아니라 100배 이상의 가치가 있다는 사실을 깨달았다. 여기서 '인재의 밀도'라는 개념이 나온다. 평범한 사람을 많이 쓰기보다 소수의 창의적 인재로 구성하면 인재의 밀도가 높아지고 이것이 성공의 요체가 된다는 것이다.

헤이스팅스는 마이크로소프트의 빌 게이츠를 만날 기회가 있었을 때 최고 인재의 가치에 대해 물어보았다. 그는 "위대한 선반공은 평범한 선반공보다 보수를 몇 배 더 받는다. 그러나 위대한 소프트웨어 프로그래머는 평범한 프로그래머보다 1만 배 이상 값어치를 한다"고 말했다. 빌 게이츠의 이 말은 자주 인용되는 구절이 됐다. 비단 프로그래밍 분야가 아니라도 소프트웨어 엔지니어는 믿을 수 없을 정도로 창의적인 생각을 하고 다른 사람이 보지 못한 저 너머의 절묘한 해결책을 찾아낸다. 최고의 홍보 전문가는 보통 사람에 비해 고객을 수백만 명 더 끌어모을 묘책을 찾아내므로 고액 연봉이 오히려 싸다는 것이다.

헤이스팅스는 빌 게이츠의 말을 듣고 넷플릭스에서 록스타의 원칙을 적용할 분야와 그렇지 않은 분야가 무엇인지 찾아보았다. 결론은 창의적인 업무와 단순 운용자 업무를 구분하는 것이었다. 운용자 영역인 운전기사, 구내식당 근로자에겐 보통의 임금을 줘도 된다.

그러나 〈오징어 게임〉으로 돈을 벌 수 있다는 판단을 내리는 창의적 안목의 소유자에겐 업계 최고의 연봉을 주고 데려와 키운다. 이것이 중요하다. 직장의 인재 밀도를 높이려면 평범한 직원 10명 말고 아주 뛰어난 인재 1명을 채용하라. 그리고 업계 최고의 연봉을 주라는 게 넷플릭스가 성공한 비결이었다.

창의적인 일을 하는 사람은 마음이 자유로워야 한다는 점을 헤이스팅스는 강조했다. 재량권도 많이 주라는 것이다. 스티브 잡스(스마트폰), 일론 머스크(전기차, 우주선), 제프 베이조스(아마존), 래리 페이지(구글) 등은 그들이 나서기 전에는 세상에 없던 창의적 아이디어로 세상 자체를 아예 바꾼 인물들이다. 회사 설립 후 20년 만에 시가총액 기준 세계 최고의 기업이 됐고 그들의 재산도 최고가 됐다. TSMC의 모리스 창은 한 기업인이 인구 2,400만 명 대만의 국운을 펴도록 증명해 보였다.

세상은 기술 패권의 시대가 됐지만 기술 패권을 또 한 번 파고들어가면 그것을 실천하는 주인공은 인재다. 기술과 사업 면에서 뛰어난 창의적 인재를 많이 육성하고 보유한 국가가 경쟁력에서 승리한다.

한국은 지난 40년 가까이 인재가 의대나 법대에 쏠렸다. 인간은 인센티브에 반응하는 동물인데 의사, 변호사를 하면 평생 가장 많이 벌 수 있었기 때문이다. 그런데 이제 AI, 로봇, 소프트웨어 개발 능력자에게 훨씬 더 많은 기회와 부가 쏠린다. 한국에서도 이들 기술 보유자가 스톡옵션을 받으며 스타트업에 취업하고 기업공개 시 수십억, 수백억 원을 버는 시대가 왔다. 빌 게이츠 말마따나 1만 배 유능한 인재인데 당연한 보상이다. 의사, 변호사는 꿈도 꿀 수 없는 금액이다. 이로 인해 한국도 40여 년 만에 다시 엔지니어 전성 시대가 개막됐다. 바람직한 현상이다.

우물 안 개구리에서 글로벌 인재로

엔지니어들이 전 세계 경쟁에서 이기려면 이공계 대학이 현재보다 훨씬 뛰어나야 할 것이다. 세계 10위권 이공계 대학을 한국도 배출해야 한다. 윤석열 정부는 연금, 노동과 더불어 교육을 3대 개혁 과제로 채택했는데 교육방식을 글로벌 경쟁에 맞게 바꿔야 한다.

허준이 프린스턴대 교수가 40세 이하의 젊은 수학자들에게 주는 필즈상을 받아서 한국 대학생들은 감동하며 그의 말을 경청했다. 그런데 프랑스가 이렇게 어려운 필즈상을 11명이나 수상하고 이중국적자까지 포함하면 미국과 같은 13명이나 받았다는 사실은 놀랍다. 그 비결은 뭘까. 데미안 스텔레 프랑스 리옹고등사범학교 교수는 "필즈상 수상 경력자를 많이 배출한 이유는 동기부여가 확실히 된 인재들을 뽑아서, 그들에게 새로운 아이디어를 통해 일할 수 있는 무한에 가까운 자유를 준 때문"이라고 설명한다. 17세기의 데카르트, 파스칼, 페르마 그리고 18세기의 라그랑주, 19세기 라플라스와 갈루아, 20세기 푸앵카레 등 유명한 수학자들이 모두 프랑스 출신이다.

한국처럼 제조업이 강한 나라는 위계질서가 분명하고 넷플릭스가 자랑하는 자유로운 기업 문화는 결핍돼 있다. 이제 일당백(百)이 아닌 일당만(萬)의 인재가 경쟁력을 좌우하는 시대에는 한국의 기업 문화도 변화가 필요하다. 노벨화학상을 받은 단 셰흐트만 이스라엘 테크니온대 교수는 이스라엘과 한국을 재미있게 비교했다.

"한국은 매우 성공적인 국가다. 왜냐하면 사람들이 말을 잘 듣기 때문이다. 이스라엘은 매우 성공적인 국가다. 왜냐하면 사람들이 말을 잘 듣지 않기 때문이다(Korea is very successful, because people obey. Israel is very successful, because people do not obey)."

셰흐트만 교수는 2014~2015년 서울대에서 교수로 일했으므로 한국의 사정을 잘 아는 인물이다. 그는 이렇게 부연설명을 했다. "한국에서는 (하급자가) 자신의 상급자에게 감히 대들 생각을 하지 못한다. 그렇기 때문에 제조업 같은 산업에서는 한국이 참 잘해나갈 수 있다. 하지만 이스라엘에서는 모두가 평등하다. 보스가 비록 다른 사람들보다 더 나은 급여를 받고 사람들을 더 많이 통솔할 수 있지만, 그 역시 나와 같은 인간일 뿐이다."

셰흐트만의 설명은 이어졌다. "내가 노벨상을 받게 만든 준결정(Quasicrystals)을 1987년에 발견했다. 하지만 2011년이 될 때까지 노벨상을 받을 수는 없었다. 그래도 상관없다고 생각했다. 그 연구 분야는 내가 선택한 것이었으니까…. 물론 내가 감히 한국 대학원생들에게 얼마나 많은 자유도가 주어지는지에 대해서 말할 수 있는 처지는 아닐 것 같다. 그러나 분명한 사실은 한국이 지금 각 분야에서 엄청난 전문가들을 갖고 있지만, 기존의 상자에서 벗어나는(Outside the box thinking) 해법을 가져오는 능력은 더 키울 필요가 있다는 점이다. 이를 이루기 위해 필요한 것은 연구자들의 '자유'다!" 넷플릭스의 규칙 없음도 여기서 창의의 힘이 싹터 인재를 키워냈다.

세계 10대
이공계 대학
길러내라

언젠가 스위스 대통령이 스위스의 가장 큰 자랑이 무엇이냐는 기자의 질문에, 취리히공대를 세계 10위권 대학으로 키운 것이라고 답했다. 세계적인 제약 기업과 아름다운 자연을 기대했었기에 '왜 대학이지?' 하는 생각이 들었다. 이후 영국이나 미국의 학자들을 만나면서 유럽의 변방 국가가 뒤늦게 과학기술계에 뛰어들어 100년 만에 세계 10대 대학을 만드는 것이 얼마나 도전적이고 자랑스러운 일이었는지 새삼 깨달았다.

매년 3분기가 되면 QS, Times Higher Education(THE) 등이 세계 대학 순위를 발표한다. 영미권에 편향된 평가라는 비판도 있으나 객관적인 경쟁력 추세를 보는 데 의미가 있다.

우리나라 대학은 2022년에 발표한 QS 2023 기준으로 서울대(29위), KAIST(42위) 등 6개 대학이 100위권 이내, 200위권까지는 총 8개 대학이 포함됐다. 울산과기원(UNIST)이 새롭게 추가됐고 한국 대학의 국제적 평판도는 개선 추세이나, "논문 피인용 수가 하향 추세를 보이며 연구경쟁력이 대학 순위에 미치지 못해 과감한 혁신이 필요하다"는 벤 소터 QS 연구총괄책임자의 지적이 뼈아프다.

QS 2023 이공계 대학 전공별 순위를 살펴보면, 공학 분야에서 KAIST(20위), 서울대(34위) 등 5개 대학이 100위권이고, 이학 분야에서는 서울대(29위), KAIST(47위) 등 4개 대학이 100위권으로 2020년 이후 2년 연속 정체되거나 소폭 하락하는 추세다. 특히 아직까지 상위 10위권에 드는 최상위권 전공 학과를 배출하지 못한 현실이다.

순위를 끌어올리려면 학계 평판(40%), 졸업생 평판(10%) 외에 전공 순위에는 국제 연구 네트워크가 포함돼 국제 공동연구를 확대하는 것이 관건이다. 배영찬 한양대 교수는 "우리나라 정부 지원금으로는 대학원생 인건비 주기도 빠듯하며 그마저도 용처가 지정돼 외국 대학과 공동연구를 하거나 해외 석학을 초빙할 여력이 부족하다"고 지적한다.

THE 대학 순위 평가(2022년)는 좀 더 한국 대학에 박한 편이다. 200위권 내 국내 대학은 6개로 전년 대비 1개가 줄어들었다. 공학 계열은 전년 대비 1개가 감소한 9개 대학이 200위권에 포함됐으며, 자연과학 계열은 전년 대비 2개가 감소한 3개 대학이 200위권에 포함됐다.

※ 200위권 대학 수: 미국 57개(▼2), 영국 28개(▼1), 독일 22개(▲1), 호주 12개(-), 중국 10개(▲3)

논문 피인용 횟수와 국제화, 교육여건 지표가 외국 대학에 비해 저조한데, 교육여건 평판도(15%), 연구 평판도(18%), 학술논문 중 외국 연구자와 쓴 학술지 비중(2.5%)을 고려할 때 국제 공동연구 강화를 통한 논문 피인용도 및 평판 개선이 관건이다. 산학 협력(2.5%)도 다소 미흡한데 이는 국내 대학과 산업계 간 연구와 교육의 공급-수요 미스매치 문제로 추정된다.

| THE 평가, 공학 계열 국내 대학 순위(2022년) |

순위	대학명	총점	교육여건 (30%)	연구 (30%)	논문 피인 용(30%)	국제화 (7.5%)	산학 협력 (2.5%)
33	KAIST	75.3	79.0	84.6	68.2	33.1	100.0
46	서울대	69.5	78.6	80.5	54.4	27.3	95.3
59	POSTECH	63.8	57.1	62.4	79.2	27.5	82.7
77	성균관대	60.3	56.7	61.1	60.9	44.0	98.7
101-125	고려대	51.2~55.5	42.2	43.7	67.1	40.1	85.0
101-125	UNIST	51.2~55.5	32.9	37.0	94.4	38.9	86.0
126-150	한양대	48.8~50.9	44.3	40.5	56.9	55.1	98.9
126-150	연세대(서울)	48.8~50.9	47.1	49.3	49.4	33.2	86.3
176-200	세종대	44.8~46.6	24.2	29.4	90.8	36.2	52.4

* 1위 하버드대, 2위 스탠퍼드대, 3위 UC버클리대, 4위 MIT, 5위 케임브리지대

백년대계를 위한 과감한 투자

우리나라도 향후 10년 내 10여 개 주요 이공계 대학을 세계 100위권에 안착시키고 아울러 1~2개 대학 또는 전공 분야에서 세계 10위권

을 키워내는 전략이 필요하다. 세계적인 연구 중심 대학 브랜드를 갖춰 외국의 박사후연구원과 저명한 학자들이 자발적으로 찾아오는 곳으로 만들어야 한다. 이를 위해 국제 공동연구와 해외 저명학자 유치를 획기적으로 지원하며, 특정 기술 분야 강점이 있는 경우 국가연구소를 대학 내 설치해 집중 지원하고 행·재정적 자율권도 대폭 확대해 줘야 한다.

필즈상을 수상한 허준이 프린스턴대 교수는 서울대 자체 초빙 프로그램으로 방한한 히로나카 헤이스케 교토대 교수에게 1년간 직접 멘토링을 받고 이후에도 지속적으로 사제의 인연을 키운 것이 세계적인 수학자로 성장하는 원동력이 됐다고 한다. "1류가 1류를 만든다"는 과학기술계의 전통을 고려하면 앞으로 노벨상과 필즈상에 도전할 후진 양성을 위해서는 초일류 학자를 국내 대학에 초빙해 청년 과학도들에게 새로운 안목을 열어주고 학문적 네트워크를 키워줘야 한다.

아울러 한국이 부족한 양자기술, 합성생물학 등 분야에서 고급 인력을 확보하기 위해, 예전 인공위성 분야를 개척할 때 KAIST 대학원생 20명을 영국 서리대 등에 2년간 파견하여 육성해온 사례를 참조, 좀 더 적극적으로 외국 유수기관에 파견함으로써 고급 인력을 양성하는 노력도 필요하다.

수년 전 미국의 MIT가 10억 달러를 투입해 AI 대학을 육성하겠다는 발표를 했다. 아울러 MIT에는 링컨랩이라는 국방 분야 국가연구소가 있으며, 버클리대에는 로런스버클리연구소 등이 있는데, 국가연구소지만 민간 대학에 위탁하여 운영하는 방식(government-owned, contractor-operated)으로 대학경쟁력 강화에 크게 기여하고 있다. 정부와 민간의 협력 투자로 MIT를 세계적인 대학으로 발전시켰다.

우리나라 대학도 몇 개 분야에서 세계적 경쟁력을 확보하려면 보다 과감한 민관 협력 투자가 필요한 시점이다. 대학의 특허 관리 및 활용 역량을 강화해 대학 기반 기술 창업 및 사업화를 촉진하고, 산학 협력 관련 인센티브를 확대함으로써 산학 협력 활동도 수요 지향성을 강화해야 한다. 마지막으로 교육경쟁력의 3요소인 학생, 교원, 교육여건을 고려할 때, 국제적인 역량을 갖춘 것으로 평가되는 대학에 한해서는 학생 선발, 기관 평가, 등록금 등 각종 규제를 완화하고 예산 및 인력 운영의 자율권을 더욱 확대하도록 지원해야 한다.

인구가 줄고 미래세대가 부족한 우리나라가 세계적인 경쟁력을 갖춘 대학을 키워낸다면 외국의 우수 인재와 학자를 유치하고 활용함으로써 주력 산업의 초격차 경쟁력을 유지하고 미래 산업을 키워갈 수 있다. 향후 10년 세계적 수준의 이공계 대학을 만드는 것이 국가 백년대계를 세우는 가장 중요한 일 중의 하나다.

K-문화도
핵심 성장
산업이다

태풍 힌남노가 서울을 강타했을 때 외신들은 영화 〈기생충〉에 나오는 반지하, 〈강남스타일〉의 시가지가 물에 잠겼다는 뉴스를 타전했다. 아카데미 작품상을 탄 영화와 43억 뷰 기록을 세운 싸이의 말춤 음반 덕분이다. 문화의 힘은 인간의 가슴과 기억을 사로잡는다. 프랑스 문명비평가 기 소르망은 "상품과 문화를 동시에 수출해본 나라는 미국과 프랑스, 독일, 일본 그리고 한국뿐"이라고 밝힌 바 있다. 한국을 제외한 나머지 나라들은 식민지를 뒀던 제국주의 국가들이다. 오직 한국이 그들만의 강고한 리그를 뚫은 셈이다.

K-콘텐츠로 불리는 한국의 문화 콘텐츠는 더 이상 변방의 비주류

문화가 아니다. 영화에선 〈기생충〉이 칸 영화제 황금종려상을 받더니, 2022년에 〈헤어질 결심〉과 〈브로커〉로 감독상과 남우주연상을 받았다. 넷플릭스에선 〈사랑의 불시착〉을 시작으로 〈오징어 게임〉, 〈이상한 변호사 우영우〉까지 줄줄이 전 세계 안방을 뒤흔들었다. 특히 〈오징어 게임〉은 비영어권 작품으로는 처음으로 에미상을 받는 새로운 역사를 썼다.

빌보드 차트를 석권하고 있는 BTS, 블랙핑크의 영향력도 물론이다. 실제로 미국 현지에서 K-콘텐츠에 대한 인기가 대단하다고 하는데 샌프란시스코에 위치한 세일즈포스 본사에는 한국 문화를 주제로 하는 사내 소모임이 있을 정도다.

한국 만화에서 영향을 받은 미국 웹툰 작가들도 있다. 미국에서 아이스너상을 탄 〈로어 올림푸스〉의 작가인 레이첼 스마이스는 "우연한 기회에 한국 웹툰을 접하고, 따라 그려보고 싶다는 생각이 들었다. 스스로 스토리를 잘 만들고 그림도 꽤나 그린다고 생각해, 네이버가 만든 '캔버스'라는 아마추어 웹툰 퍼블리싱 플랫폼에 응모했다. 그랬더니 갑자기 인기가 폭발해서 안정적인 직장을 포기하고 웹툰에만 전념하게 됐다. 모두 한국 웹툰 덕분이다"라고 말한다. 레이첼 스마이스의 작품 〈로어 올림푸스〉는 2억 회 이상의 조회 수를 기록한 메가히트 작품이다.

'최초', '최대'라는 기록도 대단하지만, K-콘텐츠는 최근 전 세계 문화 트렌드를 빠르게 바꾸는 체인저의 역할을 하고 있다. 기존의 뻔한 형식과 스타일, 스토리라인을 깨면서 새로운 문화 트렌드를 한국이 만들어냈다. 〈기생충〉은 자막으로 영화 보기를 꺼렸던 미국인들의 영화 소비 패턴을 바꿔놨을 정도다.

김범수 카카오 의장은 일본인들의 만화 보는 방식도 한국 웹툰 때문에 바뀌었다고 필자에게 설명했다. 그는 "일본은 만화책처럼 여러 장면을 스마트폰 한 화면에 넣는 방식을 고수해왔는데, 한국 웹툰이 한 화면에 한 장면을 넣어 손가락으로 속도감 있게 넘기며 보도록 했더니 이젠 일본도 따라 하더라"고 소개했다. 사실 '웹툰'이라는 말 자체가 한국에서 만든 용어다. 웹(World Wide Web)과 만화(Cartoon)를 조합한 말인데, 인터넷 만화의 대표적인 장르로 자리를 잡았다. 전 세계 웹툰 시장 규모는 15조 원에 달한다. 네이버와 카카오는 세계 최대 시장 미국과 일본에서 1위와 2위를 다투며 최근에는 유럽 시장에까지 손을 뻗치고 있다.

콘텐츠와 IT로 세계를 휩쓸다

4차 산업혁명이 급속 진행되면서 문화예술도 중요한 성장 산업으로 떠오르고 있다. 그 자체로 생산과 일자리를 마련해주는 산업이며 국가의 매력도를 키우는 힘이다. 고급 문화예술을 가진 국가의 제조업 제품은 믿을 수 있고 고급스럽다는 인상을 준다. 따라서 한국이 소득 5만 달러를 넘어 10만 달러 국가로 뛰어오르려면 문화예술은 물론 한식 세계화에도 더 박차를 가해야 한다.

영국이 좋은 성공 사례다. 1997년 영국의 1인당 국민소득은 2만 3,000달러였다. 당시 영국은 제조업 중심의 성장에 한계를 보이면서 저성장과 실업 문제가 여전해 새로운 성장동력 확보가 절실했다. 이때 영국은 국가적으로 '창조 영국(Creative Britain)' 전략을 추진했다. 문화를 '창조 산업'으로 다시 정의하고, 제조업에도 문화적 창조성을 접목했다. 이후 영국의 1인당 국민소득은 불과 6년 만에 3만 달러를 돌파했고, 다시 5년 뒤에는 일시적으로 5만 달러 벽을 뛰어넘기도 했다. 당시 영국 창조 산업 분야에서 늘어난 일자리만 40만 개에 달한다.

한국에서 콘텐츠 판매는 2018년 처음으로 100억 달러를 돌파해 삼성, LG전자로 대표되는 가전제품 수출 규모를 앞질렀다. 음악, TV 드라마, 영화 등 문화 수출액은 2013년 50억 달러를 웃돌더니 불과 5년 만에 2배로 급증했고 최근 그 속도는 더욱 빨라지고 있다. 이제는 TV, 세탁기, 냉장고를 수출해 벌어들이는 돈보다 음악과 춤, 드라마, 영화를 해외에 팔아서 거둔 금액이 훨씬 많다는 얘기다.

K-콘텐츠는 한국 특유의 IT기술과 맞물리면서 가공할 위력을 발휘할 태세다. 소득 10만 달러 퀀텀점프를 도울 가장 중요한 동력으로서 K-콘텐츠가 유망주로 떠오른 것이다. 일본의 포켓몬은 소프트 파워가 IT와 결합하면 파괴력이 얼마나 위력적일 수 있는지를 보여줬다. 포켓몬은 1996년 닌텐도 비디오게임으로 출발했는데 영화와 만화, 캐릭터 상품, 도서, 소설, 놀이공원, 캐릭터 빵까지 활용도를 넓혔다. 그 결과 포켓몬은 단일 브랜드로 출시 30년 만에 전 세계 매출 1,000억 달러를 가뿐하게 넘겼다. 영국의 〈이코노미스트〉는 포켓몬 출시 20주년 기사에서 이미 '일본 최고의 수출품'이라고 치켜세웠다.

이제 한국에서도 제2, 제3의 포켓몬 후보들이 많이 나타나고 있다. IT와 콘텐츠 업계에선 포켓몬 같은 캐릭터와 스토리라인을 'IP(지식재산권)'라고 부른다. 요즘 전 세계 기업들이 IP 확보에 사활을 걸고 경쟁하고 있다. 세계적으로 인기 있는 한국의 음악과 영화, 드라마, 웹툰에 글로벌 기업들의 관심이 부쩍 높아졌다. 최근 전 세계 음반 판매량과 유튜브 조회 수, 넷플릭스 시청자 순위가 K-콘텐츠의 경쟁력을 입증한다. 그동안 서구 주류 문화에선 볼 수 없었던 독특한 한국만의 IP가 제대로 먹혀들어 가는 셈이다.

　IP는 이미 상당한 잠재력을 보여줬다. 웹소설부터 웹툰, 드라마, 영화, 게임, 음악까지 뒤섞이면서 K-콘텐츠의 고부가 밸류체인을 만들고 있기 때문이다. 인기 웹소설이 웹툰으로 제작돼 성공하면, 곧바로 드라마나 영화를 만들어 밸류를 높인다. 일부는 게임으로 연결되면서 캐릭터 산업으로 확산된다. 성공한 게임 IP가 웹툰, 드라마, 영화로 이어지는 사례도 많다. 인공지능을 활용한 번역기술까지 발전하면서 예전보다 훨씬 빠르고 폭넓은 번역 작업까지 가세해 글로벌 시장으로 진출하는 작품도 급증세다.

　최근에는 국가별로 콘텐츠를 현지화해 보낼 정도로 분화되는 추이다. 일본에서 선풍적인 인기를 끌었던 〈이태원 클라쓰〉가 대표적인 사례다. 드라마에 나온 음악도 동시에 인기가 높았고, 일본에선 리메이크판인 〈롯폰기 클라쓰〉까지 나왔다. 〈미생〉, 〈술꾼도시여자들〉, 〈지금 우리 학교는〉, 〈지옥〉, 〈모범택시〉, 〈D.P.〉, 〈스위트홈〉, 〈김비서가왜 그럴까〉, 〈여신강림〉 모두 웹툰 원작 IP를 영상화한 작품들이다. 일부 드라마는 넷플릭스를 통해 전 세계로 진출했다.

　시장조사기관인 퓨처마켓인사이트에 따르면 전 세계 창작자 콘텐츠 시장 규모는 2022년 기준 약 150억 달러(약 20조 원)다. 이 시장은 매년 12~13% 규모로 성장해 2032년에는 472억 달러(약 65조 원)로 늘어날 것으로 추산된다. 파급효과까지 고려하면 경제적 가치는 훨씬 커진다. 문화 산업에 일찍 눈을 뜬 프랑스는 '코미테 콜베르(Comite Colbert)'라는 명품 업체 연합회를 1954년에 창설했다. 명품 업체와 호텔, 음식 분야를 비롯한 프랑스 대표 기업들이 뭉쳤다. 이는 '프랑스=명품' 이미지를 전 세계로 확산하는 계기가 됐다.

한국판 '코미테 콜베르'의 길

산업이 문화와 결합하면 기하급수적인 시너지를 창출할 수 있음을 보여준 사례다. K-콘텐츠와 한국 기업이 만나는 한국판 코미테 콜베르를 만들자는 얘기가 나오는 이유다. 한국 제품에 K-콘텐츠를 입혀 고부가가치 명품으로 만들 기회가 열려 있기 때문이다.

K-콘텐츠 간의 이종결합도 활발해지기 시작했다. 2022년 7월 게임 업체 펍지의 '배틀그라운드' 게임에선 걸그룹 블랙핑크가 히트곡은 물론 미공개곡까지 부르는 콘서트가 열렸다. 게임 이용자들이 순식간에 콘서트 관객이 돼 즐길 수 있는 새로운 문화 소비 행태를 만들어냈다. 이를 '인게임 콘서트'라고 부른다. BTS는 인기 게임 '포트나이트'에서 뮤직비디오를 공개하기도 했다.

기업과 K-콘텐츠 결합도 갈수록 늘고 있다. 삼성전자는 2022년 갤럭시 신제품에 '보라색'을 앞세웠다. 명칭도 '보라퍼플'이라 지었다. 보라색을 뜻하는 한국어와 영어 퍼플(Purple)을 결합했는데, 사실 보라색은 BTS를 상징하는 색상이다. 삼성은 BTS 신곡을 홍보 영상에 넣어서 뉴욕 타임스퀘어를 비롯한 전 세계 랜드마크에 선보임으로써 갤럭시와 BTS가 시너지를 내는 효과를 노렸다. 이 모든 일이 정부의 그 흔한 5개년 계획도 없이 이뤄졌다. 정부는 지원하되 개입하지 않는다는 원칙을 세워야 한다. 그 대신 규제 철폐가 필요한데 제작비에 대한 세액공제가 대표적이다. 미국의 경우 세액공제율이 20~30%인데 한국은 중소기업 10%, 중견기업 7%, 대기업은 고작 3%다.

자고로 한 국가의 문화예술은 전통과 매력이 가장 중요한 요소다. 그런 차원에서 현재의 K-컬처가 음악, 영화, 게임 등 산업적 측면에 너무 치중해 있지 않나 되돌아볼 필요가 있다. 소비자(국민)와 여행객이 즐겨 찾을 수 있는 세계적으로 명성을 날릴 미술관, 음악관, 공연장, 박물관을 건설하고 보존하는 것이 매력 있는 문화국가로서 중요한 일이다. 뉴욕 링컨센터(필하모니), 카네기홀, 뉴욕미술관, 메트로폴리탄, 상트페테르부르크 마린스키극장, 파리 루브르박물관, 피카소미술관, 시드니음악당, 삿포로 예술제 같은 전통문화 공간은 세계인을 사로잡는다. 해외에서 온 여행객의 넋을 빼놓을 만한 한국의 문화, 예술, 전통을 알릴 전당을 서울, 지방도시에 꾸며야 한다.

실리콘밸리의
성공을
옮겨오라

"토니 블레어 영국 총리는 20년 전 찾아와 스티브 잡스에게 '런던에도 실리콘밸리 같은 곳을 만들려면 어떻게 해야 하는가'를 물었다. 전세계 많은 나라가 실리콘밸리 같은 혁신 생태계를 만들고 싶어 하는 걸 안다. 그런데 20년이 지난 지금 실리콘밸리 말고 실리콘밸리 같은 곳이 전 세계 어디에 있는가? 언론들이 실리콘밸리처럼 되려면 규제를 풀어야 한다고 말하는 것을 많이 보고 듣는다. 특히 한국 언론이 그런 말들을 많이 한다고 들었다. 그런데 과연 그게 정답일까?"

마거릿 오마라 워싱턴대 역사학과 교수는 다소 흥분조로 말했다. 전화기 너머에서 들려오는 그녀의 목소리는 "실리콘밸리가 민간기업들 혼자서 만들어낸 결과물이라고 생각하면 어림없다"는 메시지가 강하게 들어 있었다.

오마라 교수의 말은 이어졌다.

"나에겐 규제로 모든 게 해결된다고 하는 말들이 실리콘밸리의 역사적, 문화적 맥락을 모두 깡그리 무시하는 것처럼 들린다. 실리콘밸리는 냉전 시대를 거치면서 누적된 안보 목적의 R&D와 기술 개발, 그리고 민간자본 등이 쌓여 만들어진 복합적인 산물이다. 정부는 규제가 필요 없는 시점에 규제를 풀었고, 규제가 필요할 때는 적절한 가이드라인을 제시했다. 민간과 정부의 적절한 협력이 있었기에 탄생한 결과물인 것이다. 각 나라들은 역사적, 문화적 맥락에 따라 자신만의 ○○밸리를 만드는 게 좋지 않겠는가?"

미국 빌 클린턴 행정부 시절 백악관에서 경제·사회 정책 보좌관을 역임했던 오마라 교수는 오늘날 실리콘밸리가 어떻게 실리콘밸리가 됐는지를 더 들려줬다.

> 1957년 미국이 받았던 스푸트니크 쇼크는 상상을 초월했다. 미국의 '바짝 든 군기(discipline)'는 이때부터 시작됐다. 냉전에서의 승리를 위해 미국은 우주 및 국방 예산을 투입하면서 과학기술 개발을 장려했다. 1980년대 미국은 이번엔 '오리엔탈 쇼크'를 경험했다. 일본의 경제적 도전에 1등 위치를 위협받은 미국은 바짝 든 군기의 기질을 발휘했다. 경제적 경쟁에서 승리하고자 미국과 캘리포니아 주 정부는 반도체, 컴퓨터, 전자통신, 바이오기술 등에 투자를 늘렸다.

대한민국, 선진국의 조건

국가 생존에서 시작된 역사

오늘날 실리콘밸리에 있는 기업들은 모두 미국의 군사 안보적 맥락을 갖고 태어났다. 따라서 이들은 미국의 전 세계 패권 지배력과 밀접히 연결돼 있다. '미국이 세계 최강국이라는 힘은 군사력에서 나오고, 그 군사력은 정보통신기술이라는 매개를 통해 실리콘밸리의 최고 기업들로 연결된다. 그리고 실리콘밸리 기업들은 전 세계에서 미국이 가장 강한 경제적 국가가 될 수 있는 힘을 투사한다.'

한마디로 실리콘밸리는 미국 패권과 직결된 것이다. 대표적인 사례로 트럼프 정부가 취한 중국 기업들의 실리콘밸리 축출 사건(2019~2020년)이 있다.

트럼프 대통령은 2019년부터 중국 기업들이 미국 실리콘밸리 기술 기업들의 지적재산권을 훔쳐 간다고 보고 대대적인 솎아내기 작업을 시작했다. 실리콘밸리 샌타클래라 시티에 위치한 중국 스타트업 센터였던 중관춘(ZGC)이 2019년 5월경 간판을 내렸다. 5G 장비 쪽에서 독보적 가격경쟁력을 가진 화웨이 제품을 사용하던 실리콘밸리 기업들이 모조리 화웨이와의 거래를 끊었다. 스탠퍼드대학에서 중국과 커넥션이 있는 교수들에 대한 흉흉한 소문이 돌기 시작했다. 바이두, 알리바바, 텐센트 등과 같은 중국 IT 기업들도 실리콘밸리에서 하나둘씩 회사 문을 닫기 시작했다.

그리고 결정적으로 틱톡(Tik Tok)이 미국에서 서비스를 중단한 사건이 일어났다. 2020년 7월 30일 당시 트럼프 대통령은 "9월 20일까지 틱톡을 매각하라. 아니면 틱톡 서비스를 중단해야 한다"는 행정명령을 내렸다. 이후 틱톡은 미국 사업부가 오라클, 마이크로소프트 등에 매각될 뻔했지만 결국 우여곡절 끝에 미국 내 사용자 정보를 모두 오라클에 맡기는 정도로 사태는 일단락됐다.

　미국의 국가 안보와 실리콘밸리의 기술 기업들이 밀접한 존재라는 것을 시사하는 사례들은 이외에도 무수히 많다. 미 공군은 오래전부터 스타트업들이 국방 조달 사업에 참가하지 않는 이유에 대해 조사했는데, 심사 시간이 너무 길고 제안서 분량이 많으며 규제가 심하고 복잡한 데다 지식재산권도 존중하지 않기 때문이라는 솔직한 속내를 파악했다. 미 공군은 이를 바로 고쳤다. 15장이었던 제안서 분량을 5장으로 줄였고, 15장의 파워포인트로 보완이 가능하도록 해줬다. 실리콘밸리를 향한 미국 공군의 구애는 한마디로 '파격' 그 자체였다.

　특히 중국과 러시아가 위성격추기술을 갖추자 위기의식은 더욱 커졌다. 실제로 당시 공군의 스타트업 투자 시연(試演)에서는 우주·위성 관련 기술 스타트업들이 주목을 받았다. 새로운 센서기술로 구름이 끼거나 야간에도 선명한 위성 사진을 찍을 수 있는 위협 조기감지기술 스타트업 '카펠라스페이스' 같은 곳들이 그 사례다.

　상징적인 사례지만 구글이 2022년 새롭게 실리콘밸리에 있는 도시 마운틴뷰에 개장한 신사옥 역시 실리콘밸리 기업들과 미국 우주 안보 당국의 밀접한 거리감을 보여준다. 10만 2,000m² 용지에 2개 사무동 건물로 구성됐고, 240개의 호텔방을 갖춘 구글의 신사옥(베이뷰 캠퍼스)은 용의 비늘 모양으로 생긴 태양광 스킨을 통해 생산된 전기를 활용,

　　　　　　　　　대한민국, 선진국의 조건

건물 내 사용 에너지의 90%를 탄소 배출 없는 에너지로 공급한다. 미국 서부 최대 규모의 지열발전소가 사옥 지하에 내장돼 있다.

그런데 이런 최첨단 캠퍼스가 어디에 위치하는가? 구글 베이뷰 캠퍼스 남쪽에서 자전거를 타고 불과 1분만 가면 NASA로 들어가는 입구가 나타난다.

세계경제포럼(다보스포럼)의 4차 산업혁명 센터가 위치한 샌프란시스코의 프레시디오(Presidio) 지역은 원래 '캠프 스콧(Camp Scott)'이라고 불린 미군 기지가 있었다. 이 기지의 목적은 태평양을 넘어 미국 서부로 진격해 오는 함대들을 포격하고 육지에 상륙하는 병사들을 막아내는 역할이었다.

다보스포럼 사무국은 이른바 4차 산업혁명의 열기가 뜨거워지던 시기에 미 군사 당국과의 협상을 통해 미군 막사였던 건물을 장기간 임대받아서 이곳에 4차 산업혁명 센터를 입주시켰다.이 센터는 실리콘밸리의 신기술을 아시아지역에 알리는 한편, 새로운 기술이 적용될 수 있도록 정책들을 제안해나가는 역할을 담당한다.

이처럼 미국 항공, 우주, 군사 관련 목적들이 실리콘밸리의 기술 기업 생태계와 밀접한 역사적·지리적 관계를 가진다는 사실은 몇 가지 커다란 함의가 있다.

첫째, 미국은 기술 패권을 생존의 문제와 직결되는 것이라 보고 투자를 해나간다는 사실이다. 다시 말해 단순히 돈을 더 벌어서 국가가 잘 먹고 잘 사는 문제를 뛰어넘어, 중국이나 러시아와 같은 전쟁 위협 국가들에 의해 침략당하지 않게 방어하는 생존의 차원에서 문제를 인식한다는 사실이다. 오마라 교수는 "실리콘은 미국이라는 나라가 생존하기 위한 기본적인 수단"이라고 말한다. 트럼프 대통령에서 바이든 대통령으로 정권이 바뀌더라도 반도체를 안보의 수단으로 인식하는 것은 동일하다. 바이든 대통령이 인텔 같은 기업들과 삼성전자 텍사스 공장 증설에 힘을 실어주는 것은 바로 이런 이유 때문이다.

두 번째 함의는 첫 번째 함의와 직접적으로 연결된다. 바로 기술 패권이 생존의 문제기 때문에 '비용을 문제 삼지 않는다'고 생각할 수 있다는 점이다. 미국은 2023년 회계 예산안에 7,730억 달러의 국방 예산을 편성했다. 이는 전년에 비해 8.1% 증가한 수치다. 중국에 대항하는 국방 예산의 증가가 필요했는데, 러시아와 전쟁 중인 우크라이나에 대한 지원용 예산이 포함됐다(450억 달러 지원 의회 의결). 이처럼 증가한 예산은 상위 0.01%의 조만장자들에게서 세금을 더 걷는 방법으로 풀기로 했다. 이런 국방 예산의 상당 부분은 미래에 중국과 러시아의 무기들에 효과적으로 대항하는 과학기술 연구 개발 쪽에 투입될 예정이다.

세 번째 함의도 첫 번째, 두 번째 함의와 연결된다. 정부가 생존을 위해 무제한의 자금을 쏟아부으니, 민간에서 시장이 형성된다는 점이다. 미국의 국방부 산하 국방고등연구계획국이라는 관청에서 육성한 투자 프로젝트들이 대표적인 사례라 할 수 있다. 국방고등연구계획국은 미국 서부 주요 대학의 연구자들에게 인터넷의 전신인 '알파넷'을 국방 연구 목적으로 개발해 달라고 자금을 지원했다.

'인터넷'이라는 거대한 산업의 등장은 바로 '생존'에 대한 미국 정부의 고민에서 시작된 것이다. GPS 역시 군사 목적으로 국방고등연구계획국이 지원해서 개발한 발명품이었다. 당시 레이건 대통령이 1983년

KAL 여객기 격추 사건 이후 민간으로 기술을 이전하라고 승인하면서 거대한 시장이 생겼다. 오늘날 스마트폰에 내장된 수많은 앱들이 GPS의 지원으로 작동된다.

2010년부터 미국 정보부에서는 정보고등연구기획국을 통해 양자컴퓨터 프로젝트를 시작했다. 양자컴퓨터는 오늘날 존재하는 수많은 컴퓨터 속의 수학적 보안 시스템들을 무력화할 수 있는 강력한 국가 안보적 파괴력을 지닌 존재다. 정보들을 분산해 저장하는 강력한 보안 시스템인 블록체인마저도 양자컴퓨터 앞에서는 무용지물이 될 수 있다는 주장이 나올 정도다. 그리고 10년이 넘은 정보고등연구기획국의 노력은 오늘날 구글, 마이크로소프트, 아이온큐 등과 같은 다수의 회사들이 상용화에 박차를 가하고 있는 양자컴퓨터 실물로 연결된다.

정보고등연구기획국 프로그램에 참여했던 김정상 듀크대 교슈는 "당시 (상상 속으로만 존재하는) 양자컴퓨터를 실제로 만드는 100여 명의 연구단을 이끌었는데, 약 5년간 프로젝트를 진행하면서 마음속에 있던 생각이 서서히 바뀌기 시작했다. '양자컴퓨터가 되겠어?'라는 의심이 '어, 양자컴퓨터가 되겠는걸!'이라는 쪽으로 말이다"라고 말했다. 정부 지원 때문에 가능해졌다는 얘기다.

실리콘밸리에는 국방 역량 강화를 위한 기술 시장을 만들어나가는 회사들이 있다.

대표적으로 페이팔 창업자이자 《제로 투 원》의 저자인 피터 틸은 미국 국방 역량 강화를 위해 팰런티어테크놀로지스를 설립했다. 이 회사는 미국의 국방 관련 조직들이 인터넷과 위성 데이터, 국가 보안과 직결된 정보망 등에 포함된 데이터를 읽어서 인공지능으로 판별하는 기술을 만드는 곳이다. 미국의 안보를 위한 구글 같은 회사라 할 수 있다. 2020년 주식 시장에 상장하면서 더욱 유명해졌다.

기술 패권은 생존에 직결된 문제며, 생존 앞에는 돈을 아껴선 안 된다는 인식, 그리고 그 인식하에서 거의 무제한적 지원을 받고 자란 뛰어난 인재들이 만든 민간 생태계. 이 세 가지가 오늘날 미국의 기술 패권이 탄생할 수 있었던 기반이다.

반란을 꿈꾸는 실리콘밸리의 야성적 충동

1957년 여름에 8명의 젊은 청년들이 미국 샌프란시스코에 있는 클리프트 호텔에 모였다. 세상에서 가장 높게 자란다는 미국 서부의 명물 '레드우드'를 잘라서 만들었다는 레드우드룸에 자리 잡은 이들은 칵테일, 맥주, 양주 등을 주문했다. 그리고 안주로 자신들의 상사를 성토하는 데 열을 올렸다.

> "그 꼰대가 사람 썼다며? 우리 감시하려고 말야."
> "저번에는 누가 자기를 독살하려 한다며 거짓말 탐지기를 갖고 오더니."
> "놀랍지도 않아. 그 양반 우리 통화 기록들 다 녹음하는 거 알고 있니?"
> "자기가 노벨상 받았으면 다야?"

뒷담화 대상은 천재 과학자 윌리엄 쇼클리였다. 반도체의 효시인 트랜지스터를 만들어 노벨상을 탔고 당시 실리콘밸리 팰로앨토라는 도시에 '쇼클리 반도체'라는 회사를 창업했던 셀럽이었다. 그러나 쇼클리 반도체에서 일하던 8명의 청년들은 회사를 떠나기로 결심했다. 악독했던 그들의 상사 쇼클리에게 질려버렸던 것이다. 그들은 뉴욕에서 온 금융인 아서 록이라는 사람에게 편지를 쓴다. "쇼클리는 우리를 정말 싫어합니다. 우리도 쇼클리를 정말 싫어합니다. 하지만 우리는 서로를 너무 좋아합니다. 우리를 고용해줄 사람을 찾습니다."

이 편지에 대한 금융인 아서 록의 회신은 오늘날 실리콘밸리를 낳은 첫 번째 결정이었다고 해도 과언이 아니다. 아서 록은 쇼클리의 회사를 떠나 다른 직장을 찾아 나선 8명의 인재들에게 다른 회사로 취직할 것이 아니라 "직접 회사를 차려라"라고 조언해줬다. 그리고 본인은 회사를 설립할 자금을 모집하러 나섰다. 오늘날 말하는 벤처캐피털의 시초였다.

아서 록은 뉴욕 근처의 '페어차일드 카메라장비'라는 회사로부터 150만 달러의 자금을 대출받는 데 성공했고, 그렇게 트랜지스터 회사 '페어차일드 반도체'가 탄생했다. 바야흐로 실리콘밸리가 시작된 것이다. 이 회사를 만든 8인의 창업자들은 훗날 인텔, AMD 등을 창업했다. 8인 중 고든 무어는 반도체 성장을 예견한 '무어의 법칙'을 만든 장본인이다. 유진 클라이너는 실리콘밸리의 투자 명가인 클라이너퍼킨스라는 벤처 투자 회사를 설립했다.

클라이너퍼킨스는 초기에 구글에 투자했다. 제리 샌더스는 오늘날 그 이름이 빛나는 반도체 회사 AMD를 설립했다. 아서 록은 그 이후 애플에도 투자했다.

　페어차일드 반도체에서 일했던 돈 밸런타인은 실리콘밸리 최고의 투자 회사 중 하나인 세쿼이아캐피털을 만들었다. 세쿼이아가 키운 회사는 이름만 들으면 누구나 아는 애플, 구글, 유튜브, 엔비디아, 오라클, 야후, 시스코, 인스타그램, 줌, 왓츠앱, 링크드인, 페이팔, 에어비앤비, 도어대시, 스트라이프, 스퀘어, 유니티 등과 같은 쟁쟁한 기업들이다. 8명의 배신자들에서 시작된 페어차일드 반도체가 실리콘밸리의 원래 뿌리와도 같은 존재인 셈이다.

　8인의 정신은 '전통에 대한 반란'이었다. 그래서 오늘날 실리콘밸리에서는 인텔 창업자이자 '무어의 법칙'을 만든 고든 무어 식의 반란 정신을 칭송하기 바쁘다. 스탠퍼드대 같은 실리콘밸리의 명문 대학들도 교수들에게 상아탑 안에서의 학문 연구라는 전통을 강요하지 않는다. 오히려 창업을 장려하고, 솔직한 욕망을 인정해준다.

　아서 록은 한 인터뷰에서 이렇게 말한 적이 있다. "1960년대 미국에서 가장 잘나가는 대학은 하버드, MIT, 프린스턴, 보스턴 등 동부의 대학들이었다. 그런데 왜 반도체 산업이 미국 서부 실리콘밸리에서 잘나가게 된 건지 혹시 아는가? 나는 스탠퍼드대에 있던 프레더릭 터먼이라는 한 사람 때문이라고 생각한다. 그는 박사과정생들이나 박사후과정 학생들에게 교수가 되는 동시에 회사를 만들라고 장려했다. 당시 MIT, 하버드, 프린스턴 등에서 교수가 회사를 만든다고 하면 그는 바로 '배신자'라며 해고당했었다."

이처럼 '배신자를 존중하는 정신'에서 시작한 실리콘밸리는 학연, 지연, 성별, 인종 등의 각종 차별적 요소를 배제하면서 오로지 '능력' 하나만 보는 다양성의 문화를 갖춰간다.

이런 문화를 자리 잡게 만드는 데 기여한 대표적 인물 한 사람을 꼽자면 세쿼이아캐피털의 설립자인 돈 밸런타인이다. 그는 거대한 세쿼이아 나무 같은 기업을 만들어내는 과정은 매우 힘들 수밖에 없기 때문에 학연, 지연, 성별, 인종 등과 같은 표면적 요소가 아니라, 진짜로 큰 나무가 될 수 있는 자질을 잘 판단해야 하며, 옆에서 끊임없이 성장을 위한 에너지를 주입해줘야 한다고 생각했다.

그의 투자를 받은 회사들이 계속 성공하면서 실리콘밸리에는 '겉으로 대충 따라 하는 게 아니라, 진짜로 시장에 먹히는 무언가를 만들어내려는 사람들의 사고방식'이 충만해졌다. 그래서 실리콘밸리에서는 전통과 권위, 인습과 같은 것들은 잘 통하지 않는다. 대신 중요한 것은 오로지 그 사람이 보여줄 것으로 예상되는 능력과 영향력이다.

이 때문에 자신감에 가득 차 있는 전 세계 젊은이들이 실리콘밸리로 모여든다. Y콤비네이터, 500스타트업, 플러그앤드플레이 등 초기 단계 스타트업에 투자하는 모험자본들은 함께 조언과 투자를 진행해 회사를 키운다.

오늘날 미국 동부의 아이비리그 대학교 주변과 남부의 텍사스 오스틴 등과 같은 대학도시들 주변이 창업의 메카로 떠오르지만, 실리콘밸리 특유의 저항 정신과 '진짜'를 지향하는 문화는 닮지 못한 것으로 보인다. '반란'을 꿈꾸는 야망가들은 여전히 실리콘밸리에 몰린다.

1976년 창업한 애플과 같은 회사들이 그랬다.

스티브 잡스의 일생은 반항과 해적의 아이콘이었다. 비싼 학비가 싫어서 명석한 두뇌에도 불구하고 리드칼리지 1학년을 마친 후 중퇴하고 창업했다. 애플3 컴퓨터는 발열 문제로 전량 리콜을 하면서 세상에 의해 거부당하는 일을 겪었다. 결국 자신이 만든 회사 애플에서 쫓겨났다. 그러면서도 잡스는 "우주에 자국을 남겨라(Dent in the universe)"라며 한 개인이 세상을 바꿀 수 있다는 위대한 신념을 세상에 남기고 떠났다. 현재 실리콘밸리에서 유명한 앤드리슨호로비츠(a16z) 벤처캐피털을 설립한 마크 앤드리슨은 넷스케이프를 창업할 때 인터넷 익스플로러를 만든 마이크로소프트에 정면 도전하는 용기를 보여주기도 했다. 그는 빌 게이츠를 '암흑세력(Dark force)'으로 지칭했다.

오늘날도 실리콘밸리는 거대한 공룡을 좋아하지 않는다. 구글, 애플 등과 같은 회사들이 아무리 잘 운영되고, 사회공헌을 많이 하며, 복지가 좋다 하더라도 기본적으로 실리콘밸리 사람들은 큰 회사에 대한 저항 정신이 깔려 있다. 에픽게임스가 앱스토어 독점 체제를 가져가는 애플을 두고 "당신들은 악당들이야"라고 비난하는 광고를 내보낸다거나, 구글의 내부 엔지니어 일부가 구글의 초거대 인공지능 개발 계획을 보고 문제점을 내부 고발하는 사례 등이 그런 맥락이다. 프랜시스 하우건 같은 페이스북(메타) 내부 고발자가 회사의 비윤리적 판단을 비판하는 것도 같은 선상에 있다.

이런 저항 정신을 잇는 계승자는 단연 일론 머스크다. 몇 차례 무너질 위기를 겪고, 공매도 세력들의 공격을 받으며, 자신을 믿어준 개인 투자자들을 통해 승리를 거머쥔 그는 저항 정신의 화신 같기도 하다.

그가 만들고자 하는 전기차와 자율주행차 역시 포드 같은 전통 자동차 회사들의 문제점을 정면으로 겨냥한다. 그는 평소 "이렇게 열심히 일해야 디트로이트에 있는 그 내연기관 자동차 회사들을 무너뜨릴 수 있다"고 직원들을 몰아붙인다. 이제까지 내연기관 자동차 회사들이 이산화탄소를 배출해 환경을 오염시킨 것을 생각하면, 전기차는 시대적 숙명이라는 비판 정신을 구성원들에게 불어넣어주는 것이다. 일론 머스크의 테슬라 전기차가 스티브 잡스의 2008년 아이폰 출시 이후 가장 커다란 폼팩터의 혁명임은 부정하기 어렵다.

실리콘밸리의 전기차, 자율주행의 혁명은 이미 시작됐다. CBRE라는 미국 부동산 회사는 아예 자율주행 테스트 단지를 여의도 면적 4배 크기 공간에 만들고 있다. 다음은 CBRE 관계자의 설명이다. "결국 자동차 회사들은 자율주행차로 가지 않을 수 없을 것이다. 우리는 그들이 보다 빠르게 자율주행차를 개발할 수 있도록 인프라를 제공한다. 자동차 회사들이 편리하게 자신들의 차량을 테스트해보고, 엔지니어링도 할 수 있으며, 상호 간의 보안도 지켜지게 하는 공간이다."

미래에는 어떤 영역에서 실리콘밸리의 파괴적 정신이 이뤄질까? 웹 3.0 등과 같은 영역에서 새로운 파괴가 일어날 것이라고 생각하는 이들이 많다. 분명한 것은 '미친 생각을 가진 사람들을 알아주는 세상' 실리콘밸리에서는 앞뒤 가리지 않고 세상의 판을 뒤집어버리는 문샷이 계속될 것이라는 점이다.

실리콘밸리 3인의 기업인

'진정한 리더의 역할은 무엇일까.' 미국 최고의 경영 컨설턴트이자 《좋은 기업을 넘어 위대한 기업으로》의 저자인 짐 콜린스는 실리콘밸리 현지에서 열린 한 강연 중 "미국에 강한 기업인들이 많은 이유가 무엇인가"라는 질문에 대해 이렇게 답했다. "사람들에게 이런 일을 해라, 저런 일을 해라 지시하는 것이 리더의 역할일까? 그건 관리자의 역할이다. 리더는 따르는 사람(Follower)이 있는 사람을 말한다. 사람들이 그를 따라야 리더다. 그렇다면 사람들은 왜 리더를 따를까? 여러 사람들이 공통으로 누릴 수 있는 비전이 있고, 그걸 실천할 능력이 반드시 뒷받침되기 때문이다."

오늘날 미국에 뛰어난 기업인(Entrepreneur)들이 많은 이유는 여러 사람이 공유할 수 있는 비전을 제시하도록 격려하는 '교육제도'가 갖춰져 있고, 이것을 실제로 실천할 만한 능력을 가진 자들이 위로 올라가게 하는 '직장 내 문화'가 갖춰져 있기 때문이라는 게 짐 콜린스의 설명이다. 실리콘밸리에서 3년간 특파원을 역임한 필자가 보기에는 '비전'과 '실천력'을 가진 사람들이 영웅으로 묘사되고, 방송이나 신문에 대단한 인물로 다뤄지며, 그들의 역량에 대한 평가와 교육이 자연스럽게 이뤄지는 미국 사회의 미디어 문화도 한몫을 하는 것 같다. 결국 중요한 것은 비전과 실천력이다. 그런 면에 있어서 대표적인 사례로 거론되는 인물이 아마존의 창업자 제프 베이조스다.

대한민국, 선진국의 조건

― 제프 베이조스 ―

제프 베이조스는 인터넷이라는 새로운 기술의 비전을 통해 그 비전을 주주 및 이해관계자들에게 설득시키고자 누구보다 노력했던 인물이다. 뉴욕 헤지펀드에서 일하던 그는 서른인 1994년 인터넷이 처음으로 등장한 순간을 맞았다. 이때 그에게는 다른 어떤 곳에 비해 다양하고 싼 제품을, 다른 어떤 곳에 비해 빠르게 배송할 회사를 만든다면 반드시 성공할 것이라는 확고한 믿음이 있었다. 그래서 좋은 직장을 버리고 나가 아마존을 창업했다. 인터넷으로 판매할 제품을 찾다가 중간 도매상이 없고 표준화된 아이템인 '책'을 선택한 그는 시애틀 집 차고에서 비전 하나만으로 창업을 결심했다. 당시 책방 하면 반스앤드노블이 오프라인을 철옹성처럼 강력히 석권하고 있었다. 성공 확률이 70%라면서 아들이 자본금을 보태 달라고 할 때 선뜻 돈을 내준 부모님과 그의 주변 사람들이 모두 그에게 물었다. "인터넷이 뭐야?" 하지만 베이조스는 앞으로 모든 사람들이 인터넷을 향해 달려갈 것이라고 확신했다.

아마존은 창업 후 14년 동안 계속 적자를 냈다. (아마존은 2001년 4분기 처음으로 흑자를 냈다. 그리고 그 뒤에도 오랫동안 큰 흑자를 내지 않았다.) 흑자를 낼 수도 있었지만 베이조스는 "의도된 적자였다"고 말한다. 이익이 나는 족족 인터넷이라는 거대한 신세계에 재투자할수록 복리의 이익이 발생할 것이 분명하다고 봤기 때문이다. 엄청난 비전이 있었기에 가능했던 일이다.

베이조스는 이후 서적을 온라인으로 판매하는 것에서 벗어나 CD, DVD, 장난감, 가전제품, 신발, 의류 등 무엇이든지 파는 에브리싱 스토어(Everything Store)로 영역을 넓혔다. 책을 인터넷으로 판매하면서 얻었던 노하우를 다른 제품으로 그대로 확장해갔던 것이다. 효율적 물류 배송과 추천 시스템이 대표적이다. 1년에 70달러만 내면 배송을 무료로 해주는 프라임 시스템은 오늘날 구독경제(Subscription Economy)의 최초 시작과도 같은 모델이 됐다. 자신들의 업무를 효율화하기 위해 개발한 클라우드 시스템인 AWS를 외부에 판매하겠다는 아이디어는 아마존 최고의 히트상품이다. 오늘날 아마존 영업이익에서 AWS가 차지하는 비중은 74%(2022년 2분기 기준)에 달한다. '인터넷에 미래가 있다'는 제프 베이조스의 확고한 비전에서 나온 제품들은 '아마존', '아마존 프라임', 'AWS' 등과 같은 메가히트 상품들뿐이 아니다.

제프 베이조스는 '알렉사'라고 하는 인공지능 스피커를 상용화해 오늘날까지 4,000만 개를 팔았으며, 전자책 '킨들'은 최대 9,000만 대 정도 팔렸을 것으로 추정된다. 하지만 이런 베이조스의 비전은 상당한 비판을 받았다. 일단 기존 서점 체인이 무너져 내렸고, 소규모 서점은 상당수 문을 닫아야 했다. CD, DVD 매장이 사라졌고 장난감 전문점도 없어져야 했다. 아마존은 대형 회사에 걸맞지 않게 매우 빠르고 효율적으로 비용을 절감해나갔고, 마진을 최소화하는 정책으로 밀어붙였다. 게다가 베이조스는 근검절약 정신으로 직원들을 세게 압박했고 본인도 해외 출장 시 이코노미스트석을 탔다.

대표적으로 '아마존 건물에는 문짝이 없다'는 일화가 있다. 제프 베이조스는 초기 회사가 커지기 시작할 때 건물에 투자할 돈이 있다면 차라리 인터넷에 재투자하겠다는 정신으로 사옥을 구매하지 않았다.

대신 미국 서부에 위치한 시애틀 본사 주변에 있는 건물을 통째로 임대했는데, 그 건물 내에 있는 문짝들을 보고 이를 개조해서 직원 책상으로 사용하라는 지시를 내렸다. 덕분에 한동안 직원들은 문짝을 개조한 책상 위에서 코드를 짜야 했다. 아마존의 문짝 책상(door desk)은 제프 베이조스 본인부터 사용했기 때문에 직원들 역시 꼼짝없이 써야만 했다. 이런 정신으로 일했기에 초기 아마존 임직원 중에는 '질려서' 떠난 사람들도 많았다.

하지만 제프 베이조스는 타인들에게 없는 실천력이 있었다. 이는 그가 악독하다고 묘사할 만한 경영인이었음에도 불구하고 뛰어난 사람들이 여전히 아마존에 모여들게 만드는 원인이 됐다. 결국 어떤 CEO나 리더가 뛰어난 사람을 모으는 요소는 '사람 좋음'도 아니고, '여유로움'도 아닌, '실력'에 달려 있음을 보여주는 사례다. 아마존에서 일했던 한 직원은 이렇게 말했다.

"제프 베이조스는 인터넷이 불러올 변화에 대한 정확한 비전을 가진 사람이며, 이 때문에 강력한 추진력 또한 갖고 있는 사람이다. 따라서 그 앞에서는 한 치의 실수도 용납되지 않는다. 그렇지만 인정해야 할 것은 실력이다. 하겠다고 한 것은 분명히 하는 실력 말이다. 아마존이 모든 것을 성공했다고 보긴 어렵다. 그러나 비록 실패하더라도 원칙과 군기(dicsipline)를 갖고 끝까지 뭔가를 해내는 실력에 있어서 아마존은 탁월하다."

제프 베이조스의 실천력은 그가 주주들에게 보낸 편지에서 여실히 드러난다. 1997년 5월 아마존이 상장할 당시 제프 베이조스는 주주들에게 "우리는 아직도 역사의 첫날에 있다"며 '데이원(Day 1)' 정신을 강조했다. 이 데이원 정신은 20년 동안 아마존 주주총회 서한에서 빠짐 없이 등장했다. 심지어 2021년 아마존 회장을 앤디 재시에게 물려주고 내려올 때도 제프 베이조스는 1997년의 편지를 그대로 첨부했다. 아마존은 언제나 첫날 같은 마음으로 새로운 것에 도전한다는 것이다. 그가 말하는 첫날 정신은 고객 중심 사고, 당연하다고 믿는 것에 대한 의심, 외부 트렌드 수용, 신속한 의사결정 등 네 가지 원칙이 꼽힌다.

현재 제프 베이조스는 아마존을 반석으로 올려놓은 다음 AWS 사업을 성공시킨 앤디 재시에게 회장 자리를 넘기고 우주 사업 블루오리진에 열중하고 있다.

― 팀 쿡 ―

스티브 잡스에게 애플의 CEO 자리를 물려받은 팀 쿡은 당연히 창업자가 아니며 대주주도 아니지만, 전혀 다른 차원에서 그만의 비전과 실행력을 통해 초기 우려를 떨치고 애플의 시가총액을 사상 최초 3조 달러로 올린 경영의 귀재다. 그는 천재도 아니었고, 두드러진 인물도 아니었다. 스티브 잡스가 살아 있던 시절 팀 쿡은 한국의 LG전자나 LG디스플레이를 찾아와 물건을 제때 공급해 달라고 부탁했던 공급망 관리 임원이었다.

래리 엘리슨 오라클 창업자는 스티브 잡스 타계 후 팀 쿡 체제하에서 애플은 매우 어려울 것이라며 어두운 전망을 했다. 스티브 잡스가 선동가적 기질을 가진 인물이었다면, 팀 쿡은 그저 효율적으로 회사를 운영하는 정도의 인물이었기 때문이다. 실리콘밸리의 애플을 다니거나 다녔던 직원들도 팀 쿡 CEO 아래에서 완전히 새로운 개념의 신제

대 한 민 국 , 선 진 국 의 조 건

품이 나오겠느냐고 의심 어린 눈초리를 한동안 보냈다.

그러나 팀 쿡은 스티브 잡스가 만든 아이폰, 아이패드, 맥 등을 소비자들이 원하는 가장 이상적 형태로 업그레이드했다. 원래부터 애플은 소비자들이 무엇을 원하는지에 대한 조사와 마케팅을 가장 중심에 두는 조직 문화를 갖고 있는데, 팀 쿡은 제품을 별로 바꾸지 않고 소비자들의 가려운 곳을 최대한 효율적으로 긁어주는 방식으로 제품을 개선했다. 아이폰의 카메라 기능을 극대화하거나, 사생활 보호 기능을 강화하거나, 맥북의 디자인 측면을 강화하는 등의 방법론은 인간 심리를 깊이 이해한 제품 설계가 아니었다면 불가능했을 것이다.

팀 쿡은 이런 명품급 제품을 전 세계에 대량 판매하는 데 성공했다. 스콧 갤러웨이 뉴욕대 스턴경영대학원 교수는 "페라리 같은 최고급 차량을 GM처럼 대량으로 판매하는 것과 같은 일을 해낸 사람"이라고 평가했다. 팀 쿡 재임 기간 동안 애플의 연간 매출은 2011년 1,080억 달러에서 2021년 3,650억 달러로 늘어났고, 순이익 또한 260억 달러에서 950억 달러로 3.7배 늘었다.

팀 쿡에게 비전이란 좋은 제품을 더 싸게 만들어 보다 많은 사람들에게 판매하는 것이었고, 이를 위한 실행에 있어서는 타의 추종을 불허한다. 많은 사람들이 그에게 새로운 것을 만드는 역량이 부족한 것 아니냐고 우려했지만, 회사는 CEO의 본모습을 닮는다고 했던가. 팀 쿡은 특유의 따뜻한 감성적 서비스 제품을 속속들이 만들면서 신제품 출시도 비교적 잘해냈다. 애플 TV+, 애플 피트니스, 앱스토어 등과 같은 콘텐츠들이다.

애플 TV+에는 다른 온디맨드 비디오 스트리밍 서비스(OTT)들이 갖고 있는 섹스, 폭력 등의 콘텐츠가 덜하며, 애플이 매년 선정하는 '올해의 앱' 시상식에는 같은 게임이라도 폭력적, 선정적 게임이 아니라 인류애에 기반한 따뜻한 제품이 상을 받는다. 미국 남부 출신이지만 성적 소수자이기도 한 그는 사람들의 인권에 관심이 많고, 사생활 침해와 편견에 대해서는 맞서 싸우기도 한다. 미국의 IT 언론인 카라 스위셔는 "팀 쿡은 애플의 서비스 부문을 신사업으로 발전시키면서 그 나름의 따뜻한 색깔을 칠했던 인물로 기억될 것"이라고 평가했다.

― 사티아 나델라 ―

빌 게이츠가 창업한 마이크로소프트가 애플의 아이폰 이후 쇠약해가던 차 제2의 창업으로 우뚝 일으켜 세운 인물은 인도 이민자 사티아 나델라 마이크로소프트 CEO다. 그 역시 비전과 실행력 차원에서 세상의 주목을 받을 가치가 충분한 인물이다. 그가 2014년 CEO로 선임될 당시 회사의 주가는 37달러였으나, 2021년에는 299달러까지 상승했다.

사티아 나델라의 가장 큰 공적은 관료화된 늙은 조직 마이크로소프트를 젊은 조직으로 거듭나게 했다는 점이다. 사업 모델도 완전히 일신해 회사를 빌 게이츠 때에 비해 통째로 바꿔놓은 인물이다. 마이크로소프트 직원들은 "빌 게이츠가 마이크로소프트를 창업한 것만큼이나 사티아 나델라를 CEO로 발탁한 것은 위대한 일"이라고 평가한다. 새로운 인재가 들어와도, 인공지능과 같은 새로운 지식이 발전해도 자칭 천재들의 집합체인 마이크로소프트 내부에서는 언제나 윈도와 오피스 같은 소프트웨어 개념에 몰입돼 있었다.

그러나 구글, 페이스북, 애플 등과 같은 새로운 플랫폼이 등장하면서 마이크로소프트에는 변화가 필요했다. 사티아 나델라 CEO의 선임은 회사 입장에서는 그야말로 리프레시(Refresh) 버튼을 누르는 것과 같았다. 그가 가장 먼저 한 일은 회사의 문화를 바꾸는 것이었다. 잘나고 똑똑한 회사 조직원들은 서로 돕기는커녕 조직에 칸막이를 쳐놓고 상대가 잘나갈까 봐 내부 총질에 세월을 보냈다. 그는 먼저 비전을 구체적으로 세웠다. 구성원들에게 지구상의 모든 개인과 조직이 더 많은 성취를 할 수 있도록 비즈니스를 돕는 기업이 바로 마이크로소프트라는 새로운 사업 모델을 구축했다. 이것이 구체화된 상품이 바로 클라우드 컴퓨팅이다.

마이크로소프트 외에도 클라우드 컴퓨팅을 시도한 기업들은 이미 많았다. 아마존이 AWS라는 제품으로 이미 2006년부터 시장에 자리를 잡고 있었다. 그러나 사티아 나델라는 마이크로소프트의 퍼블릭 클라우드 제품인 '애저(Azure)'에 과감히 비중을 뒀다. 그리고 실행을 위해 실제로 일을 하는 구성원들에게 힘을 실어줬다. 임원이나 관리 조직이 결정권을 갖는 구조가 아니라, 회사가 현장에서 영업을 하는 조직 구성원을 신뢰하고 그들이 위험을 지면서 일하려 할 때 함께 뛰는 방식으로 의사결정구조를 바꾼 것이다. 이런 문화를 만들어나가기 위해 사티아 나델라 CEO는 직접 자사의 클라우드 컴퓨팅 제품을 사용하는 고객을 면담하고 제품을 평가받았다.

CEO가 몸소 뛰면서 피드백을 받은 마이크로소프트의 클라우드 컴퓨팅 제품은 보다 빠르게 품질이 개선될 수밖에 없었다. 오늘날 클라우드 컴퓨팅을 사용하는 많은 회사들은 여전히 AWS의 빠른 속도와 안정적 운영, 편리한 확장성을 높게 평가한다. 시장점유율 역시 AWS가 1등이다. 그러나 사티아 나델라가 손수 만나 "CEO가 직접 품질을 챙기겠다"고 설득한 기업 고객들도 상당하다. 미국 최대 통신사인 버라이즌, 링크드인, 넷플릭스 등이 그런 사례다.

사티아 나델라는 원래 잘난 사람들의 집단을 끊임없이 학습하는 조직으로 바꿨다. 현재 총매출액의 75% 정도가 클라우드 컴퓨팅 부문에서 발생하는데 게임, 모던 라이프, 비즈(Biz) 애플리케이션, 인프라, 데이터·인공지능으로 확장해가는 중이다. 나델라의 회장실 근무자는 10명도 안 되고, 최고경영진 10명은 이메일로 소통하며, 금요일에는 항상 모여서 토론하고 전문가를 초빙해 강의를 듣거나 한다. 관리자는 변화의 첨병이 돼야 하기 때문이다. 한 달에 한 번은 임원진 200명이 소통하며, 연초에는 일주일 동안 라스베이거스 체육관을 빌려 사티아 나델라가 반나절은 비전을 발표한다.

데이터센터는 전기 과다 사용으로 열이 발생하는 데다 넓은 면적이 필요하므로 오지의 땅값 싼 곳에 지어야 한다는 고정관념에 빠지기 쉽다. 그러나 마이크로소프트는 한 직원의 아이디어로 열을 식히기 쉽고 땅값이 없는 바닷속에 캡슐로 데이터센터를 지었다.

세계의 모든 일을 모른 척하지 말고 과거의 영광을 기억하되 미래를 재정의하라는 나델라의 생각은 그의 저서 《히트 리프레시》에 담겨 있다. 마이크로소프트의 기업 사명은 '지구상의 모든 개인과 조직이 더 많은 성취를 할 수 있도록 돕는 기업'이다. 매출액이 200조 원을 넘어서자 시가총액은 2019년 1조 달러를 넘어섰다. 나델라는 거대 기업이라도 CEO 1명이 기업의 운명을 어떻게 바꿀 수 있는지를 증명한 살아 있는 사례다. 전체 사원들이 생각하는 마이크로소프트의 최대 리스크는 나델라의 건강이 잘못되는 일이라고 말할 정도다.

10년 내 유니콘
100개
키워내라

　〈포춘(Fortune)〉지 선정 500대 기업을 1개 더 가지면 1인당 소득이 0.3% 증가하는 것으로 분석됐다. 따라서 〈포춘〉 500대 기업을 많이 가질수록 선진국 대열에 포함되기 쉽다는 말이 된다. 선정 기준은 매출액 순으로 1~500위를 줄 세우는 것이다. 〈포춘〉이 2022년에 발표한 국가별 통계를 보면 중국(홍콩 포함) 136개, 미국 124개로 중국이 2020년에 미국을 제친 이후 차이가 벌어지고 있으며 일본 47개, 한국은 16개다. 매출액 세계 1위는 9년 연속 월마트고, 아마존이 2위, 3~5위는 중국 에너지 기업들이 차지한다. 그 뒤를 사우디 아람코, 미국 애플, 독일 폭스바겐 등이 뒤따르며 한국의 삼성전자는 18위, 현대차 92위, 나머지는 100위 밖이다.

〈포춘〉 500대 기업은 갑자기 배출될 수가 없다. 수없는 예비군 후보를 키워내야 한다. 그 새싹이 바로 매출액 10억 달러(1조 원)가 넘는 유니콘 기업이다. 유니콘이란 전설 속의 뿔 하나 달린 흰색 말이다. 눈은 파랗고 어떤 동물도 따를 수 없게 빨리 달리는 신비로운 능력을 지녔다.

2013년 벤처투자가 에일린 리가 상장하기도 전에 기업가치가 10억 달러를 넘어선 스타트업에 유니콘이란 이름을 붙여줬다. 초현실적인 뛰어난 능력을 지닌 기업을 지칭한 것이다. 그 후 100억 달러 이상 가치를 지닌 기업은 데카콘(Decacorn), 1,000억 달러 이상은 헥토콘(Hectocorn)이란 명칭이 생겨났다. 4차 산업혁명이 깊숙하게 진행되면서 세계 각국이 유니콘 기업 육성하기에 혈안이 돼 있다.

국가 경제를 키우고 좋은 일자리를 만들어내는 미래의 〈포춘〉 500대 기업은 오늘의 유니콘에서 발아하기 때문이다. 또한 신기술 바람을 잘 타면 순식간에 유니콘이 탄생하는 행운을 거머쥘 수도 있다.

세계 100위 전무한 한국 유니콘

전 세계적으로 유니콘 기업 수는 대략 1,000개 정도로 파악되나 발표기관에 따라 들쭉날쭉하다.

미국 CB인사이트의 조사에 따르면 유니콘 기업 개수는 미국 510개, 중국 167개, 인도 59개 등이고 한국은 11개로 싱가포르 12개보다 적은 형편이다. 일본은 6개밖에 안 된다.

우리나라 중소벤처기업부는 한국의 유니콘 기업 수를 2021년 18개,

2022년 23개로 파악하고 있어 차이가 난다. 전경련은 2021년 1~7월 사이 전 세계 유니콘 기업이 291개 출현했으며 미국 169개, 중국 26개, 한국 1개 등이 늘었다는 발표를 한 바 있다. 〈포춘〉 500대 기업에서 미국은 중국에 따라잡혔지만 유니콘 탄생은 CB인사이트 통계로도 미국이 3배 이상 많아 압도적이다.

글로벌 차원에서 전체적으로 유니콘 탄생은 미국과 중국 G2를 합치면 어떤 방식으로 계산하든지 70%를 훌쩍 넘는다. 대략 미국이 50%, 중국이 20%, 나머지 전 세계가 30%를 갈라 먹는 구도다.

2022년 프랑스 대통령선거에서 에마뉘엘 마크롱은 2030년까지 유니콘 기업을 100개로 늘리겠다는 공약을 내걸었다. 그는 대통령 1기 때 유니콘 25개 육성을 목표로 했는데 벌써 27개가 됐다며, 빠른 시일 내에 100개로 늘리겠다고 다짐했다.

국내에선 유니콘을 늘리자는 캠페인은 보기 어려운데 차상균 서울대 데이터사이언스대학원장이 "2030년까지 시가총액 100조 원짜리 거대 기업 10개를 확보하자"는 기치를 자주 내걸고 있다. '헥토콘 10개목표'다.

현재 국내 기업 중 시가총액 100조 원을 넘는 기업은 삼성전자와 LG에너지솔루션 2개밖에 없다. 3위 삼성바이오로직스, 4위 SK하이닉스 등은 50조 원을 채우기도 벅차 당분간 헥토콘으로 성장하기는 무리다. 시총 100조 원짜리 헥토콘 10개가 탄생한다면 한국의 GDP는 영국, 프랑스를 능가할 수도 있을 것이다.

경제 규모가 훌쩍 커지는 것은 물론 연봉을 많이 주는 좋은 일자리가 넘쳐나 저출산 문제도 쉽게 해결할 수 있을 것이다. 그런데 너무 어려운 목표다.

기술 패권 전쟁 시대에 신기술을 바탕으로 1조 원짜리 유니콘을 키우는 게 우선순위에 맞다. 전 세계 유니콘 기업 통계(CB인사이트)를 보면 중국의 인공지능 업체 바이트댄스가 1위를 달리며 시가총액 1,400억 달러로 평가됐다(2022년 11월). 2위는 일론 머스크의 스페이스X가 1,270억 달러, 3위 중국 온라인 의류구매배송 업체 쉬인 1,000억 달러, 4위 미국의 핀테크 스트라이프 950억 달러로 여기까지 100조 원 이상 규모의 헥토콘이다. 한국에 상장하면 삼성전자 다음 2위를 차지할 초거대 유니콘들이다. 5위 영국의 핀테크 체크아웃닷컴은 400억 달러로 뚝 떨어진다.

한국 유니콘 기업들의 면면을 보면 전 세계 110위 토스 63억 9,000만 달러(핀테크), 218위 옐로모바일 40억 달러(데이터), 267위 컬리 33억 달러(새벽배송), 342위 트릿지 27억 달러(인터넷 소프트웨어), 400위 위메이크 프라이스 23억 4,000만 달러(e-커머스) 등의 순이다. 세계 100위 내에 드는 유니콘이 1개도 없어 갈 길이 멀다.

유니콘 100개를 키우겠다는 프랑스의 유니콘은 헬스 산업 관련 스타트업인 독토리브가 109위로 공교롭게도 한국의 토스보다 1순위 높을 뿐이며 시가총액 64억 달러로 토스와 차이가 없다.

유니콘 인재의 요람, 대학

한국 유니콘 기업의 산업 지형도를 보면 인공지능, 소프트웨어 등 유망 산업 분야가 거의 없다는 것이 특징이다. 이는 세계 5강 국가들에 비해 크게 열세다.

특히 스타트업에 대한 투자금액에서 한국이 차지하는 비율은 1.5%로 저조한 실정이다. 2018~2020년 사이 유니콘에 1억 달러 이상을 유치한 실적을 보면 중국 1,482억 달러, 미국 1,481억 달러로 두 나라가 약 80%를 차지하며 한국은 1.1%(42억 달러)에 불과한 실정이다. 세계의 도시 창업 생태계 경쟁력에서 실리콘밸리가 1위를 차지한 가운데 이스라엘의 텔아비브 6위, 스웨덴의 스톡홀름 10위, 암스테르담 12위, 도쿄 15위 등이며 서울은 20위로 처져 있다.

스타트업에 투자한 돈은 빠른 회수를 희망하며 세계 5강은 M&A를 통해 80%의 엑시트(Exit)가 이뤄지는데, 한국은 53%에 불과한 실정이다.

유니콘은 신비한 능력을 품은 가능성의 존재다. 한국은 인구, 투자, 산업 분포 면에서 성장 잠재력이 자꾸 하방으로 처지는 상황이다. 이를 커버해줄 유일한 승부처가 바로 유니콘, 데카콘을 키우는 것이라 해도 과언이 아니다. 그것을 가능케 하는 것이 바로 인재다.

기업은 단기 실적에 쫓긴다. 그러므로 미국에서도 자유로운 최고의 인재들인 공과 대학 교수들이 세상을 바꿀 기술로 창업의 요람 역할을 맡는다.

서울대 1년 예산은 1조 6,000억 원인데 실리콘밸리의 브레인 역할

대한민국, 선진국의 조건

을 하는 스탠퍼드대의 연간 예산은 9조 원을 웃돈다(2022년). UC버클리대 출신 7명이 2013년에 창업한 데이터브릭스는 45조 원의 평가를 받으며 3,000명을 고용하는 거대 유니콘으로 급성장했다.

하버드대 교수들이 설립한 모더나는 코로나19가 엄습했을 때 mRNA 백신을 최초로 만들어 인류를 구하면서 큰돈을 벌어 시가총액이 한때 147조 원을 돌파하기도 했다. 미국에선 이렇듯 이공대 교수들이 유니콘 성공의 역사를 쓰고 있다.

한국이 유니콘을 키우려면 대학에 더 많은 지원을 해야 한다. 유아, 초중등에는 70조 7,300억 원을 예산으로 지원하면서 대학에 지원하는 연간 예산은 11조 9,000억 원에 불과하다. 독일의 경우 대학 지원 예산은 40조 원이 넘는다. 대학에 대한 재정 지원이 가뜩이나 열악한 형편에 재정 자립이나 자율성은 너무나 부족하다.

서울대 신임 총장을 뽑는 후보들 인터뷰에서 가장 많이 나온 질문이 영국의 THE 대학 평가 순위에서 서울대가 100위 밖으로 떨어질 것 같은데 이에 대한 대책을 묻는 것이었다. 그 답을 시원하게 할 수 있어야 유니콘의 앞길도 열릴 것이다.

나오며

　2030년 부산엑스포를 유치하기 위해 칠레, 아르헨티나, 우루과이 등 남미 3개국 정상을 만나고 온 한덕수 총리에게서 가브리엘 보리치(Gabriel Boric) 칠레 대통령을 만난 이야기를 참 재미있게 들었다. 1986년생으로 생기발랄한 보리치 대통령과 33살밖에 안 되는 영부인 이리나 카라마노스(Irina Karamanos)는 한국의 BTS에 대해 매우 잘 알고 있었고, 신나게 수다를 떨더라는 것이다. 한류에 반했으니 그 나라 수도인 산티아고에서 한국산 전자, 자동차 제품에 대한 매력은 더 올라갈 수밖에 없다.

　한국은 선진국임에 틀림없다. 글로벌 구석구석에서 한국은 선진국 대접을 받는다. 바이든 미국 대통령도 퇴짜를 놓은 무함마드 빈 살만

(Mohammed bin Salman) 사우디 왕세자가 네옴시티(Neom City) 건설에 한국 업체에게 40조 원 상당의 공사를 발주하고 일본 방문은 생략해버린 사건을 기억할 것이다. 또한 미국 주도로 글로벌 공급망을 재편하는 IPEF에서 한국의 반도체, 배터리(이차전지), 원자력발전 등은 세력의 핵심으로 떠올랐다. 앞선 세 가지 사례는 한국의 인기와 실력이 어느 정도인지 반증해주는 의심할 수 없는 증거들이다.

그렇다면 이제 국민소득 5만 달러, 10만 달러를 돌파하는 일은 그저 시간문제일 뿐 따 놓은 당상일까. 이 책을 읽어가면서 독자들은 한국이 충분히 선진국이라는 찬사에도 불구하고, 아직은 당당한 선진국이라 말하기에는 부족한 측면도 꽤 있다는 사실도 깨달았을 것이다. 우선 1인당 GNI가 OECD 평균치(4만 2,000달러)에 못 미치고 1인당 가계총처분가능소득 기준으로는 2만 달러 미만이다. 전 세계 증시에서 통용되는 MSCI종합지수에서도 한국은 선진국이 아닌 개도국으로 분류되고 수차 도전했으나 고배를 마시곤 했다.

스위스 IMD, WEF 같은 기관들이 발표하는 분야별 경쟁력지수에서도 한국은 아직 일류 선진국이라 자부하기에는 숫자적으로 많이 부족한 게 드러난다. IMD의 63개국 대상 경쟁력지수를 보면 한국은 정부 효율성 36위, 노동시장 42위, 기업 여건 48위로 중하위권이 수두룩하다. WEF가 141개국을 대상으로 한 조사에서 광케이블 1위, ICT 정보통신기술 1위, 인프라 6위 등이 최고 수준이지만 고용 유연성 97위, 노사협력은 130위로 전 세계 꼴찌권이다. 한국이 일류 선진국으로 부상하자면 구석구석 담금질의 시간이 필요하다는 결론이다. 그래서 이근 서울대 교수는 한국의 위치를 개발도상국에 빗대 '선진도상국'으로 표현했는데 무척 적절한 조어(造語)라고 생각한다. 니어재단에서도 이 용어를 차용해 썼는데 필자의 결론도 비슷하다.

우리는 일본이 5만 달러 고지를 코앞에 둔 시점에서 피크(peak)치고 물러나 4만 달러도 무너지고 이제 3만 3,000달러대 진입을 코앞에 두고 2025년이 되기 전에 한국, 대만에 역전당하면서 마침내 선진국 대열에서 탈락을 걱정하는 광경을 보고 있다. 이태리, 스페인, 그리스, 그리고 과거 아르헨티나가 세계 8위까지 올랐다가 지금은 모두 추락하는 중이다. 한국전쟁 직후 1인당 소득 67달러 최빈국에서 전 세계적으로 유일하게 민주주의와 선진국 진입이라는 금자탑을 쌓은 한국은 일본, 이태리, 스페인의 전철을 밟지 않고 승승장구할까. 장차 5만 달러, 10만 달러 고지를 쉽게 넘을 수 있을까. 이 물음에 대해 한국은행, 통계청, 한국경제연구원은 소득 5만 달러로의 부상은 2030년대 초반에 달성 가능하다고 전망한다. 10만 달러 돌파도 가능은 하겠지만 2060년대, 2070년대로 진입하면 한국의 GDP성장률이 마이너스를 기록할 것이라는 골드만삭스의 전망은 매우 우울하다. 이 책에서 설명하듯 잠재GDP성장률을 결정하는 팩터에는 인구(출산율), 자본, 기술(생산성) 등 3대 요소가 있다.

이 가운데 인구 측면에서 출산율이 세계 최저이고 2300년경 국가 소멸을 걱정해야 할 상황이 우려되기도 한다. 성장의 3대 팩터 가운데 자본에서 기대를 걸기 어렵다면 오로지 희망은 기술뿐이다. 레이 달리오는 "기술력이 뛰어난 국가는 우위를 점하게 된다. 향후 AI를 결합한 양자컴퓨팅의 발전과 활용은 상상도 못 할 정도로 세계의 부와 권력을 바꿔놓을 것"이라고 말했다. 현재 세계적인 기술 수준은 반도체, 이차전지, 5G 통신 정도밖에 없는데 원전, 모바일 등 몇 개를 더 늘려야 할 것이다. 기술 개발은 인재의 영역이다. 서울대학교가 데이터사이언스대학을 설립하고 미국의 유수 브레인을 스카우트하러 갔다가 한 명도 건지지 못했다는 건 잘 알려진 사실이다. 뿐만 아니다. 미국으로 유학가서 박사학위를 받은 인재들이 도통 한국으로 귀환하지 않는데, 사정을 알아보니 미국 대학 교수직을 사양하고 국내 대학으로 오면 급여가 3분의 1밖에 안 된다는 것이다. 요즘 인(in)서울 대학들도 경영학 교수 유치에 씨가 말랐다며 비상이다. 대학 등록금을 14년 연속 동결한 포퓰리즘 때문에 그렇게 돼버렸다. 이래서는 일류 선진국 꿈은 깨야 할 것이다.

프랑스 마크롱 대통령은 대선에서 "유니콘 기업 100개를 육성하겠다"는 기치를 공약으로 내걸었었다. 기업과 기술이 힘이다. 〈포춘〉 500대 기업이 많은 국가가 선진국의 척도이다. 미국 실리콘밸리의 첨단 기술이 국가 안보와 밀접한 관계로 움직인다는 7장의 내용을 한국 국회가 깊이 새겼으면 한다.

미중 기술 패권 전쟁, 세계화의 후퇴는 새 흐름이다. 아이러니하게도 새 흐름은 한국에 더 많은 기회를 제공할 가능성이 높다. 미국이 중국의 기술 굴기를 눌러주고 있기 때문이다. 화웨이의 런정페이(任正非) 회장은 한때 "2028년에는 삼성전자(핸드폰, 반도체)를 완전히 제쳐버리겠다"고 호언장담했었는데 지금은 어떻게 됐는가. 미국이 반도체 과학법, 인플레이션감축법(IRA)를 통해 이차전지, 소형모듈원전 등의 분야에서 중국이 약진하지 못하도록 제동을 걸어주고 있다. 한국으로서는 5년, 10년간 시간을 벌 수 있는데 이는 상당한 행운이 아닐 수 없다. 미국과 칩4동맹을 유지하면서 중국으로의 수출도 가능한 일석이조의 전략이 될 것이다.

러시아의 우크라이나 침공이 에너지, 식량, 자원 무기화발 전 지구적 인플레이션을 일으키고 미 연준이 초스피드로 금리를 올리면서 2022년 '킹 달러'가 전 세계 금융, 부동산 시장을 강타했다. 그런데 세계 10위권 이내 국가 가운데 우량 기업의 채권 발행마저 안 될 정도로 금융시장이 취약한 국가는 한국뿐이었다. 순식간에 무역 적자가 연 500억 달러에 육박하고 환율도 크게 무너졌다. 한국 경제의 취약점이 고스란히 드러난 것이다. 2023년에는 경기 침체로 힘든 한 해가 될 것이다.

아직은 몇몇 수출 제조업에 지나치게 의존하는 데 따른 한계로 서비스산업을 획기적으로 키워내야 한다. 2022년 11월, 추경호 부총리는 뒤늦게나마 '서비스발전법' 제정을 통해 GDP 63%를 차지하는 서비스산업 발전에 나서자고 했으나 이 역시 다수 의석을 거느린 더불어민주당은 귀를 막고 있다. 경제개발5개년계획 60주년 기념으로 모인 경제부총리들의 "향후 한국 경제에 최대 악재는 이념화된 정치"라며 "선진국이 된 한국을 한순간에 무너뜨릴 수 있다"는 우려는 귀담아들어야 한다.

미국, 일본, EU가 다시 반도체 투자에 적극 나서는데 우리 국회는 2022년 연말 국회에서 "삼성, SK 등에 대한 부자 감세에는 반대"라며 반도체 투자 세액공제율을 겨우 8%로 했다가, 윤석열 대통령의 지시로 25%로 늘리는 소동을 벌였다. 어쩌면 현 시점에서 기술 개발보다 더 중요한 것은 다수의 폭정을 막는 정치적 진영 논리의 극복이다.

중진국에서 선진국으로 넘어가는 데 세 가지 장벽이 나타나는데, 극심한 정치적 갈등, 사회적 갈등, 그리고 포퓰리즘이 그것이다. 노랑봉투법, 양곡관리법, 기본소득, 지역화폐 같은 것들이 한국판 표퓰리즘법의 대명사다. 현재와 같이 여야가 '너 죽고 나 살기'로 싸우면서 국가 발전에 필요한 '결정'을 못 한다면 소득 5만 달러, 10만 달러는 도달할 수 없는 고지다. 이것을 고치는 유일한 힘은 유권자의 파워다. 크게 보아 국민의 각성이다. 그런 면에서 "모든 나라는 그 수준에 맞는 정부를 갖는다"는 조제프 드 메스트르의 경고는 항상 옳다.

OECD는 2030년대 들어가면 GDP성장률이 0.8%로 떨어져 그 이후 쭉 저성장을 할 것으로 예측했다. 자동차의 자율주행에 빗대면, 계기판이 가리키는 한국의 장래는 '제2의 일본화'가 될 가능성이 더 크다. 영국의 〈이코노미스트〉도 그러한 우려를 표명했다. 이 함정을 벗어나는 게 현 시대를 사는 한국인들의 결의와 각오여야 한다.

우수한 인적자원을 가진 한국인의 DNA를 잘 살리면 프랑스, 영국을 넘어 G5에 도달할 수 있다. 삼성, SK, 현대자동차 등이 미국에 가서 수백조 원을 투자하는데 한국 내에서 투자하게끔 여건을 갖추면 10만 달러 시대를 더 앞당길 것이다.

이제 문화와 음식도 세계에서 호응을 얻는 시대가 됐다. 조지프 나이(Joseph Nye)가 말하는 소프트 파워도 생각해보며 나아가자. 전후 어려운 시대에 압축 성장하니 "한국인은 인색하고 각박하다", "국제 행사에서 '한국의 사례'를 발표하면서 지나치게 자기 입장만을 강조함으로써 다른 나라들을 질리게 만든다"는 평판이 아니라, 마음이 넉넉하고 현명하며 멋진 한국인이라는 평가를 듣도록 노력해야 할 것이다.

대한민국, 선진국의 조건

초판 1쇄 인쇄일 2023년 1월 13일
초판 1쇄 발행일 2023년 1월 31일

지은이 김세형, 김성수, 김용하, 송성훈, 신현규

발행인 윤호권
사업총괄 정유한

편집 신주식 **디자인** 디박스 **마케팅** 윤아림
발행처 (주)시공사 **주소** 서울시 성동구 상원1길 22, 6-8층(우편번호 04779)
대표전화 02 - 3486 - 6877 **팩스(주문)** 02 - 585 - 1755
홈페이지 www.sigongsa.com / www.sigongjunior.com

글 ⓒ 김세형, 2023

ISBN 979-11-6925-552-3 03300

*시공사는 시공간을 넘는 무한한 콘텐츠 세상을 만듭니다.
*시공사는 더 나은 내일을 함께 만들 여러분의 소중한 의견을 기다립니다.
*잘못 만들어진 책은 구입하신 곳에서 바꾸어 드립니다.